约翰·博格的投资智慧

[美] 克努特·罗斯塔德（Knut A. Rostad）◎ 主编
郭宁 汪涛 谢文武 ◎ 译

The Man in the Arena

Vanguard Founder John C. Bogle and His Lifelong Battle to Serve Investors First

中国人民大学出版社
· 北京 ·

图书在版编目(CIP)数据

约翰·博格的投资智慧 /（美）克努特·罗斯塔德（Knut A. Rostad）主编；郭宁，汪涛，谢文武译. —北京：中国人民大学出版社，2017.9

书名原文：The Man in the Arena: Vanguard Founder John C. Bogle and His Lifelong Battle to Serve Investors First

ISBN 978-7-300-24575-1

Ⅰ.①约… Ⅱ.①克… ②郭… ③汪… ④谢… Ⅲ.①约翰·博格—投资—经验 Ⅳ.①F837.124.8

中国版本图书馆 CIP 数据核字（2017）第 138834 号

约翰·博格的投资智慧

[美] 克努特·罗斯塔德 主编

郭 宁 汪 涛 谢文武 译

Yuehan Boge de Touzi Zhihui

出版发行	中国人民大学出版社		
社　　址	北京中关村大街 31 号	**邮政编码**	100080
电　　话	010-62511242（总编室）		010-62511770（质管部）
	010-82501766（邮购部）		010-62514148（门市部）
	010-62515195（发行公司）		010-62515275（盗版举报）
网　　址	http://www.crup.com.cn		
	http://www.ttrnet.com（人大教研网）		
经　　销	新华书店		
印　　刷	北京中印联印务有限公司		
规　　格	160 mm × 235 mm 16 开本	**版　　次**	2017 年 9 月第 1 版
印　　张	22 插页 1	**印　　次**	2017 年 9 月第 1 次印刷
字　　数	310 000	**定　　价**	89.00 元

/ 推荐序 /

英雄都去哪儿了

安德鲁·戈登（Andrew Golden）
普林斯顿大学投资公司总裁

过去，有天赋且获得了成功的运动员、改革者、退伍军人和商界领袖都成为了富有传奇色彩的人物。他们激励着我们。他们都是英雄。这些英雄都有正确的生活方式，他们（通常）遵守规则，谦逊待人，但有时仍会做出一些令常人无法理解的事。英雄诉说着美国的发展历程，指引着我们作出正确的决定。

那一代人似乎已经消失不见了。相反，如今很多功成名就的人总是藐视规则，活在自己的世界中，他们认为炫耀财富比把事情做好更重要。我相信，这本书的主人公是一位时至今日仍能配得上“英雄”这个称号的大人物。约翰·博格就是一位英雄，无论对于普通投资者，还是成功人士（你会在本书中看到他们的名字）来说。

如果你们知道了约翰心中的英雄，就会明白为什么说约翰·博格是我心中的英雄。

约翰·博格曾在其文章中提到过他心中的英雄，还列举了他一生中看重的多位英雄，但是其中有一个人的地位很特殊：沃尔特·摩根（Walter Morgan），约翰称他为“最伟大的导师”。1951 年，摩根雇用了约翰。1965 年，摩根将公司的管理权交给了约翰。关于摩根，约翰这样写道：“我没办法一一列举出沃尔特·摩根所具有的优良品格，比如聪慧、绅士、雄心勃勃、慷慨等。他激励着我，督促我尽力做到最好。他高尚的价值观，尤其是他绝不妥协的正直与诚实，让我强化了自己的价值观，让我成为了一个更好的人。”

从约翰对摩根的敬意中，我仿佛看到了自己对约翰的敬意。约翰创建的企业不仅坚持把股东利益摆在第一位，而且致力于让所有人都能获得机会、鼓励与尊重。他不知疲倦地为这家新生的小企业工作，并为它摇旗呐喊。他付出了毕生心血，丝毫没有考虑自己的职业风险。同行们早就过上了衣食无忧的日子，可他仍在奋斗。

我们可以用以下两个标准来衡量他的成功。第一个标准是其他人的成功，第二个标准是他的理念的传播情况。第一个标准可以用指数基金占有的市场份额来衡量，而第二个标准可以用整个美国朝着约翰所说的“诚信社会”前进了多少来衡量。我认为正是这些挑战激励着约翰每天去上班。如果当初他选择了另一条更好走的道路，那么现在他已经积累了大量的个人财富。但是约翰对此并不在意，他说自己的财富已经“够多了”。他的谦逊、努力与成就是多么鼓舞人心！

本书的大部分读者也许从未见过约翰。虽然本书刻画了一个男人的勇气及其理念的清晰、高品位和影响力，但还是难以完全展现他的风度。毕竟这只是一本书，不是一个活生生的有血有肉的人站在你面前。

约翰的风度总结起来很容易：扮演约翰最惟妙惟肖的“演员”当属吉米·斯图尔特（Jimmy Stewart），不过也需要沃尔特·布伦南（Walter Brennan）来念旁白，目的是模仿约翰在强调某个观点时音调会升高的特点。约翰的行事风格符合并且反映了他的内心，大家很容易从他的作品中看到外在与内在的相互作用。约翰写了很多文章，每一篇都条理清楚、语言简洁、有理有据。他的分析总是非常清晰易懂。他的理念如此有力量，以至于任何外在的修饰反而会显得多余。在钢铁般的外壳上做伪装简直就是一种耻辱。

当你看到英雄本人，当英雄不仅仅是个名字，一切都会更好。你会受到鼓励，并努力做到最好，你绝不想让他失望。能认识约翰·博格让我感到很幸运。我承认，约翰就是我心中的英雄，我心目中的沃尔特·摩根。我要代表所有与我有同感的人们说一声：谢谢你，约翰·博格。谢谢你，沃尔特·摩根。

/ 前　言 /

本书介绍了约翰·博格的一生及其取得的成就——如果你愿意，也可以说这是他一生的传奇。本书通过两种方式介绍了约翰·博格的传奇人生：一种方式是援引博格对其最关注的事情所发表的看法，比如他对先锋集团、指数化、共同基金行业、公司治理以及诚信社会等的看法；另一种方式是援引受其言行影响的其他人的声音。所以，本书不仅概述了博格一生的追求，即为投资者创造一个更好的世界，而且还收录了投资者、同事和崇拜者对他的评价。

1951 年，博格在普林斯顿大学以共同基金行业为主题撰写了自己的毕业论文，从那时起，他便有了神圣的使命。很快，博格发现，“共同基金的主要功能应当是服务于它的持有人”。直到 23 年后，美国先锋集团（Vanguard Group）的正式成立才让这个信念得以具体化和实践。1999 年，博格在一次演讲中提到，先锋集团奉行的是“管理至上”的理念，他说：“这个伟大的理念解释了先锋集团是一家怎样的公司、我们是谁以及我们能做什么。优先服务于持有人；以受托人身份担任受托人。共同基金应当被投资者所有、被投资者管理并为投资者服务。这才是一家有意义的企业要做的事。有些事情比单纯的商业成功更重要，那就是品格。”

1975 年，博格推出了全球第一只指数型共同基金。该产品的理念很简单，即在长期内以较低成本消极地投资于整个市场的收益率会明显高于较高成本的积极管理模式。当时，这只指数基金几乎被整个行业嘲笑，人们都认为这是“博格的荒唐事”，而且“非美国式的”。

不是华尔街最受欢迎的人

多年以后，美联储前任主席保罗·沃尔克（Paul Volcker）对博格“非美国式的”新发明表示了支持，他在文章中称先锋集团的第一只指数基金“有明显的证据支持，最积极的资产管理公司在大多数时间是无法跑赢市场的。没有几只基金能持续地获得高于市场平均值的超额收益”。沃尔克冷冰冰地说：“对于资产管理公司来说，这不是一个可以被轻易接受的结论。与同行相比，博格并没有赢得太多的声望。”

无论是不是“非美国式的”，投资者都很认同指数化投资模式。2012 年年底，投资于所有指数基金（传统的指数基金以及交易所交易基金）的股权基金资产的份额为 27%。例如，2012 年，先锋集团指数基金的平均费率仅为 0.10%。如果先锋集团按照行业的平均费率 1.15% 向投资者收取费用，鉴于先锋集团受托管理的平均资产高达 1.64 万亿美元，那么这将会让投资者减少 190 亿美元的投资收益。

类似的节约举措是常有的。2008 年，美国达特茅斯学院（Dartmouth College）塔克商学院（Tuck School of Business）金融学教授肯尼斯·弗伦奇（Kenneth French）进行了一项研究，他对比了民众投资美国股票市场所需支付的费用、开销和交易成本，与那些消极投资的投资者所需费用的估值。弗伦奇发现，在 1980 年至 2006 年间，采用消极策略的投资者平均每年的费率为 0.67%。仅在 2006 年这一年，积极管理模式的总成本就高达 1 016 亿美元。弗伦奇解释说，虽然积极管理模式的成本估值超过了 1 000 亿美元，但是“这可能偏低，我想保守一点”。显然，他非常保守。弗伦奇收到了四封对其结论表示质疑的邮件，这些邮件均来自行业专家，他们都抱怨弗伦奇的估值结果太低了。可是，他却说：“我对这样的反馈感到满意。”

改变世界的创新

毫无疑问，先锋集团和指数基金不仅获得了商业上的成功，而且还在更多方面获得了成功。它们是改变了个人投资方式，并且让成千上万投资者从中受益的创新。它们是如何改变的？诺贝尔经济学奖获得者保罗·萨缪尔森将指数基金视为车轮、古腾堡印刷机一样的发明。除此之外，博格还用文字改变了共同基金行业，改进了公司治理效率，促进了诚信社会的形成。在大多数共同基金高管的眼中，博格更像是一位拉尔夫·纳德（Ralph Nader）式的人物，而非同行。

比起商业领袖，人们认为博格更像是一位斗士，沃尔克主席也表示说他注意到博格的人气不如其他同行。不过，哈佛商学院教授安东尼·J. 梅奥（Anthony J. Mayo）与尼丁·诺里亚（Nitin Nohria）合著的《20 世纪最伟大的商业领袖》（*In Their Time: The Greatest Business Leaders of the Twentieth Century*）一书或许能提供一些学术证据。这本书归纳了这些伟大的商业领袖所具备的特征。两位作者列出了一份名单，上面有 1 000 位企业 CEO 和创始人（包括约翰·博格）的名字，然后邀请 7 000 位企业高管、哈佛商学院的校友对这些人进行评价和排序，评选出排名前 100 的企业高管的名单。尽管博格此次未能进入前 100，但是在 1999 年，《财富》杂志提名他为“20 世纪四位投资巨人”之一。

有些人也许注意到了，《财富》杂志用了“巨人”这个词。这样的评价，约翰·博格当之无愧。从先锋集团的股东和员工，到同行、学术界领袖和金融监管部门都传递了一个很清晰的信号：作为企业家、思想家、斗士、行业改革者，约翰·博格唤起了人们的热情。来自各行各业的赞美之词都强调了博格的远见卓识、正直、坚韧不拔、诚实与谦逊。投资者必须被摆在首位的理念让人们认识到重建共同价值观对一个国家的重要性，这些目标督促着博格及其仰慕者继续前行。博格永远那么乐观，他坚信能重建起共同的价值观。

博格众多的追随者中有两位领袖，他们是投资界以及全球范围内最杰出的两个人——沃伦·巴菲特和美国前总统比尔·克林顿。这足以说明约翰·博格是谁。

博格的贡献

博格在其出版的第十本著作《投资还是投机：资本市场的沉沦与角逐》（*The Clash of the Cultures: Investment vs. Speculation*）中谈到了自己职业生涯中的经历、曾经面对的机遇与挑战以及在实现为投资者建设一个更美好世界的目标的过程中犯过的错误。他引用了西奥多•罗斯福总统一段激动人心的名言——“荣誉属于真正在竞技场上拼搏的人”：

荣誉不属于那些批评家，不属于那些总是指出强者如何跌倒或者实干家哪里可以做得更好的人。荣誉属于真正在竞技场上拼搏的人，属于脸庞沾满灰尘、汗水和鲜血的人，属于顽强奋斗的人，属于屡败屡战却依旧拥有巨大热情和奉献精神的人，因为没有哪一种努力是从不犯错或者毫无缺点的；荣誉属于投身于有价值的事业的人，属于敢于追求伟大梦想，最终取得伟大成就或者虽败犹荣的人。这样的人将永远不会被人们与那些灵魂冷漠、从不知胜败滋味的人相提并论。

这段话让博格产生了共鸣，因为他承认，作为“有价值的事业”的追求者，他“一次又一次地犯错”。西奥多•罗斯福在担任纽约州共和党议员期间就努力理顺州内的政治关系，后来在当选美国总统以后，他又致力于催促国会对托拉斯的经营活动给予合理的限制。这位创新者和改革家毫不犹豫地向庞大的利益集团发起挑战。罗斯福总统为美国人民寻求的是“公平交易”。同样，博格为美国投资者寻求的是“公平待遇”。博格，这位“竞技场上的斗士”，已经在他所在的时代得到了正面评价。而历史最终将会对约翰•博格的贡献作出公正的评判。

目录 CONTENTS

The Man in the Arena

Vanguard Founder John C. Bogle and His Lifelong Battle to Serve Investors First

第一部分

约翰·博格主题论坛——基于重建投资者信任的视角

2012年1月的某个寒冷的星期二，美国国内最受尊敬的法律界与金融界人士聚集在华尔街的中心——美国金融博物馆，他们要探讨一个基本问题：重建投资者对金融市场的信任，约翰·博格是否能提供一个好的解决方案？

约翰·博格主题论坛由美联储前任主席保罗·沃尔克与美国证券交易委员会（Securities and Exchange Commission，SEC）的前任主席阿瑟·莱维特（Arthur Levitt Jr.）共同主持。沃尔克主席将该论坛的小组讨论议题定为"切中要害、有建议性且尚未得到解决"，从而为整个论坛确定了基调。莱维特主席介绍了各位与会的演讲者，他说："本次会议，我们邀请了国内最知名的金融专家为全球金融市场的未来发展走向把脉。纵观金融市场的发展史，约翰·博格在提高全球投资者的投资智慧与判断力等方面所作出的贡献无人可比。"

沃尔克与莱维特领导的论坛主办委员会包括以下委员：希拉·贝尔（Sheila Bair）、约翰·比格斯（John Biggs）、艾伦·布林德（Alan Blinder）、威廉·唐纳森（William Donaldson）、彼得·菲茨杰拉德（Peter Fitzgerald）、安德鲁·戈登（Andrew Gordon）、罗杰·伊博森（Roger Gibson）、波顿·马尔基尔（Burton Malkiel）以及大卫·斯文森（David Swensen）。

论坛由信托标准协会（the Institute for the Fiduciary Standard）主办，美国特许金融分析师协会和美国金融博物馆共同承办，同时还得到了彭博互联公司（Bloomberg Link）的赞助。星期二的会议以主持人宣读美国第42届总统威廉·杰斐逊·克林顿发来的贺信开始，他曾接替博格担任美国国家宪法中心（National Constitution Center）委员会主席一职，并为博格于2008年出版的《博格长赢投资之道》（*Enough：True Measures of Money, Business, and Life*）一书撰写了序言。

论坛开幕的前一天晚上，主办方为将在论坛上发言的演讲者举办了一个小型宴会。作为宴会主办方的代表，玛利亚·埃莉诺·拉格马西诺（Maria Eleanor Lagomasino）女士热情地款待了大家，并对演讲者表示了感谢。塔玛·弗兰科（Tamar Frankel）举杯向博格致敬，高度赞扬了博格"脚踏实地的智慧"。威廉·艾萨克（William Isaac）称博格总结并始终践行的基本原则具有永恒的价值。宴会上最后一个发言的人是约翰·博格的儿子。他首先跟大家打了个招呼："晚上好。我的名字是小约翰·博格，我正在运营一家对冲基金公司。"随后，在谈及哪一条"博格规则"应当被铭记时，他做出了一副冥思苦想的表情，这逗乐了在场的其他宾客，然后他向大家分享了他个人的领悟，这些领悟都深受"博格规则"的影响。

参加晚宴的演讲者的发言稿

塔玛·弗兰科是波士顿大学法学院教授，已出版过9本著作，其中包括2012年出版的《庞氏骗局谜题》（*The Ponzi Scheme Puzzle：A History and Analysis of Con Artists and Victims*）。他的发言内容如下。

我要举杯向约翰·博格致敬。多年以来，他充分向世人展示了坚韧不拔、鼓舞人心的洞察力以及脚踏实地的睿智。他一直在教导世人，而不是枯燥地说教；有礼有节地客观评价而不是故意挑刺；将复杂问题进行简单化处理，但又不会过于简单化。他经常在壁炉边与读者一对一交流，还把读者介绍给他的同事。我很荣幸自己也是博格的读者之一。

在讲授中，约翰·博格重点强调了两点。第一点是虽然经济环境非常复杂，但是所有美好与邪恶的根源都在于人。第二点是自由是有限度的，一些重要原则的地位不容动摇。披着诚实的外衣百般解释、找借口或用各种理由辩护，这只会让你到达另一个极端——不诚实。

我们可以用人体的内部平衡来打个比方。人体内的每一个细胞都具有天生的繁殖冲动。然而为了生存，每个细胞只能履行有限的职能，而且“坏”细胞必须得到控制。别人告诉我，免疫系统负责控制那些“坏”细胞。但是一旦这些“坏”细胞成功繁殖并突破了“防线”，那么细胞就会不断长大，我们将其称为“肿瘤”，最终人会走向死亡。

人类社会与人体十分相似。约翰•博格的观点反映了一种健康的平衡。共同基金的内部管理、指数化、资金管理者的自我约束以及成本控制就相当于控制“坏”细胞的免疫系统。博格告诉我们，每个细胞只有在自己的能力范围内做该做的事，为整个机体作出贡献，整个机体才能保持健康。约翰•博格已经用他的实际行动证明了这种复杂而微妙的均衡的确可以实现，这吸引了一大批读者和追随者。他是一位名副其实且独一无二的大师级人物。

威廉•艾萨克是富通咨询集团（FTI Consulting）金融机构事业部全球主管、五三银行（Fifth Third Bank）董事长、联邦存款保险公司（Federal Deposit Insurance Corporation，FDIC）前任主席，他于2010年出版了一本名为《无谓的恐慌：华盛顿如何毁了美国》（*Senseless Panic: How Washington Failed America*）的书，保罗•沃尔克为该书撰写了序言。威廉•艾萨克的发言稿如下。

我很早就知道约翰•博格这个人，而且一直很尊敬他，但是我相信我们从未谋面，我只是在远处默默地关注着他。哪怕只是简单地列出博格的成就都需要花费不少时间，所以我不打算尝试了。简单地说，约翰•博格的一生都在创新，他为人诚实，对待公共事业很热心，最好的例子就是他创立了先锋基金这家全球规模最大的共同基金公司，该公司目前管理的资产规模已经突破了2万亿美元。

约翰•博格与信托标准协会都提出了“代客理财的受托人必须以受益人能获得最佳收益为前提来行事”的原则。他们信奉六大核心原则：

- 为实现客户利益的最大化服务；
- 尽最大诚意为客户服务；
- 审慎行事——小心谨慎，掌握专业技能并作出专业判断；
- 避免利益冲突；
- 披露所有的事实与真相；
- 控制投资费用。

在过去十年中，我们的国家经历了一场剧烈的动荡。此时，正是召唤上述这些核心原则回归的时刻。我相信，可以用一个词语概括这些核心原则，那就是“信任”。我将“信任”定义为“对人与事的诚实、可靠和公正的信心”，它是民主制度、自由市场经济以及金融体系的基础。近年来，我们的政府与大型的私人企业破坏了这种信任，这对很多层面造成了巨大的破坏。

大量财产被取消赎回权，几百万劳动者失业，数以万亿美元的储蓄化为乌有……彻底挽回这样的经济损失要花上一段时间。重建政府与民众之间，以及企业领袖与民众（包括投资于这些大企业的投资者以及购买企业产品或服务的消费者）之间的信任更具有挑战性。

尽管我们面临着诸多挑战，但是只要我们有勇气和决心，在美国这片国土上，没有什么难题是无法解决的。虽然眼下的局面可能并不乐观，但是我们曾经遇到过更严重的情况，并且最终还是挺了过来。

大多数美国人都对为了给家人创造更美好的生活而努力工作、为社区和需要帮助的人提供帮助以及诚实做事等行为表示高度认同。

我们必须号召公共机构和私人机构的领导者继续秉承这些价值观。这些价值观不是共和党、民主党或者其他党派的价值观，而是美国民众的价值观。同时，这也是美国的商业与华尔街必须秉承的价值观。

我们必须要求公共机构与私人机构的领导者遵循比近十年的标准更高的标准。那些导致我们处于金融市场崩溃边缘的公共部门或私人部门的领导者必须要承担相应的责任，至少应当马上撤掉他们的职务。

我相信这也是约翰·博格与信托标准协会推崇的价值观。我们对你之前作出的贡献以及你正在做的事表示感谢。

小约翰·博格是博格投资管理公司（Bogle Investment Management）的创始人和总裁，以下是他的发言稿。

晚上好。我是小约翰·博格，目前我经营着一家对冲基金公司。

克努特·罗斯塔德、信托标准协会以及吉恩斯普林投资咨询公司（GenSpring）邀请我来谈一谈我父亲的理念对基金行业、投资者、公司治理以及现阶段社会的重要意义。

我真的很高兴，因为有人必须要站出来为“1% 阵营”[①]辩护。我有种感觉，在接下来的 18 个小时中，我们可能会听到很多批评的声音。

在座的每一位都了解我父亲对整个投资业的深远影响，尤其对年轻人、为孩子教育攒钱的父母、为能在多年辛苦工作后安享晚年而攒钱的人以及为了房子而拼命攒钱的人（也就是剩下的 99% 的普通民众）来说。

好了，让我们言归正传。指数化投资与低成本并不仅仅适用于年轻人。在那些面向“1% 阵营”的积极管理型基金中，采用指数化投资模式的比例也许反而要高于未采用该模式的基金。但是不久以后，我猜测它们将会去寻找那些可以节省成本的投资方式。现在，我已经看到了苗头。保罗·克鲁格曼（Paul Krugman）下一期专栏文章的题目就是《你是否意识到投资指数基金让 1% 的有钱人少交了超过 50 亿美元的管理费》（*Do you realize that by investing in index funds*, *the One-Percenters avoided paying over $5 billion in management fees*）。

但是，我父亲不只影响了投资行业。在他的公开演讲、采访和著作中，他向我们提出了挑战，就像大卫·斯文森在父亲 2008 年出版的《博格长赢投资之道》一书中所说的那样：“（约翰·博格提出的挑战）激励我立志成为家族、行业以及行业内更优秀的一分子。”

---

① “1% 阵营”指的是控制着庞大财富的群体。——译者注

正如阿瑟·莱维特写的那样："他赋予了'承诺''责任'与'管理'这几个词新的涵义。"

有人曾说过："遗憾的是，在如今这个人人追求即时满足感的时代，像约翰·博格这样的人太少了。"这虽然是很高的评价，不过不要忘了，这句话是从大卫·索科尔（David Sokol）的口中说出来的。他肯定没有读过整本书。他从伯克希尔–哈撒韦公司辞职后，的确曾经尝试联系过出版社，要将之前那句话修改为"遗憾的是，在这个人人只顾自己、只追求即时满足感的时代，像约翰·博格这样的人实在太多了"。

这个论坛使我深思：一位在商业历史上对投资者作出巨大贡献的伟人，我们应当如何表达对他的崇敬之情？父亲已经赢得了数不清的荣誉称号、牌匾和证书，还有什么没得到呢？

我突然想到，是规则！他需要的，也是他应得的，就是规则！你自己的规则。是的，对于已经拥有了一切的巨擘来说，规则是一件新的必备品！

现在，我们早已习惯了各式各样的规则。

沃尔克规则——"不要用别人的钱胡闹。"

巴菲特规则——"提高对每一位百万富翁和亿万富翁的征税率（除我以外，因为无论如何，将来我都会把自己的全部财产捐赠出去）。"

戈登规则——"把所有的钱都投入高盛公司。"

显然，在当今这个时代，你若是没有以自己名字命名的规则，就相当于没有一席之地。

"博格规则"，我喜欢这种叫法。唯一的问题是如何准确定义这条规则。开始我认为"把所有的钱从高盛公司撤走"这句话听上去似乎不错，但是博格规则应当有更多的内涵。

我想得越多，就发现越来越难为这条规则下定义，因为我慢慢意识到父亲的很多理念、经验、智慧和人格魅力已经为很多人指明了人生方向，是他们终其一生想要遵守的规则。

我的兄弟安德鲁今晚也在场。他能证明，以前我们曾经总结过无数条我们认为的“博格规则”：

规则 3c：冬天时，不要让暖气的温度超过 58 ℉[①]，除非窗户的内层玻璃结了霜。如果房间太热了，应把暖气的温度调至低于 52 ℉。

规则 16b：比起丝质领带，你最好选择羊毛领带，以免别人以为你在故意炫耀，或者误将你当作一位忙碌的基金经理。或者更糟糕的是，误将你当作一位对冲基金经理。

规则 400k：不要拒绝任何一个电视访谈的机会，即使是上 HBO 电视台的节目，与 Ali G 合作。“嘿！看这边！今天我们请来了大人物约翰·博格先生。博格先生，请问你用什么方式花光了为投资者节省的所有费用？难道你买了很多女人？”

但事实上，当我们还是小孩子时，父亲就通过言传身教告诉我们：

尊重你遇到的每一个人，无论他们来自哪里。

不论情况有多艰难，也要迎难而上，绝不放弃。

慷慨地向慈善机构捐款，帮助需要帮助的人群。

正直、诚实地做人做事。

抽时间与孩子们在一起。

…………

这张单子很长很长，但是对我们来说，可以用一句简单的话概括：

尽自己所能，成为最好的父亲。

① ℉为华氏度符号。1 华氏度约为 -17.2℃。——译者注

我希望，到目前为止，我们很好地遵守了这些规则以及前面提到的其他规则。我们也希望，作为父母，我们成功地教育了子女，让他们同样好好地遵守了这些规则。我有一个 17 岁的儿子和一个 14 岁的女儿，因此这一项可以得到 1 分。不过，令我稍感安慰的是，如果我管理的是一家主动型基金公司，那么我会做得很好，即使只得到 0.5 分。

至于我父亲创造的精神财富以及这些财富对整个社会的影响，我相信明天我们会听到很多非常棒的见解。未来我们需要朝哪个方向前进，我们需要做些什么，明天的会议一定会给我们带来更多的启发，这些启发可以让更多的人像父亲那样思考和生活。

也许，只是也许，我们能亲眼见证“博格规则”的形成过程。

以下是美国金融博物馆馆长戴维·考恩（David Cowen）的发言稿。

欢迎大家来到美国金融博物馆。我是博物馆的馆长戴维·考恩。我们隶属于史密森学会（Smithsonian），主要职责是保存、展示并让人们了解美国的金融业及其发展史。今天，我们很荣幸能成为论坛的一员，向投资业的巨擘之一——约翰·博格先生致敬。

我们要感谢本次论坛的承办方彭博公司、美国特许金融分析师协会以及信托标准协会，是它们的帮助让这次盛会得以顺利召开。约翰贡献给世人的精神财富难以想象，今天在座的各位将会聆听到各种表述，但有一点十分明确：他一直是小投资者的好朋友，很为年轻人着想，他总是能把复杂的事情简单化，及时纠正人们的错误做法。

他的财富也包括成为了我们博物馆的好朋友，而且在他取得的诸多成就中，有一项便是加入了我们博物馆的顾问委员会。我还要指出的是，今天在座的嘉宾中还有几位也是博物馆顾问委员会的成员，比如比尔·唐纳森（Bill Donaldson）和保罗·沃尔克。

我们想和大家分享一个小故事，这个故事很多人都知道，而且约翰在他的书中也曾提到过，那就是他曾经成功地接受了心脏移植手术。所以我们敢肯定，至少有一位华尔街人士是有“真心”的！

再一次代表博物馆向约翰表示祝贺！

约翰·博格的开场词

我知道，在此之前，华尔街从来没有为哪个在投资领域工作超过60年的人授予过荣誉称号。（不是每个人都能活这么久的！）因此在我深感荣幸的同时，也有些自愧不如。非常感谢有这么多的行业领袖、金融专家、学术泰斗、朋友以及同事聚集一堂，参加本次论坛。

我已尽我所能来为投资者创造一个更美好的世界。是的，在费城工作期间，媒体将我描述为一位企业家、创造者、发明家和好市民，甚至还把我与本杰明·富兰克林相提并论……沃尔特·艾萨克森（Walter Isaacson）几年前完成了富兰克林的传记，随后写了阿尔伯特·爱因斯坦的传记。就在几个月之前，他又开始写史蒂夫·乔布斯的传记。我可不想等着接听艾萨克森先生打给我的电话（或者在我的iPad上看到他发来的信息）。

是的，我创建了世界上第一只指数基金（不过，很多人声称他们早在我之前就想到了这个点子）。现在，它是世界上规模最大的股票基金……但是，指数基金的核心本质就是简洁，这也是奥卡姆剃刀原理（Occam's Razor）①的胜利。这不需要什么天才，因此我从未获得过麦克阿瑟天才奖（我也不够资格获得这个奖项）。

是的，创建美国历史上第一只能够真正做到只考虑股东利益、不考虑管理者利益的共同基金需要很大的决心（当然还有运气、时机以及威灵顿基金几位重要董事的大力支持）……不过，虽然我为该基金取了“先锋”这样一个名字，但是目前该基金仍然是孤独的领跑者，几乎没有追随者。即使在38年后，我们的企业结构依然没有被复制或模仿，几乎听不到喝彩声，以至于布拉德·皮特（Brad Pitt）或罗伯特·雷德福（Robert Redford）从未表示有兴

① 奥卡姆剃刀原理即简单有效原理。——译者注

趣拍摄一部讲述博格生平的电影。

是的，我努力创建了一家有特色、有格调的企业，把人的价值置于最高位置。这是一项我尚未完成的任务……但是，这并不是摆在我面前唯一的任务，因为我还没有登顶七大洲的最高峰，还没有主持过奥斯卡颁奖典礼，还没有解开尼斯湖水怪之谜（尽管我祖籍苏格兰），还没有成为费城人队（甚至是波士顿红袜队）的球队经理候选人之一。而且对我来说，现在参加总统竞选为时已晚。（对此，我真的感到很遗憾！）

是的，我现在正在写我的第十本书。我已出版的很多书都是畅销书，只不过它们在畅销书榜单的停留时间稍短了一点。就在刚刚登上《纽约时报》畅销书榜单一个星期后，我的《博格长赢投资之道》就被另一本书取代，我认为大声说出这本书的名字应当没什么问题——《真正的女人要享受真正的性福》(*Real Sex for Real Women*)。这难道不能证明美国是一个伟大的国家吗？

是的，我一直是公司治理实践主义最坚定的支持者……但是，说和做是不一样的，而且我尚未看到任何明显的成果。整个基金行业一片风平浪静，但我并不打算放弃这项事业。

是的，我收藏了几幅我本人的肖像画……但是只有一幅摆在我的办公室里（说来话长），其他画像并不在罗浮宫，也没有被费城艺术博物馆收藏。我还要坦白一件事。在先锋集团摆放着一座颇有英雄气概的我的雕像……但是，看上去这座雕像的唯一作用就是让基金行业的领袖们将我描述（当然是以嘲弄的口气）为“有雕像的圣人”。

是的，人们逐渐意识到了长期投资的重要性，也意识到了要对金融市场的投资回报有理性预期的重要性，同时也迫切要求政府相关部门制定受托人原则。在这个过程中，我确实发挥了非常重要的作用。但是，我还有很多事没来得及做，比如在水上行走、简单一跳就越过高高的建筑物、在俄罗斯出版诗集以及登上《时代周刊》《财富》《福布斯》或《彭博商业周刊》等杂志的封面。

尽管我曾失败多次，但是在今天这个有特殊意义的日子里，我的确难以掩饰自己的骄傲与自豪。我再一次想起了本杰明·富兰克林，他最大的特质就是为公众利益无私地奉献自己。他展现出的企业家精神，他在发明创造过程中享受到的快乐，他的巧思巧手、充沛的精力以及坚持不懈都能体现出这一特质。我们还能在富兰克林内心的冲突与挣扎中发现这一特质，他一直试图在骄傲与谦卑之间找到平衡点。我和他不一样，我要在闪光灯、名望与金钱之间找到平衡。然而，如今很多人都忽视了要在骄傲与谦卑之间找到平衡点。正如富兰克林在他的自传里写道的那样：事实上，在人类天生的情绪中，没有哪一种情绪会像骄傲那样难以自抑。虽然我们竭尽全力地掩饰、挣扎、压抑和控制，这种情绪依然存在，它时不时地就要展现出自己，而且在历史的发展长河中，你经常会看到它。即使我以为自己已经彻底地克服了这种情绪，可是我仍然有可能为自己的谦逊感到骄傲。

坦率地说，上面这段话一直提醒着我，今天我在简单介绍自己职业（我的职业就是帮助我们国家的公民管理财富）生涯时肯定会表现出骄傲的情绪。我敢肯定，我在演讲的过程中，“骄傲”的确不停地冒出头来展示自己，这提醒我应当再好好地培养一下谦逊的品格。

明天我一定要继续努力做好这件事……

再次感谢大家。[①]

① 我之所以会格外关注自己尚未完成的任务，是因为受到了詹森·盖伊（Jason Gay）于2011年12月1日发表在《华尔街日报》上的一篇文章的启发。在这篇文章中，詹森详细列出了丹佛野马队（Denver Broncos）的前任四分卫蒂姆·蒂博（Tim Tebow）没有完成的事。当时，蒂姆曾一度是美国国家橄榄球联盟最热门的球星之一。

第 1 章

四场特色鲜明的小组讨论会

论坛共有四场小组讨论会，另外还安排了美国商品期货交易委员会（Commodity Futures Trading Commission，CFTC）主席加盖里·詹斯勒（Gary Gensler）发言以及保罗·沃尔克与博格的对话。

第一场小组讨论会的主题是指数基金，参加讨论的是行业中的几位大师级人物——波顿·马尔基尔、大卫·斯文森以及格斯·索特（Gus Sauter）。他们都认同指数化投资，但分别对积极管理策略在投资者的资产组合、高频交易以及交易所交易基金（Exchange Traded Funds，ETF）中发挥的作用表达了不同的观点。

第二场小组讨论会的主题是公司治理，讨论围绕着董事会成员的职责、利益冲突以及高管薪酬等敏感问题展开。美国白宫前任“薪酬沙皇”肯尼斯·范伯格（Kenneth Feinberg）与大家分享了自己在处理薪酬公平问题时积累的经验。美国证券交易委员会前任首席会计师林恩·特纳（Lynn Turner）则深入分析了董事会以及董事会成员常见的问题。

在第三场小组会上，美国证券交易委员会的三位前任主席与华尔街一家游说公司的 CEO 共同探讨了经纪人的受托责任问题。值得注意的是，在讨论受托人原则时，讨论者对其他不同的商业模式都表示了尊重。证券交易委员会前任主席哈维·皮特（Harvey Pitt）建议，经纪人可以使用直白的语言来表述利益冲突，比如“我们公司也投资了这些产品，所以如果我向客户推荐这些产品的话，我也许能赚到更多的钱”。莱维特主席并不同意这一观点，他说：“这就是我们的分歧所在，哈维。我曾是一位经纪人，我知道很多经纪人根本不愿意这样直白。”

随后，保罗·沃尔克和博格用善意的玩笑吸引了观众的注意力，并在接受彭博新闻的主持人凯瑟琳·海斯（Kathleen Hays）的访谈时坦率地表达了自己的看法。主持人提出的第一个问题是作为 20 世纪 80 年代“投资业内的翘楚”，两人有哪些成功的“秘诀”。博格回答地很快，他说：“上普林斯顿大学。”在随后的采访中，这两位大师就投资者信心、沃尔克规则、债券市场以及政治改革等诸多话题发表了各自的见解。

主题论坛以第四场，也是最后一场小组讨论会结束。这场讨论会由顶点商业媒体（Summit Business Media）的编辑詹姆斯·格林（James Green）主持。在这场讨论会上，先锋基金的前任高级主管杰里米·达菲尔德（Jeremy Duffield）和华尔街战略专家马丁·弗里德森（Martin Fridson）用生动的语言讨论了博格（当时）已出版的 9 本书。

第一场小组讨论会

投资的简单化与低成本：指数化投资模式是我们的必选吗

2008 年至 2012 年间，美国投资者向股票型共同基金投入了约 1 000 亿美元。但是，这个统计数据并不像表面看上去那么简单。事实上，投资者从积极管理型股票基金那里收回了 4 600 亿美元，同时又向指数基金投入了 5 600 亿美元，1 000 亿美元的差额充分反映了投资者的偏好。如果没有那些将指数化投资引入投资者视野的先行者的不懈努力，指数基金就不可能获得这样的胜利。20 世纪 60 年代晚期至 70 年代早期，指数化投资这个新概念首先出现在学术界，随后逐渐被养老基金所采纳。不过，直到约翰·博格创建了世界上第一只指数基金之后，投资者才开始真正了解指数化投资。

成立于1975年的第一只指数基金是博格传奇的基石[①]。今天，我们邀请了四位投资大师齐聚美国金融博物馆，共同探讨指数化投资模式的发展。

- 普林斯顿大学教授波顿·马尔基尔，他在其经典著作《漫步华尔街》（*A Random Walk Down Wall Street*，1973年出版）中曾希望有“一种全新的投资工具，一种不收费、只收取最低管理费的共同基金，这种基金只买入达到市场平均水平的多只股票长期持有，而且并不交易”。
- 先锋基金的前任首席投资官格斯·索特，他于1985年接管先锋500指数基金，从那时起到现在，他一直在领导先锋集团的指数基金不断发展壮大。
- 耶鲁大学的首席投资官大卫·斯文森，他从1985年起负责管理耶鲁捐赠基金，曾于2005年出版《不落俗套的成功：个人投资的基本方法》（*Unconventional Success：A Fundamental Approach to Personal Investment*）一书，他在书中详细论证了“对于大多数投资者而言，指数基金应当在他们的投资组合中扮演非常重要的角色”这一观点。
- 主持人由罗杰·伊博森担任，他是耶鲁大学教授，斑马资本管理公司（Zebra Capital Management）的总裁和首席投资官，其著作《股票、债券、账单与通货膨胀》（*Stocks, Bonds, Bills, and Inflation*）是所有资本市场参与者必读的经典之一。

波顿·马尔基尔：博格的“成本重要”假说战胜了有效市场假说

有效市场假说（efficient market hypothesis）是指数基金的理论基础。有效市场假说指出，证券的价格能够反映出投资者可获得的所有信息，因此证券一直能得到公平的定价，而且资产管理者无法持续获得超额收益。然而，正如马尔基尔指出的那样，对有效市场假说的争论直到今天也没有定论。

“我们都知道，有效市场假说一直备受争议，”他说，“耶鲁大学的罗伯特·席勒（Robert Shiller）教授曾经将这一假说称为经济思想史上最惊人的错误。

① 博格获得成功的另一块基石是他于1974年创立的一种真正实现了“互助模式”的共同基金组织结构。在这种结构中，基金的股东实际上就是基金管理公司的所有者，而基金管理公司按照只收回成本的原则运营。毫无疑问，正是这样的组织结构才促使这家新成立的公司主要采用指数化投资模式。

资产管理公司 GMO 的创始人杰里米·格兰瑟姆（Jeremy Grantham）也曾说，有效市场假说或多或少地要对近期这次金融危机负责。"

但是，博格并没有用有效市场假说来论证指数基金的合理性。他是奥卡姆剃刀原理的坚定拥护者。这一经典原理诞生于 14 世纪，是以英国哲学家奥卡姆的威廉（William of Occam）的名字命名的，其内容是："当一个问题有多个解决方案时，选择最简单的那个方案。"所以，博格为指数化给出了一个既有实践意义，又有说服力的论据。用马尔基尔的话来说就是："无论你认为市场是有效的还是无效的，杰克提供的论据都能证明指数基金的合理性。杰克把这种假说称为'成本重要'假说（'cost matters' hypothesis）。而论据非常简单，即我们都没有住在乌比冈湖附近[①]，我们不可能总获得超额收益。因此，投资组合管理是一场零和游戏（zero-sum game）。"

马尔基尔解释说："如果某些投资组合经理持有股票的价格上涨幅度超过了市场平均水平，那么与此同时，肯定会有其他一些投资组合经理持有股票的价格上涨幅度低于市场平均水平。但是，考虑到成本，这就不再是零和游戏，而是负和游戏（negative-sum game）。由于要收取管理费，表现平平的投资组合经理会跑输市场。"

他继续说道："杰克用一篇实证研究证明了投资组合的收益与收取的费用高度相关。我曾告诉杰克这篇文章非常棒，如果他想改行的话，完全可以凭这篇文章在一所好大学谋得终身教职。正如他所说的那样，那些希望自己的收益能进入前 25% 梯队的投资者应当选择收费水平和换手率均排在最后的基金。事实上，杰克提出了另一种更有趣的说法，在这个行业中，投资者得到的并不等于他付出的成本；相反，他得到的恰好是没有付费的那部分。也就是说，如果投资者没有支付任何费用，那么他就能得到全部，无论股票市场的收益率有多高。当然，这必然会让我们选择指数基金，因为它才是最典型的低收费、低换手率的基金。"

① 请参见乌比冈湖效应（Lake Wobegon Effect）。——译者注

正如马尔基尔所说的那样，有数据作支持的“成本重要”假说很有说服力，而且其他证据也逐渐显露出来。“数据继续以绝对优势证明，指数化投资是个人投资者的最优选择。例如，2011 年是指数化投资收益率特别好的一年：标准普尔 500 指数的收益率高于 83% 的大市值基金的收益率；巴克莱美国综合债券指数（Barclays U.S. Aggregate Bond Index）的收益率高于 82% 的债券基金。此外，无论投资者选择的是哪种类型的资产，比如欧洲基金、新兴市场的股票基金以及小市值股票基金，情况也都差不多。当然，2011 年是不寻常的一年。没有哪位指数化投资的支持者（没有人比我更支持这种投资了）能告诉你，每年都会有 80% 的积极管理型基金被指数基金打败。长期数据表明，在较为典型的年份，通常会有 2/3 的积极管理型基金被市场基准指数打败，而这一年战胜了指数的 1/3 基金在下一年往往无法再次获胜。”

马尔基尔继续说：“而且，积极管理型基金的收益率与市场基准指数收益率之差几乎等于积极管理型基金与指数基金的成本之差。所以，博格的‘成本重要’假说仍然得到了数据的大力支持。当提到金融学中那些得到数据支持的理论时，我想不出还有哪个理论所得到的数据支持能比博格的‘成本重要’假说的更有力，这就是我想立即授予他终身教职的原因。”

用博格的话来说，指数基金“是艺术与商业的双重成功”。与此同时，博格还在其他诸多方面提升了投资者的眼界。马尔基尔说：“杰克对个人投资者财富的贡献远不只指数化投资这么简单。先锋基金旗下的积极管理型基金的费率最低，而且投资组合的换手率也最低。杰克把他的价值观融入了先锋集团内部，比如他一直坚持‘只考虑投资者的利益’是衡量组织成功的唯一标准。我相信，这些价值观将会经久不衰。

“我认为，或许描述杰克这个人的最好方式就是在诸多公开发表的称颂其功劳的文章中引用几句话，‘约翰•博格是有史以来最伟大的、关注投资者利益的倡导者，他让基金行业变得更美好。他带给个人理财领域的巨大变化将在未来逐渐展现。’

“我最欣赏的对杰克的评价是博格追随者出版的一本投资类图书中的致

辞，这些追随者一直致力于大力宣传博格的理念。我想引用这篇致辞中的一句话，‘虽然有些共同基金的创始人选择成为亿万富翁，但是博格选择改变这个世界。’”

格斯·索特：用设计师的标准打造指数基金的建筑师

博格奉行的简单化、低成本以及适当资产配置的投资理念将会经久不衰。用博格的话来说就是“无论贪婪的市场疯狂地涨到多高，也无论市场下跌多么恐怖”，这种投资理念总能适应环境的变化。因此，在 1987 年黑色星期一股灾爆发后，博格对指数化投资的承诺没有动摇就并不令人惊讶了。而就在此次股灾爆发前几个星期，博格刚刚聘请了格斯·索特。如果说博格是指数基金的设计师，那么格斯·索特就是执行博格设计方案的伟大建筑师。

很少有人能像索特那样对指数基金的发展起到如此关键性的作用。上任伊始，索特设计了多种交易策略，以帮助先锋集团的指数基金尽可能密切地追踪标的指数，而且他还写了很多计算机代码来执行这些策略。长期以来，他一直是市场结构策略领域的佼佼者，他已经帮助多家指数基金公司优化了它们标的指数的结构。由于他始终为客户的最优利益考虑及其在市场效率方面的卓越表现，他深受华盛顿决策制定者的信赖。

格斯用一个小趣闻开始了他的发言。他说：“我正在回想当年我与杰克第一次见面时的情形。那是 1987 年的 8 月，我正在先锋集团接受面试。如果大家还记得的话，股市在那一年的前八个月疯狂地上涨了 45%。我要应聘的职位负责管理股票型指数基金，是的，当时只有一只。我有点紧张，因为市场已经涨得那么高了，很有可能会下跌。于是我问杰克，‘现在我是站在门口的最后一个人了。如果市场下跌，我会不会是第一个被扫地出门的？’听闻此言，杰克向我保证说，‘不，不。我们已经下定决心要做指数基金了。我们一定要成功。’就是这样，1987 年 10 月 5 日，我走马上任了。两周后，股灾爆发了。一夜之间，我们的指数基金的市值由 12 亿美元缩水至 8 000 万美元。一个月后，我向董事会道歉，但时至今日，我依然坚持认为这并不是我的错。”

索特回忆说："当我刚上任时，公司唯一一只（当时，另一只指数基金还停留在设计阶段）标准普尔 500 指数基金的资产规模为 10 亿美元，只相当于先锋集团总资产的 3%。公司其余 97% 的资产都是可灵活管理的资产（最开始，先锋集团是一家主动管理型的基金管理公司）。我记得，大概是在 1990 年，杰克走进我的办公室对我说，'格斯，你就等着瞧吧。终有一天，指数基金的规模将会变得非常大。未来，我们的资产规模将会达到 100 亿美元。'当时我的反应是'哇，好厉害！'现在想想，先锋集团的指数基金资产已经达到了 10 000 亿美元。我认为杰克通常是不会对此轻描淡写的。"

"指数化投资发展的速度很快，"索特说，"从 20 世纪 90 年代中期，它开始迅速发展，过去的十年也是如此。这是一种可以以低成本获取市场头寸的方式。如果你能通过这种低成本方式获得高度分散化的市场投资组合，那么将来你获得的投资收益将会高于大多数投资者。在这个行业中，没有什么事情是必然发生的，但有一件事你事先可以有很大的把握，那就是投资指数基金。投资指数基金，你一定会跻身收益率较高的投资者行列，或者你的收益率通常会高于市场平均水平。而投资积极管理型基金并没有办法事先确保这一点。

"目前，指数基金占据了股票基金 30% 的市场份额，这绝对可以说是爆炸式的增长。其中，大约有 11% 的共同基金资产属于传统的指数基金，大约有 14% 属于 ETF，而大部分 ETF 都是指数基金。我们除了提供传统的指数基金以外，也提供 ETF，我们将 ETF 视为销售指数基金的另一种方式。"

对于 ETF 的崛起，博格和索特的看法并不完全相同。不过，他们并不存在实质性的分歧，只不过强调的重点和语气不同。虽然博格也很赞赏 ETF 所具有的低成本、低换手率以及税收优惠等特征（这些特征与传统的指数基金相同），但是他担心 ETF 特有的结构，即可以"全天实时交易"（就像早期 ETF 的宣传广告上说的那样）会暗中鼓励投资者频繁调整他们的投资组合，而不是执行有规律的长期投资策略。索特则更倾向于强调 ETF 与传统的指数基金所共有的那些优势。正如他所说的那样，"我认为人们对 ETF 有一些误解，这多少有点可惜。ETF 最初被当作一种优于指数基金的新产品宣传。可是我一直在想，'等一下，它们的确是指数基金啊。' 所以，这种产品从一开始就有点不同寻常。"

但是博格和索特都表达了对某些"污染"了 ETF 领域的边缘性产品的担忧。索特指出："某些特殊产品让投资者陷入了困惑，而这些产品根本就与指数化投资的优点相违背。其中一些是杠杆产品，投资这种产品要求投资者必须非常清楚地了解该产品的特征。很多投资者根本不知道自己买入的是什么产品。目前，市场上有一些商品类 ETF，我认为商品类产品是不错的投资选择，但是很多投资者根本不知道商品类 ETF 是怎么回事。他们不一定能拿到标的资产的收益。几年前,《商业周刊》曾刊登过一篇有关能源类 ETF 的文章。原油价格翻了一番，但是 ETF 只上涨了约 45%。这是因为市场存在期货溢价（contango）①。所以，只有非常懂行的投资者才真正知道自己能获得多少收益。而这与指数化投资的本质彻底相背离。"

"ETF 的问题之一就是原本非常复杂和神秘的交易策略竟然开始变得大众化，"索特说，"好消息是在 ETF 领域中，大多数资产是以规模庞大、高度分散化的指数投资组合的方式存在的，而且我们认为这才是资产应当选择的投资渠道。与此同时，如果个人投资者根本不了解自己选择的 ETF 产品，那么他们将来可能遇到的困难肯定超乎你的想象。我认为很多技术高超的专业人士能够有效地使用这些 ETF 策略。但是突然之间，一些根本对此一无所知的投资者也有机会闯入这个领域。我认为，一些杠杆产品就是例子。"

只要谈到最基本的投资原则，即简单化、低成本和长期投资，博格与索特就不存在分歧了。"我们都认为指数化投资是获得市场经验非常简单、有效以及低成本、高效益的方式，"索特说，"而且我们认为，大多数投资者都应当创建一个均衡的投资组合，这个组合要足够分散化，而且总的来说，要让

① 期货溢价指的是商品的期货价格大于实际的预期价格。于是，当期货合约展期时，这种状态将对期货合约的价值造成向下的压力，最终商品的期货价格必然将下跌至与商品实际的市场价格相等。

投资简单化。杰克总是提到股票、债券和现金。你要合理地配置自己的资产。很多事实已经证明，如果你能恰当地配置自己的资产，那么未来你一定会有不错的收益。但是，有太多人用了太多时间去寻找下一只热门股，而用在研究资产配置方案的时间却少之又少。”

大卫•斯文森：为指数化投资背书的一位伟大的投资经理人

几十年来，博格一直致力于确保基金管理者能够切实履行其作为受托人的职责。他反对“经理人资本主义”（managers’ capitalism）的兴起，并且认为企业管理者 / 代理人与基金管理者 / 代理人之间存在着“双重代理关系”（double-agency society）和“愉快的阴谋”（happy conspiracy），在这个过程中，企业中介和金融中介悄悄地把财富从企业所有者手中转移到自己手中。

在探索建立一种新型的诚信社会的过程中，博格发现大卫•斯文森和自己有相同的想法。大卫•斯文森是耶鲁大学的首席投资官。自从 1985 年上任以来，斯文森已经为耶鲁捐赠基金赚到了超额收益。他的投资策略被称为耶鲁模式（Yale model），这种模式着重投资另类资产以及缺乏流动性的资产。斯文森还经常直言不讳地批评金融市场的诸多弊端，对于很多投资公司高成本、低标准的做法，他和博格有着同样的担忧。

“约翰•博格认为受托责任是基金管理行业的根本问题，我认为他的观点是绝对正确的，就像他总是那样正确一样，”斯文森说，“对于共同基金投资者来说，遗憾的是，基金管理公司的逐利动机往往会与它们的受托责任相冲突。它们收取高额费用，资产数量不合理，投资策略变来变去。相反，受托人收取较低的费用，将其管理的资产规模限制在合理水平，并追求较为稳定的投资收益。”

对于马尔基尔指出的指数化投资已得到证据的绝对支持这一点，斯文森表示赞成，他引用了罗博•阿诺特（Rob Arnott）的一项研究。罗博是一位研究投资理论的学生，同时也是一位撰写了多篇金融市场评论的作家。“他分析了 20 年来共同基金的收益率数据，但是他并没有把这些数据与同行业的中位数进行比较（我认为这个中位数不真实），而是与先锋 500 指数基金的收益率进行了比较。在这 20 年间，80% 的共同基金的税前收益低于先锋 500 指数基金的税前收益，而且平均每年要低 2.1 个百分点。若从税后角度来看，则 85% 的共同基金的税后收益低于先锋 500 指数基金的税后收益，而且平均每年要低 2.8 个百分点。而且，令人吃惊的是，他得出的这些结论根本没有考虑幸存者偏差（survivorship bias），也没有考虑工作量或其他与经纪人有关的费用。所以，如果你把与经纪人相关的费用计算在内，并且考虑到生存偏差（大量基金公司会随着时间的流逝慢慢消失），那么想要挑出一只能够在超过 20 年的时间中一直跑赢指数的积极管理型基金，几乎是不可能的。”

共同基金行业给投资者造成的损失不只有高收费。斯文森指出，频繁变化的投资策略以及基金经理带有误导性的营销手段导致投资者收益不佳。他说：“很多人对行为研究很熟悉，而行为研究表明投资者倾向于追逐业绩。他们总是买入那些过去业绩好的基金，并且卖出那些当前表现不佳的基金。所以，由于个人投资者有高买低卖的倾向，即在基金取得好业绩以后买入它，当基金业绩较差时卖出，那些追逐利润的积极管理型基金给投资者造成的损失将会进一步加剧。基金收益的波动性越大，问题就越严重。

“2005 年，晨星公司做了一项研究，它们观察了其拥有的 17 种股票型共同基金，并且对美元加权收益（dollar-weighted returns，即投资者实际拿到的投资收益）与时间加权收益（time-weighted returns，即基金的报告收益）进行了比较。在 10 年的观察期内，不论是哪种基金，美元加权收益都低于时间加权收益，这意味着个人投资者总是在基金取得好业绩后买入，在业绩较差时卖出。交易的波动性越大，这两种指标的差异就越大。就技术类基金而言，每年美元加权收益与时间加权收益会相差 13.4 个百分点。这令人大吃一惊。技术类股票的价格大幅上涨后，人们纷纷买入热门股；在股价下跌时又卖掉。这种做法严重降低了他们的投资收益率。

“受托人可以提供波动性较低的基金，并且鼓励投资者长期持有，这正是约翰 • 博格领导的先锋基金所做的事——提供多种高度分散化的指数基金，而且一直在孜孜不倦地教育投资者。但是，提供波动性较高的基金才会给以盈利为目的的共同基金行业带来好处。它乐此不疲地玩着游戏：卖着四星和五星基金，这些基金过去的业绩都不错，但将来却不一定；鼓励投资者卖掉一星和两星基金，这些基金过去的业绩不太好，但将来不一定不好。经纪人用这种策略把投资者的投资组合搞得一团糟。这会让投资者误以为，经纪人通过把低收益基金转换成高收益基金来帮助投资者增值。”

斯文森注意到，解决上述这些问题的方法已经找到了。他说：“当然，对于逐利动机与受托责任之间存在冲突这一问题，约翰•博格已经提出了一个解决方案。先锋基金的经营目标不是为基金的股东创造利润；相反，它允许基金的投资者真正拥有整个基金管理公司，并且通过非营利手段向投资者提供低成本的指数基金。作为投资者，我们已经从约翰•博格那里拿到了成功必备的工具。谢谢你，杰克。”

圆桌讨论

接下来进行的是圆桌讨论。主持人伊博森首先提出了一个问题：在投资组合中，积极管理型基金与指数基金应当如何搭配。马尔基尔教授先表达了自己的失望之情——股票型指数基金已经问世 35 年了，但是目前仅占有 25% 的市场份额。“你可以设想一下，学术界提出了一个新观点，这个新观点若想转化为实际产品，刚开始时肯定非常困难，因为阻力太大，”马尔基尔说，“我没有把这个杯子看作 1/2 是空的或者还有 2/3 是空的，我看到它只装了 1/3。所以，看到指数基金的业绩这么棒，我真的很开心，我相信大家也看到了这个事实。我相信，大家会看到指数基金将一直成长壮大。”

虽然没人对支持指数化投资的证据提出异议，但是索特指出，在投资者的投资组合中，积极管理型基金也许仍能起到一定的辅助作用。“尽管由于成本重要假说，积极管理型基金很难跑赢市场，但这并不能抹杀一个事实，那就是积极管理型投资组合可以跑赢市场，即使是在较长的观察期内，”索特说，“我要提一句，大约六七年前我做过一项研究，该研究试图对以下问题进行定量分析：投资者对指数基金的投资比例应当是多少？对积极管理型基金的投资比例应当是多少？我不打算详细介绍我的研究过程，不过我得到了一个有效边界，还有几条效用曲线等。”

索特接着说：“从本质上看，我的研究结论是如果你没有挑选基金经理人的能力——说得直白一点，大多数人并不具备挑选基金经理的能力——那么，你应当100%投资指数基金。如果你具有远胜过他人的高超技巧和好眼光，我还是建议你应当将22%的资产进行指数化配置。所以在很多情况下，你都应当选择指数基金这种产品。在某些情况下，如果你确实有能力选到合适的基金经理，那么指数基金可以为资产组合中的其余部分打下坚实的基础。”

对斯文森来说，选择积极管理策略还是消极管理策略的区别就像黑与白一样泾渭分明。他说：“我认为一共有两种较为合理的投资策略，要么是全部选择积极型，要么全部选择消极型。遗憾的是，大多数投资者选择的是中间路线。在生活中，中庸之道往往可以解决多数问题。不过说到投资，如果你还是走中间路线，那肯定死定了。所以你要么全部投资积极管理型基金，要么全部投资消极管理型基金。谁应当用积极的方式管理个人资产呢？我认为，唯一一种构建起积极管理计划的合理途径就是拥有一群非常有能力的专业人士，他们会用毕生的时间去努力寻找那些能够跑赢市场的基金经理或者投资策略。”

还有一个新变化让博格叹息不已，那就是金融业越来越明显的短期主义。在六十多年的职业生涯中，博格亲眼见证了市场交易量和交易额的飞速上涨，而投资者关注的投资期限却越来越短。正如索特指出的一样，短期主义对投资者不利这一事实已经成为先锋基金秉承的基本理念之一。索特说：“杰克经常说的一句话就是‘坚持到底’，因此先锋集团一直在大力倡导长期投资。这是因为，我们认为长期投资最有可能让投资者实现其投资目标。如果我们认为投资者有能力择时交易，那么我们会劝他们选择其他产品。不过，我们认为自己并没有这个能力。我们认为大多数投资者都有一定的行为偏差，而且他们总是非常看重去年的收益数据。因此，他们才会经常执行高买低卖的交易策略。我们认为，制定一个合理的资产分配方案，并且长期坚持下去才是最佳方案。当然，在这个过程中，你还要意识到总会有波动期，但从长期看，只要能获得市场平均收益率就已经相当不错了。”

马尔基尔进一步阐述了困扰着很多投资者（包括专业投资者）的行为偏差问题。他说：“在2000年的第一个季度，比以往更多的资金涌入了股票型共同基金。这些资金并没有分散到各种类型的基金，而是集中投资于高科技基金，因为当时高科技基金最热门。2008年金融危机最严重的时候，大量资金从市场撤离。你可能会说，‘看吧，那就是愚蠢的个人投资者。’但是当你像我一样回过头看看专业投资者持有多少现金头寸时，你会发现他们也和普通的个人投资者一样逃离了市场。当市场处于低谷时，专业投资者倾向于持有更多的现金；当市场处于高点时，他们倾向持有最少量的现金。”

小组成员对高频交易在市场中发挥的作用产生了分歧。近年来，高频交易的发展势头非常迅猛，研究表明，这些高速算法已经占到了每日市场交易总量的50%~70%。这些操作像闪电一样快速的交易者到底发挥了什么作用，人们尚未有定论。“显然，市场上大量的交易不是长期的，但是我认为这并不一定是择时交易，”索特说，“我认为大多数的高频交易就像避雷针立在那里，实际上它们是在利用市场的微小缺陷谋利，并且最终必将消除这些微小缺陷。”

斯文森对索特的观点表示吃惊。“我一直把高频交易看作是对我们当中的其他人征收的税，”他说，“一群聪明人充分利用交易执行规则来为自己谋利，而这种做法却有损于整个市场。”

但是对于索特来说，事实胜于雄辩。他说：“我们已经计算了长期以来的交易成本。15年前，我们的交易成本约为1%或者更高一些，那时已经算是很不错了。然而15年后，我们发现交易成本陡然下降。导致这一结果的原因有很多，比如交易指令的执行规则发生了变化以及电子通信网络的普及；我们开始使用十进制了；市场上也出现了高频交易者……我认为诸多因素交织在一起最终导致了交易成本的下降。现在，可进行交易的场所有很多；你需要一些人使如此多的交易场所再次保持步调一致，我认为这就是高频交易者正在发挥的作用。”

马尔基尔指出了高频交易者的另一个积极作用。他说：“如果我买了标准普尔 500ETF，那么正是这些高频交易者确保了该 ETF 的市场价格是合理的，因为一旦 ETF 的市场价格高于该指数 500 只样本股的市场价格，那么高频交易者 / 套利交易者就会做空被高估的资产（即 ETF），同时买入股票为空头头寸作抵补。所以，我的意思并不是说高频交易者做的所有事情都是对的，但是他们确实发挥了一定的积极作用，并没有伤害个人投资者的利益。你甚至可以说他们的存在有益于个人投资者。”

个人投资者需要一定的工具来作出明智的财务决策

一位观众问道：既然所有的证据都证明个人投资者经常会作出错误的投资决策，那么现在是不是到了该集中精力来好好教育投资者的时候了呢？斯文森回答说：“我认为我们正在为自己以及整个社会制造一个大难题，那就是我们正在把退休储蓄的重任压在个人的肩上，却没有为他们提供作出明智的财务决策的必要工具。我们一直在谈论追逐利润的共同基金行业，实际上他们所做的一切正在损害其投资者的利益。于是，先锋集团诞生了，它不以追求利润为经营目标，因此就不存在这种利益冲突。目前这家公司正在致力于个人投资者教育。但是，只有这一家公司是这样做的。”

索特指出，即使是先锋集团也无法确保投资者受到了良好的教育。“杰克建立先锋集团的目的是代表投资者发声。我们并没有把自己视为只提供指数基金的‘产品’经理。我们还认为教育投资者是我们所做之事的一个非常重要的组成部分。因此，我们在网络上开展了一系列或者说‘浅显通俗’的讨论。与此同时，我们已经开发出了旨在帮助个人投资者简化投资的产品。我们有自己的目标退休基金。只要你能算出自己距离 65 岁退休还剩下多少年，你就能轻松地判断出哪一种基金最适合自己。我们还开发了其他一些产品，这些产品可以为投资者提供一些产品建议。所以，对于不同的投资知识水平，我们都有一系列的产品。”

第二场小组讨论会

高管薪酬与良好的公司治理

机构投资者拥有美国股票市场上70%的股票。单单是共同基金的持股比例就超过了全部股票的30%。如此强大的投票权让机构投资者，尤其是共同基金可以彻底地掌控美国的企业。正因为拥有如此强大的力量，有些人可能期望机构投资者会积极地监督企业，并且与企业的管理层密切合作，以实现投资价值最大化。实际上，事实并非如此。正如约•翰博格在其《投资还是投机：资本市场的沉沦与角逐》一书中直接指出的那样："大多数共同基金没有履行自己作为企业公民的权利与职责。"

美国的金融体系一直受困于最根本的利益冲突：机构投资者既有责任又有手段去监督美国的企业，但是与此同时，这些企业又是它们的潜在客户——企业的退休计划管理与资产管理是机构投资者争抢的对象。正如一位匿名的投资经理所说的那样："有两类客户我们得罪不起，一类是实际客户，另一类就是潜在客户。"也许正是因为存在这种明显的利益冲突，机构投资者才没有履行好自己的职责，即要求美国企业的管理者把股东/所有者的利益摆在自身利益之前。不过，博格曾坦率地评价说："虽然大多数大型基金公司的管理者会认真对待并慎重考虑委托投票权，但是最终他们都以绝对多数支持了企业管理者的提议，鲜有例外。在参加投票时，别人让他们做什么，他们就会做什么，比如他们会对管理层的建议表示支持。这种做法不仅严重背离了实践主义和我们的主张，而且还违背了公司治理的程序。"

约翰•博格主题论坛聚集了多位研究公司治理与高管薪酬问题的专家。

- 肯尼斯•范伯格，范伯格罗森律师事务所（Feinberg Rozen，LLP）创始人与管理合伙人，曾任问题资产救助计划（Trouble Asset Relief Program，TARP）高管薪酬问题的特别专家，也就是美国财政部所谓的"薪酬沙皇"，专门负责为一些接受了问题资产救助计划捐助资金的公司的高管人员制定薪酬标准。同时，他还是"9•11"事件受害者赔偿基金的特别专家。对于如何为企业高管人员确定合适的薪酬标准，范伯格有自己独到的见解。

- 林恩 • 特纳，他于 1998 年至 2001 年间担任美国证券交易委员会的首席会计师，目前他是 LitiNomics 咨询公司的总经理。在政府部门的工作经历以及注册会计师的长期执业经验使他对目前会计师行业面临的问题有着最直观的看法。由于特纳对公司治理的方方面面都十分了解，因此他深度参与了《萨班斯 – 奥克斯利法案》（*Sarbanes-Oxley Act*）的起草过程。
- 艾伦 • 布林德（主持人），普林斯顿大学经济与公共事务研究中心的戈登 • S. 伦奇勒纪念教授（Gordon S. Rentschler Memorial Professor），曾任克林顿总统经济顾问委员会委员以及美联储委员会副主席。他发表了多部著作和学术论文，并且在报纸和杂志上发表了多篇文章，还是《华尔街日报》的专栏作者。

肯尼斯 • 范伯格

金融危机爆发后，大量企业接受了问题资产救助计划提供的援助资金，美国国会面临的政治压力越来越大，对于那些拿到了纳税人大笔金钱的企业，国会必须要限制其高管人员的薪酬。（纳税人发现，那些依赖政府的援助资金才勉强生存下来的企业竟然为其高管人员发放了大笔奖金！）于是，美国财政部聘请肯尼斯 • 范伯格担任问题资产救助计划高管薪酬问题的特别专家。“在问题资产救助计划开始实施以后，国会通过了一部法案，而且国会认为民粹主义意味着街头暴乱，”范伯格说，“因此，国会想做点具有象征意义的事情——是的，只是象征性的——于是通过了这部法案，说政府——财政部——将要限制拿到了问题资产救助计划大部分援助资金的七家公司 25 位高管人员的薪酬，这七家公司分别是花旗集团、美国国际集团、美国银行、通用汽车公司、通用汽车金融服务公司、克莱斯勒公司和克莱斯勒金融公司。政府只对这七家公司的高管薪酬进行限制，这并不是指导性建议，而是有具体数字的。据我所知，国会以前从未这样做过，即把私人部门所有人员的报酬相加。但是，如果这成了一部法案，那么它就具有法律的严肃性，而我同意执行该法案。”

范伯格接着说：“我们用了 16 个月的时间为 25 位高管人员制定了薪酬标准。现在，没有人提议要扩大该标准的影响范围。国会或者政府部门都没有人提出类似的建议，‘为什么不对私人部门的每一名员工执行该标准？’于是我们邀请这七家公司的负责人参加了座谈。只要这七家公司尚未还清纳税人的贷款，它们就在我的管辖范围内。其中四家公司借钱还清了贷款，脱离了我的管辖范围。花旗集团、美国银行、克莱斯勒公司和克莱斯勒金融公司不再受到这种薪酬标准的限制。但是，通用汽车公司、通用汽车金融服务公司以及美国国际集团还在我的管辖范围内，而且美国国际集团将一直受到美国财政部的监管。

“我们向这七家公司提出了这样的问题，‘你认为我们应当向你们支付多少薪酬？’它们都给出了相同的理由：‘这个人无可替代。如果我们因为给的薪酬不够高而失去了这个人，那么他可能会到竞争对手那里任职，这对我们公司十分不利。没有人能够替代他。’我说，‘墓地里满是无可替代的大人物，对吗？’没有什么人是无可替代的。这些人都在自己的工作岗位上，我们来确定他们的薪酬标准，然后由美国人民来监督。”

范伯格相信，人们对经济激励的公开辩论并不感兴趣；相反，他们就是想知道结论是什么。“他们只对两个问题感兴趣，其中一个比较重要的问题就是这些人到底能赚多少钱。他们根本不关心对于激励问题那些冠冕堂皇的讨论，他们关注的是华尔街人士与普通百姓的薪酬水平究竟有多大的差距。这才是普通民众最感兴趣的问题。”

虽然范伯格把国会的举动描述成“象征性的”，但是他认为这一法案可能会产生某种持续性影响。他说：“我们建议企业在向员工提供经济激励时，事先约定的现金激励应尽可能的少，薪酬应更多地与企业股票的长期表现挂钩，而且这些薪酬在两年、三年或者四年内都无法拿到。我相信，我在财政部工作时提出的这些建议将会（有希望）产生一些影响。”

范伯格还指出了在确定高管薪酬时需要考虑的其他几个因素。他说：“我认为还有三个更重要的影响薪酬的因素。第一个因素是亚当•斯密所说的‘市场的力量’。我认为市场在很多方面可以自我纠正。我想，如果你认真地观察市场，就会发现市场对高管薪酬的影响要比我们所做之事大得多。第二个因素是沃尔克法则（Volcker Rule）与流动性规则直接影响着高管薪酬，因为大公司无法像面临高风险的创投企业一样去投资。从流动性需求和沃尔克法则的角度看，这样做将会更加困难。第三个因素是联邦机构之间的利益关系：美国证券交易委员会对高管薪酬设置了透明性要求，联邦存款保险公司（Federal Deposit Insurance Corporation，FDIC）和希拉 • 贝尔与银行的合作，美联储，以及 20 国集团与美国前财政部长蒂莫西 • 盖特纳（Timothy Geithner）的合作。我认为，相对而言，亚当 • 斯密、多德 – 弗兰克法案以及联邦机构利益这三个因素对高管薪酬的影响力要比我们现在所做之事，或者我之前与一些人以及几家公司所做之事大得多。”

林恩 • 特纳

林恩 • 特纳是公司治理领域一位受人尊敬的专家。他精通会计和审计，一直致力于提高公司治理的透明度，以实现股东价值的最大化。对于当今美国企业受托人原则的执行情况，他的很多看法与约翰 • 博格相同，而且他把问题主要归因于董事会。他说：“在中世纪的英格兰，‘管理’（stewardship）这个词的含义是负责任地使用公众资源虔诚地为上帝服务。从企业层面看，这个词的含义逐渐演变为使用企业的资源忠诚地为股东服务，但是不知为何，目前这个体系让我们很失望。董事会经常会使企业的管理者无所顾忌地将自身利益而非股东利益摆在第一位。显然，美国企业的价值观中不包含‘管理’这个词及其含义。”

特纳进一步阐述了他认为一个成功的董事会应当符合的标准。他说：“在我看来，如果我们希望有一个好的董事会，那就必须列出好的董事会应当满足的诸多标准。首先，董事会成员应当有丰富的学识。我们希望董事会成员了解整个行业，了解企业的经营状况，并且能够通过研究各种数据洞察企业是否正沿着正确的方向发展。我认为董事会要多元化，每个人都要有不同的知识储备，而且我们在挑选 CEO 时也要采用相同的标准，即 CEO 必须掌握运营、市场营销以及研发项目管理等多方面的知识，这也是 CEO 获得成功的关键因素。如果你想拥有一个好的董事会，那么这个董事会必须具备上述特征。”

“我们希望董事会是多元化的。一旦 CEO 需要建议时，他可以随时把问题抛给董事会，并得到他们的反馈，”特纳继续说，“我发现，如果企业的 CEO 有问题，那么往往董事会也存在问题，两者是紧密相关的。过去几年间，我们已经亲眼见证了一些案例，比如惠普等几家我敢直接说出名字的公司。”

近年来，董事会都在追求意见一致，并且保持相同的口径，这种情况很常见。但是，特纳认为这并不是一种进步。他说：“董事会应当具有独立性，其成员应主动地、毫无保留地发表个人意见，并进行良好的沟通。我在出席董事会会议时经常听到有些人说‘我们的投票结果总是一致的。我们从来没有过反对票’。可这并不是一个真正独立的董事会。董事会上出现‘反对票’没有任何问题。事实上，反对票的出现也许意味着你的董事会很负责任，而且董事会成员真正地表达了他们对问题的看法。一旦出现了反对票，你就需要立刻行动，这时你需要有一个能够精诚合作且坚强有力的团队。一旦反对票消失了，不管你是输是赢，你们都可以继续进行下一个议题了。”

评价董事会是否成功的关键要素之一是其成员是否对自己的工作尽心尽力。如果董事会成员没有足够多的时间来为企业服务，那么这样的董事会肯定算不上尽心尽力。“你必须在董事会的工作上花费一定的时间，”特纳强调说，“董事会的工作要占用很多时间，我经常看到一些董事会成员直到参加董事会会议时才刚刚打开工作手册。这种做法明显是不行的。你必须提前用足够多的时间做准备，我的意思就是你要在开会之前把准备工作做得充分一些，否则你根本不知道企业究竟面临着哪些具体问题。”

“我记得有一次我参加了某公司的董事会会议，那时我经常外出调研，并且访问了多家制造工厂，”特纳回忆说，“一次，我和工厂的所有管理者一起开会，他们跟我提谈到了‘香蕉报告’。我问他们‘香蕉报告’是什么，我从来没有在董事会会议上听过这个词。结果他们告诉我，这是一份非常重要的报告，报告的内容就是企业的管理团队过去是如何管理财富 500 强那样的大型企业的。这份报告不是在会议室里写出来的，不过它对企业未来发展的预测几乎分毫不差。董事会成员必须深入基层，才能获得最真实的信息。”

特纳又提到了另一桩轶事，一位董事给自己揽了太多的事情。他说："那时我正在帮助格拉斯·刘易斯（Glass Lewis）执行委托投票权，我接到了一位董事的电话，过去我们曾经对这位董事投过反对票，因为我们认为他同时在七家上市公司的董事会任职，工作过于繁忙。他给我打电话说，'林恩，我想知道，你是否介意我再接受一家公司的董事会的任职邀请。'我说，'好吧，那你告诉我你到底要干什么。现在你已经在六七家公司的董事会任职了，除了这些工作以外，你还有其他工作要做吗？'他说，'是的，我还在几家非营利机构的董事会任职。'我说，'也就是说，你同时在六七家上市公司以及几家非营利机构的董事会任职。除了这些以外，你还有什么工作？'

"他说，'我还是纽约一家非营利基金会的执行董事。'我又说，'那你要为这项工作花费多少时间？''差不多半年时间吧。'我说，'你还哪里有时间呢？执行董事的工作要花费你半年的时间。在那些董事会任职（应当）要花费你200~300个小时的时间。现在你已经在六七家上市公司的董事会任职，然后你还问我你是否有足够多的时间再到另外一家公司的董事会任职？'我的意思是仅凭常识你就应当知道答案是什么了，这个电话你根本不应当打，这样你还能节省一点时间。"

然后，特纳又谈到了他发现的其他的公司治理问题，首先是多数表决问题。直到最近，在很多情况下，简单多数表决法都是企业的默认方法。拿到赞成票数量最多的候选人会进入董事会任职。然而，这种表决方法存在一个潜在问题，那就是在无竞争选举时，哪怕只拿到了一张赞成票，也足以确保候选人成功当选。

特纳表达了自己的观点，他说："对我来说，当董事会拒绝使用多数表决法时，这意味着董事会将无法正常工作。资本主义与民主是并存的，两者缺一不可。因此，如果董事会会议的表决过程不民主，只要从股东那里拿到一张赞成票就能让某人进入董事会，显然这种做法是彻底错误的，很多企业都遇到过类似的情况。现在，多数大型企业均已开始采用多数表决法，其他企业也应当这样做。事实上，有200~300位企业董事并没有拿到过半数的赞成票；即使投票结果要求这些人退出董事会，但是直到现在，几乎所有人仍在董事会任职，而董事会对这种现象熟视无睹。看上去，这样的董事会并不是在为股东服务。”

然后，特纳又谈到了择地诉讼（forum shopping）以及特拉华州部分法律偏向企业等问题。“择地诉讼是让我感到气愤的另一件事。一些企业经过董事会的允许，把所有诉讼事项全部转移到特拉华州进行，但特拉华州的法庭并不欢迎这种做法。某些企业的股东总是试图把诉讼事项转移到密西西比州和印第安纳州等地进行，我并不赞成这种做法。同样，我也不赞成企业用这样的方式对待我。根据美国宪法，我享有一定的权利。我们经常看到有人这样提议，作为企业的股东，我对美国的法院体系不享有任何权利。我不得不采用仲裁的方式，不过恕我直言，美国司法仲裁系统的费用太高，而且明显对我的对手更有利。”

当提到最高法院对“联合公民案”（Citizens United）的审判结果时，特纳毫不掩饰地表达了自己的愤慨：“我讨厌政治献金，比如‘联合公民案’。我认为我们已经找到了一种推进政治献金信息实现透明化的方法。研究发现，那些与政治献金有说不清的关系的企业经常会使投资者（股东）的投资价值受损。虽然最高法院说政治献金是它们的权利，但是我们要求信息公开。”

圆桌讨论——“CEO变成了国王和皇后”

主持人艾伦•布林德向小组成员提出了一个问题：近年来企业高管角色的变化。他说：“很久以前，当我还年轻时，大企业的CEO是该企业的顶级雇员。当时人们普遍这样认为，CEO自己也这样认为。然而，从几年前开始，CEO的身份变成了国王、皇后、王子和公主。我想请大家讨论一下为什么会发生这样的变化，以及这对企业是有利还是有害。如果有害，那么企业应当采取哪些纠正措施呢？”

肯尼斯•范伯格首先提出了自己的观点：发生这样的变化源于企业对高管的薪酬问题持自由放任的态度。他说：“我不知道我们能为此做些什么。就我在担任薪酬主管这段时间内所了解的情况来看，除非你能解决所有问题，否则每家企业都有自己的特殊情况。每家企业的薪酬文化是不同的，而在一个自由社会中，我们能够真正通过立法或者颁布法律法规的形式来规范的事情是十分有限的。现在，正如教授您指出的那样，我在我的工作领域中也发现了滥用现象。不过我担心的是我们是否不应把解决方案交给市场，或者勉强给出的解决方案是否比问题本身更有害。这是一种表示同意的迂回说法，CEO 与能源交易商以及一线员工的薪酬差距越来越大，这让我很头疼，不过这只是整个问题中比较容易解决的部分。当你开始想为此做点什么的时候，我想你会慢慢发现，这其中有很多学问。”

相反，林恩·特纳认为不断完善的公司治理可能会有助于限制企业高管不受约束的权力。他说：“在这个问题上，我的看法可能与肯尼斯有些不同。我认为，说我们没有能力解决这个问题就相当于在说我们必须接受现状。但在我看来，这是无法接受的。我相信这会让整个国家开始变得分崩离析，并且会彻底破坏最基本的社会结构。因此，我认为你不能直接说无法解决这个问题，而应当说你已经找到了解决问题的方法。”

“我不认为政府能解决这个问题，”特纳接着说，“我对政府不太有信心。我认为必须建立起一整套制度，来让企业高管承担起相应的责任。这些制度要求企业披露大量信息，让人们知道企业到底在做些什么。所以，一旦股东享有对高管薪酬的投票权，享有更换企业董事的权利以及多数表决权，那就意味着企业正在逐步建立这样的制度。”

然而，特纳并没有否认公司治理对薪酬的影响作用。他说：“问题的另一面是我们并没有为资产管理者设定更高标准的受托人原则。我们通常将这些人称为机构投资者，而这是很严重的用词不当。这些资产管理者受托管理着资产，并且会收取一定的费用。这就是他们赚钱的方式，这是他们的生意。

“如果我们能创造出类似于约翰·博格在其 2011 年出版的《投资先锋：基金教父的资本市场沉思录》（*Don't Count on It*）一书中所提到的受托人原则，即资产管理者真正做到为投资者的最佳利益而服务，那么我认为你就会在市场中建立起一套切实可行的交易制度。在肯尼斯看来，这不是由政府推动的；这是以不断提高透明度为前提的。你应当为我提供有关薪酬的所有准确信息。你应当用投票的方式来解决薪酬问题。如果出现了反对票，那就说明参与投票的人很负责任。坦率地说，过去的一年，在多数有关薪酬问题的投票中，补偿率（compensation rate）都获得了通过。不过，也有一些提案未被通过。我认为，这样的市场机制能够发挥作用，而且能发挥很大的作用。我们正沿着这条路前进，但是还有一段路没有走完，我们必须建立起完善的受托人原则，否则整个机制将无法发挥作用。”

观众的提问

现场的一位观众问：将 CEO 与董事会主席这两个职位相分离有何重要性。“我认为，董事会应当履行的受信义务至关重要，”特纳回答说，“将 CEO 与董事会主席这两个职位分离可以促使董事会更多地关注其应对股东履行的责任，我认为这种做法有非常积极的作用。

“关于这个话题，有趣的是估计我们还要花上 20 年的时间才能彻底实现这一目标。到时候，大多数上市公司的 CEO 与董事会主席会由不同的人员担任。如果回顾一下公司治理在美国国内的发展历程，你会发现我们的速度实在是太慢了。等最终实现目标时，无论是代理参与、CEO 与董事会主席的分离，还是多数表决制，都会变成现实。现在，我们距离全面实施多数表决制已经非常近了，但是我们还需要一些时间，而且在这个过程中，我们一定会遇到各种磕磕绊绊。如果我们实现了这一目标，那么我们就可能建立起更有效的制度，这种制度会使企业获得更多的收益，我坚信这一定会实现。所以，我认为将两个职位分离十分重要，这是大势所趋。事实将会证明这样做会有不错的效果，但是我们要经历非常痛苦的过程。”

一位观众再次提出了关于“联合公民案”的问题。“已有的研究成果清楚地表明，越是积极游说的企业，它的这种行为越是会对其股东价值造成负面影响，”特纳说，“因此从股东的角度看，这显然与股东的自身利益有关。

“我个人从未创立过企业，也没有人告诉我为什么这个概念会和企业扯上关系。因此，我不太理解为什么企业会被视为自然人。我认为这是有史以来最高法院作出的最奇怪的判决。我认为这让最高法院回到了19世纪50年代和德雷德·斯科特（Dred Scott）时代。我认为这是一个可怕的判决结果。

“我认为公司需要经营好自己的生意，要为其所有的利益相关者（包括员工、管理团队、股东以及所在的社区等）服务。我认为，一旦企业陷入这种形式的政治献金，就会慢慢偏离正常的发展轨道。投资者会认为，企业的这种行为不会给他们带来任何好处。”

范伯格非常赞成特纳对“联合公民案”判决结果的评价，他说：“这真的是非常可怕的结果，它会造成非常负面的影响。别再提什么‘美国公司’（corporate America）了，我个人认为，这必将对美国的政治话语权造成非常不利的影响。

“要么修改宪法，要么慢慢等待最高法院的人事发生变动，只有这两种解决方案。如果最高法院认为根据美国宪法第一修正案（First Amendment），公民有权随时捐款，那么短期内这个问题是无解的。别忘了大大小小的美国企业花了多少钱在华盛顿游说，这甚至在华盛顿形成了完整的‘游说’行业链条。我相信，这对美国国内的政治环境必将造成非常严重的负面影响。这真是太不幸了。”

约翰·博格的回应

约翰·博格一直很关注公司治理的话题，他直接加入了这场讨论。在范伯格就“联合公民案”以及企业的政治献金问题发表了言论以后，博格接着说：“我们不需要最高法院的判决。我们不需要美国宪法第一修正案。我们需要股东站出来为自己的权利发声。金融机构持有全美每一家上市公司70%左右的股权，但是它们却什么都没做。所以我们应当唤醒这些金融机构，它们必须行使自己的权利，并且尽到应尽的义务。

“特别是，我认为应当为政治献金问题设置股东投票环节，而且我已经向证券交易委员会提出了建议。作为第二步，信息披露也很重要，但是我想第一步我们应当问问企业的股东，即企业的所有者，企业是否应当进行政治献金。我建议，只有当75%或以上的股东投票赞成时，企业才有权动用资产。

“我要说明的第二点与会计人员的失误有关。这些会计人员有严重的利益冲突。林恩和我都曾在莱维特主席创立的美国独立准则委员会（Independence Standards Board，ISB）任职。会计行业的一些做法简直让人难以想象。仅剩的四家大型注册会计师事务所被企业管理者玩弄于股掌之上。这些会计人员代表的是管理层的利益，而非股东的利益。”

“最后，我们不能只依赖‘市场’来解决高管薪酬问题，”博格总结说。“‘高管薪酬市场’这个词我们从未听说过。企业的管理者会找薪酬顾问咨询，而我真的很难想象一位还想继续留在这个行业的薪酬顾问会对企业的CEO说‘你不值那么多钱’。当我们开始关注同行的薪水有多高，而不是企业的经营业绩，也就是企业内在价值创造时，棘轮效应开始发挥作用，而且企业高管每一年的薪酬水平都在不停地涨、涨、涨。”①

范伯格同意博格对高管薪酬顾问的评价。他说：“在财政部工作时，我决定必须要到外面去寻求独立的薪酬顾问为我们提供帮助。但是我们并没能找到这样一位独立的薪酬顾问。我们找了又找，最终只好到学术界找到几位独立的薪酬咨询专家。所以，基于你所说的那个原因，这之间确实存在着直接的或能感受到的利益冲突，这让我们的工作变得更加困难。”

第三小组

受托责任：未来会如何

“受他人之托代为理财的经理人在管理资产时很少会像管理自己的资产那样小心谨慎……就像有钱人的管家一样，他们总是能很轻松地给自己找出

① 在《投资还是投机：资本市场的沉沦与角逐》一书中，博格曾经提及“顾问垄断主义”（consultopoly）导致的问题与垄断（monopoly）和寡头（oligopoly）导致的问题类似。

一大堆借口。于是，疏忽大意与挥霍无度是很常见的。”这段话出自苏格兰伟大的道德和经济伦理学家亚当•斯密之口，他用简练的话语描述了代理问题。无论是管理超大型的跨国企业，还是管理众多投资者为投资这些大企业而积累起来的庞大资金，经理人/代理人在这些过程中发挥着关键作用。正如约翰•博格指出的那样，在“双重委托代理社会”中，这些代理人是主要参与者，他们正在“愉快地策划着阴谋”。这些人几乎控制着美国国内所有的上市公司。托管制度的传统价值观已经“被委托/代理关系面临的诱惑——代理人面对的诱惑是以牺牲委托人的利益为代价为自己谋得好处——彻底腐蚀。而自从委托/代理关系诞生以来，这种诱惑就是对它们的一种挑战。”

用博格的话来说就是，如今的经理人/代理人没有把托管人应履行的职责放在第一位，而是“逐渐形成了一个显而易见或心照不宣的共识，即评价企业业绩的重点在于‘创造股东价值’。当然，这是最终目标，但是他们对价值的定义聚焦于短期的、受情绪影响而产生波动的股票价格，而忽视了企业长期的、稳定的且受实际业绩驱动的内在价值。”通过观察历史可以发现，管理者会以最高的换手率交易公司的股票，而且交易期限往往只有几天或几周，甚至几秒钟。这种短视主义是促使企业管理者放弃原来的长期投资策略，转而采用不明智的短期投机策略的主要原因之一。更糟糕的是，这些经理人/代理人已经成功地征服了企业和金融体系，并且向其中植入了一种所谓的“正面我赢，反面你输”的文化，即无论企业的实际经营绩效如何，企业的高管都会获得奖励。失去工作的企业高管可以享受“黄金降落伞”政策[①]，业绩不佳的资产管理者也照样能收取高额的管理费，现在这已经是见怪不怪的平常事了。

受托责任的普通法系

几百年前，英国的普通法系已经找到了一种方法来减轻代理问题所带来的负面效应：对受托责任设定普通法标准——要求代理人将委托人的利益

① 即享受高额离职补贴。——译者注

放在第一位。再看看投资者们现在所受到的伤害，我们早已经远离了这条最高标准。但是，如今要求重拾受托人原则的呼声越来越高，约翰•博格就是其中声音最响亮的那一位。多年来，博格一直致力于倡导为受托责任设定一系列联邦法律标准，这不仅能够确保理财经理们审慎行事，而且还可以对企业建立良好的公司治理机制提出要求，从利于股东/委托人的角度解决利益冲突问题。这样的标准将要求所有受托人只能为受益人的长期利益服务。

那么，我们如何才能做到这一点？这个问题被抛给了几位深陷其中，并且一直亲眼目睹这场战役的人士。约翰•博格主题论坛关于受托责任的讨论请到了几位内部人士。参与本次讨论的包括证券交易委员会的三位前任主席。

- 哈维•皮特，美国证券交易委员会前任主席（2001—2003），卡罗拉玛合伙公司（Kalorama Partners）CEO。
- 大卫•鲁德（David Ruder），美国证券交易委员会前任主席（1987—1989），美国西北大学法学院荣誉教授。
- 阿瑟•莱维特（主持人），美国证券交易委员会前任主席（1993—2001），凯雷投资集团（the Carlyle Group）运营总监。
- 蒂莫西•莱恩（Timothy Ryan），JP摩根公司全球合规策略与政策总监，美国证券业及金融市场协会（Securities Industry and Financial Markets Association，SIFMA）的前任主席和CEO。

阿瑟•莱维特为这场讨论会定了调。虽然所有参与者都希望投资者能得到最好的服务，但是莱维特认为投资者将受托人原则用在股票经纪人身上时会有一些细微的差别，目前股票经纪人遵循的是“适用性”标准。他说：“我敢肯定，我们大家支持的都是同一件事。但是如果你认真聆听各位的发言就会发现，所有参与者并不是都支持同一个结果。我认为大家都认为投资者保护很重要，但是如何保护投资者以及如何解决顾问和经纪人与投资者的利益不一致问题才是我们要讨论的重点。”

蒂莫西·莱恩

长期以来，约翰·博格一直是受托人原则的大力倡导者。但是从总体上看，整个金融业并没有像博格一样对此事表现得很有热情，这不会让人感到奇怪。曾在华尔街首屈一指的游说机构美国证券业及金融市场协会担任主席一职的蒂莫西·莱恩并不认可受托人原则的作用。他在业内的许多继任者更愿意继续遵循目前仍在使用的适用性标准。除了那些要收费的独立理财顾问之外，金融业内那些需要与零售客户打交道的从业人员（比如经纪人 / 交易商、承销商以及分销商）都认为受托人原则对他们的商业模式没什么意义。

大卫·鲁德

大卫·鲁德从不同的角度阐述了他对这个问题的看法。作为一个长期研究金融市场的学者以及美国证券交易委员会的前任主席，鲁德注意到他对这个问题的观点与别人存在着细微差别。他说："我认为现在大家正在试图让经纪人 / 交易商也像投资顾问那样担起受托责任。虽然我一直是学者和法学教授，但是我对事物的看法并不是非黑即白。因此，仅仅这样说还不够。所谓的'原则'应当是经纪人 / 交易商向零售客户提供与证券有关的个性化投资建议时必须遵循的原则。

"原则是什么呢？多德 – 弗兰克法案规定的原则是经纪人 / 交易商或投资顾问在为客户提供服务时必须以客户的最佳利益为重，而不应当考虑自身的经济利益。因此，我的看法是经纪人 / 交易商和投资顾问都应当适用相同的受托人原则。但是，这样的原则是否合适目前还无定论。"

鲁德说："例如，要让那些向公众出售证券的券商履行这种受托责任，并直接告诉公众'我卖给你的证券有点问题'吗？或者允许券商在向公众出售证券时保持合理的距离，作为独立第三方完成交易吗？我知道现在整个行业都在关注这个问题，大家都认为它将影响整个行业的运行方式。

"第二个我持不同观点的问题是多德 – 弗兰克法案声称投资者可能会发现这种利益冲突，并放弃他们在受托人原则方面的权利。因此，我认为这个行业的运行方式还有很多细节可以探讨，这些细节会为新法案的实施提供一些参考。我确实认为应当让零售客户知道经纪人或者投资顾问要对他们负有一定的责任，这一点很重要。但是要想达到这个效果，过程将会非常艰难。”

哈维·皮特

美国证券交易委员会前任主席哈维·皮特认为，受托人原则问题的关键在于现实中的投资者会受到怎样的影响。他说：“我从另一个非常不同的角度来看待整个问题，也就是从务实的角度。在市场上，当人们被经纪人或者独立财务分析师等人包围时会发生什么？从本质上看，我认为切入点必须是人们认为自己能得到什么。即使某位经纪人可能没有提供个性化的投资建议，那么这也不妨碍客户将其评价为把客户的利益放在第一位的人。

“我从 1968 年开始在美国证券交易委员会工作，那时候我们经办了多起与经纪人 / 交易商有关的案件。所有案件都与经纪人没有真正地代表客户利益有关。如果你从这个角度来看，我想很多人并不清楚遵守适用性原则和了解客户原则或者履行受托责任到底有何不同。大多数人并不知道三者之间有何差别。即使投资者很精明，那也只是对打算投资的公司很了解，他们都以同一个假设为前提，那就是与他们并肩作战或者受托管理其全部资产的专业人士都在为实现他们的最佳利益而工作。因此，正如我看到的那样，在现实中，投资者先会这样想，而不是先决定我们是否应当有统一的标准。

“那么，统一的标准是否适用于所有情况或场合？如果经纪人只是按照其客户的指令来完成交易，那么我不认为这种服务要适用受托人原则。如果客户要自己作投资决策，自己进行研究，那么我认为没有必要把受托人原则强加给经纪人。但是，如果客户需要专业人士为其提供某种帮助或者建议，就像大多数人会依赖证券专业人士提供建议一样，那么我想这部法案并没有反映出市场的真实情况。我认为，我们对统一标准的需求没那么强烈，而是应当确保客户实际获得的服务与他们的预期相符。如果客户没有获得预期的服务，那么这就说明专业人士提供的服务并不单纯只是执行交易指令而已。

“这比直接要求经纪人 / 交易商、投资顾问以及金融分析人员等相关从业人员必须以客户的最佳利益为重会好得多，如果他们没有提供服务，那么就应当确保这些服务项目被排除在外。例如，有些人会质疑你是否有能力提供某些服务。

“我想如果投资者在投资时足够聪明，如果经纪人和投资顾问没有按老规矩办事，而是直接告诉他们的客户，‘你应当知道，你才是那个要作出选择的人，但是如果我向你推荐某种产品，我和你可能会有潜在的利益冲突。我有责任把可能发生的利益冲突告诉你，这样你会明白自己也可以有其他选择。’我搞不清楚的是，对于专业人士来说，说出这样的话为什么会那么难。”

圆桌讨论

为了支持皮特主席提出的受托人原则统一化的观点，莱维特主席给出了一些具体理由。他说：“本质上，顾问这个行业建立在其对不公平竞争领域进行的讨论的基础上。经纪人不用像顾问那样承担某些必须承担的责任。在我看来，你的建议就是无论是经纪人还是投资顾问，大家都应当遵守相同的原则、相同的规则并承担相同的责任。”

“是的，”皮特主席说，“作为一位经纪人，‘我不会为你提供任何投资建议。我们之间的关系不允许我这样做。一旦我打算为你提供一些投资建议，那么你应当明白我所在的公司也在做投资，如果我向你推荐产品，也许能给我自己带来一定的收入，我要告诉你这一点。但是你必须明白这就是我要做的事。’能否说清楚则要取决于经纪人的表达能力。”

莱维特主席认为这种方法在实践中行不通，他说：“这就是我们的分歧所在，哈维。我曾经也是一位经纪人，我知道经纪人都不愿意把话说得那么直白。经纪人接到客户的交易指令，而且并没有提出任何问题、评价或者看法，这是很少见的。大卫，你是否能接受多德–弗兰克法案提出的受托责任观点？”

“我认为这个原则还可以，”鲁德主席回答道，“但是如果要制定规则，我们需要将方方面面的问题考虑周全。”

皮特主席承认对普遍适用的受托人原则会有一些担忧，但是他认为这些担忧不应是为投资者寻找最佳解决方案的障碍。他说："我认为阿瑟提出了一个非常好的观点，那就是你希望从收取佣金的人那里得到什么，他们会如何做到。显然，总有人希望能找到解决问题的捷径。但是，我认为这决定不了什么样的标准最合适，这意味着如果人们采取强硬行动，那么就需要推动标准被有效地执行。我认为，目前在华盛顿特区的巡回法庭上，证券交易委员会一个案子也赢不了，因此如果哪位律师在任何其他巡回法庭提起针对证券交易委员会的诉讼，那么他这样做可能就是玩忽职守，因为现在华盛顿特区的巡回法庭现在很不喜欢证券交易委员会。但是，证券交易委员会和商品期货交易委员会正在尝试首次监管衍生产品和掉期市场；他们必须制定大量规则，而且对于巡回法庭要求的成本－收益分析，他们也毫无经验。"

很多观察家认为，证券交易委员会的成本－收益分析要求会让很多对金融监管持怀疑态度的人阻挠相应的立法过程。莱维特主席询问小组讨论人员对此有何看法。"哈维，有什么方法能够真正满足成本－收益分析的要求吗？"莱维特问道，"对我来说，这个领域很复杂，因此无论金融机构如何详尽地解释成本－收益分析的要求，人们总能挑出毛病。"

"是的，我也这样认为，"皮特回答说，"我们必须做的第一件事就是要让金融机构马上停止聘用律师来进行成本－收益分析。"

鲁德主席也相信，虽然满足了成本－收益分析的要求，但是证券交易委员会可能会颁布新法规。他说："我认为证券交易委员会需要给出一个关于收益无法被量化的好例证，因为我们都要着眼于未来。对我来说，这看上去像是个有说服力的论据。我认为如果将这种论据提交给第二巡回上诉法院，那么结果可能会比提交给华盛顿特区巡回法庭更好一些。另一件值得注意的事是证券交易委员会已经开始着手进行更好的统计分析，组建更优秀的经济学家团队，而这个过程要非常小心。"

皮特主席相信，现在的政治环境与 1968 年他刚刚进入证券交易委员会工作时相比已大为不同。他说："当时雷·加勒特（Ray Garrett）任主席（1972

年至 1974 年间，我担任他的行政助理），一桩丑闻被揭发了，因为有人将股权基金问题反映给了证券交易委员会洛杉矶办公室，可当时人们并不知道问题出在哪里。于是，这个人又把这件事爆料给《华尔街日报》。《华尔街日报》的记者找出了问题所在，并且通过媒体大肆渲染，结果证券交易委员会不得不花费了大量时间向公众解释股权基金到底是如何运作的，以及为什么要为其提供这样的监管保护。

“区别就在于这是一次真实发生的质询。人们试图搞清楚问题是如何发生的，而不是要找到某个倒霉鬼来为此事负责。事情已经发生了，人们确实把它搞砸了。因此你必须先挺住，然后告诉大家，‘好吧，为了让将来再次发生类似事件的可能性降至最低，现在我们要如何解决这个问题’，而不是说‘谁应当为此事负责，这样的事竟然也能被忽略’。

“对我来说，正是因为大家都在找应当由谁来负责，所以才使现在的证券交易委员会很难开展工作。还有一件事，我要提醒在座的各位，你们经常与被监管机构打交道，那些胆怯的、常遭受攻击的、飘忽不定的监管者要比那些激进的、有激情的监管者糟糕得多。我更愿意拥有这样的监管机构：对自己所做之事坚信不疑，在追求目标的过程中无所畏惧，而且如果超越了合理边界，它会被别人拉回界限以内。而现在的证券交易委员会——我同意你的观点，阿瑟，我认为目前证券交易委员会的工作状况很糟糕——员工整天惶恐不安，他们作出的每一项决策都会被他人以这样或者那样的理由反对。在这样的环境下，没有人能做好监管工作。”

莱维特主席表示赞成。他说：“每隔 3 周半，我就要去国会作证一次。每次我去作证前，我的下属都要花两天的时间帮我准备资料。这是一种严重的浪费。在哈维和我担任证券交易委员会主席期间，商业企业在发现问题并且需要沟通时没有先来找证券交易委员会，而是先去拜访国会工作人员和国会议员，然后才来见我们。而国会议员的工作，尤其是那些对立党派的议员，就是让证券交易委员会看上去显得笨拙、无能又浪费时间。现在，情况依然如此。华盛顿如今正在进行一场流血竞技，这对投资者毫无益处，对监管部门也很不利。”

还有一个尚未解决的问题，那就是在某些情况下，投资顾问和经纪人/交易商在金融市场上扮演着不同的角色。虽然，我们可以在任何时候都期待投资顾问能扮演好受托人的角色，但是有些人认为，经纪人/交易商在与客户打交道时，至少可以在其能力范围内与客户保持一定的合理距离。鲁德详细地阐述了自己的观点，他说："我认为，推行同一种受托人原则的说法太过简单化了，因为各家机构的商业模式存在着很大差异。对我而言，交易商做的是正常交易，正常地买入或卖出证券。在这种情况下，他们根本不想承担相同的受托责任。但是，当经纪人向零售客户提供投资建议时，我认为他们确实需要遵循一定的原则，那就是他们必须把客户的最佳利益摆在首位。"

皮特主席赞成鲁德主席的看法，他说："我认为，我们的目标是要让经纪人明白，只要他们提供的服务不只是执行交易指令，那么就应当把客户的利益放在首位。对我来说，这看起来是每个人都能够同意的一个位置。尽管在细节上可能有些分歧，但是我认为大家不需要在定义和行为方面过分讲究。这是经纪人谋生的工作。我坚信他们能做到这一点，而且能做得很好。我相信，我们会给出评价，别人也会给出评价。而且当他们看到这些评价后，会想出问题的解决方案。"

莱维特主席再次重申了他对成本–收益分析规定的担忧，并以此结束了这场讨论会。他说："在今天的讨论会上，我的观点可能与其他人的有所不同。我真的认为成本–收益分析是一种非常危险的方法，国会就是想以此来阻碍监管。我赞成我同事的观点，他们认为一定能找到确定合理的成本–收益分析责任的方法。"

约翰·博格的反馈：受托人原则应当也适用于机构理财经理

虽然该讨论小组关注的是已注册的投资顾问和股票经纪人（理财经理或者客户经理）要按照标准向客户履行受托责任，但是博格又加了一句，他说："我相信，机构理财经理也应当遵守这个原则，他们受托管理的资产已达到13万亿美元，他们正在替共同基金投资者、私人和公共养老金计划的受益人、大学捐赠基金以及被银行监管的信托账户的受益人打理资产。目前，这些机构投资者持有的股票占美国全部股票的 70% 还要多。而当 1951 年我刚进入共同基金行业工作时，这一比例仅为 8%。”

当然，博格又说，在为客户管理资产的过程中，这样的受托人原则并不是那么明显。事实上，在监管共同基金的《1940 年投资公司法》（*Investment Company Act of 1940*）中，相关的表述直接且具体：共同基金的“组织结构、运营模式和管理方式”必须符合其股东而非“投资顾问和承销商”（基金分销商）的利益。再也没有比这部法案说得更加清楚的了。但是，这段话出现在《1940 年投资公司法》的前言中，后面既没有给出具体的标准，也没有给出执行的方法。用博格的话来说就是“没有牙齿的看门狗”。

颇有势力的利益集团一直在阻挠向所有的注册投资顾问推行受托人原则，但是由于信托标准协会始终不屈不挠地致力于将这条书面原则变为实际可行的行业规范，目前看起来这个趋势已是无可阻挡了。虽然这条原则同样适用于机构投资，但推行该原则的难度要大得多。但是，就像皮特主席的结束语说的那样：“每个人都应当同意……我坚信（整个行业以及监管机构）能做到这一点，而且能做得很好。”

第四小组

约翰·博格是一位沟通者

十本专著，575 场演讲，14 篇学术文章，750 份年报，在《纽约时报》和《华尔街日报》上公开发表了十多篇专栏文章，数不清的电视与电台专访，与先锋基金股东的大量往来书信。

有效沟通是博格获得成功的秘诀之一。但是，他不仅是一位高效的沟通者，而且他还通过培训、教育、娱乐、竞赛等形式最终提高了那些与他沟通的人的投资知识水平。博格的沟通方式直接而巧妙。不论你是刚刚关注美国全国广播公司财经频道（CNBC）、第一次听到博格演讲的投资新手，还是经常在学术性金融期刊上阅读前沿趋势的经验丰富的业内人士，你都能从约翰·博格那里获得启发。约翰·博格主题论坛的最后一场小组讨论会邀请了对博格全部作品都颇有研究心得的两位专家。最后一场讨论会的嘉宾有以下几位。

- 马丁·弗里德森，法国巴黎银行资产管理公司（BNP Paribas Asset Management）全球信贷战略家，曾为博格的几本专著撰写过书评。
- 杰里米·达菲尔德，澳大利亚金融研究中心（Australian Centre for Financial Studies，ACFS）主席，麦克纳米 – 劳伦斯有限责任公司（McNamee Lawrence & Co.LLC，MLC）董事，先锋投资（澳大利亚）公司前任主席和创始董事总经理。
- 詹姆斯·格林（主持人），顶峰商业媒体投资顾问集团编辑部主任。

詹姆斯·格林：博格的影响力

今天我们欢聚一堂，聊聊约翰·博格已出版的专著，目前有 9 本，第 10 本即将出版。除此之外，我们还想评价一下博格的影响力，不只有那些公开发表的文字，还有他在公开场合使用的沟通方式和风格。我目前是《投资顾问》（*Investment Advisor*）、《研究》（*Research*）两份杂志以及 Advisorone.com 网站的主编，我的职责就是确保上述出版物和网站能够为那些要向个人客户提供投资或者理财建议的专业人士提供服务。

长久以来，我们都很认可博格先生对整个行业和客户作出的贡献。事实上，在《投资顾问》杂志 30 周年庆典上，我们将博格先生称为“在过去三十年间投资顾问领域最具影响力的人”。在他漫长的职业生涯中，每当与我们这些记者和媒体打交道时，博格先生总是留给我们很多时间。

博格先生从来不会用居高临下的口吻与终端客户沟通。不过，他总是毫无保留地对专业人士说出他的看法，引导他们挖掘自己更好的潜质，不仅因为这样做是正确的，而且还因为这样做对客户有好处。博格说话简洁坦率，他非常善于利用在白宫演讲的机会唤醒专业人士更高的使命感。无论是在美国国内还是全球范围内，很多专业人士都听过他的演讲，我想这一点大家都同意。博格还是一位逆向投资者，而且我认为这种逆向操作理念也是他为关于投资的公开讨论所作出的贡献之一。

马丁·弗里德森：博格专著的反响

约翰·博格因为大力宣传指数基金而被众人所熟知。关于这一点，我们已经听过太多，而我的意思是，这起到了非常积极的作用。博格非常推崇指数基金，他认为指数基金会使投资者真正受益，这种观点贯穿于他所有的著作。不过，博格并不只是因为自己的理念才大力宣传指数基金，他还用了大量非常有说服力和严谨的研究成果来支持他的理念。而且，非专业的普通投资者也能看懂这些研究成果，因为研究并没有使用只有少数人士才能看懂的、极其复杂的定量分析手段。

事实上，博格和我都曾在《金融分析师》（*Financial Analysts Journal*）的顾问委员会任职。他时不时地会提醒我们，除了要刊登那些运用复杂的定量分析方法撰写的文章以外，我们还必须要挑选一些普通投资者也能看得懂的文章。我想，研究工作不在于是否大量地使用了非常先进的研究方法，而在于要知道该提出哪些合适的问题，然后去寻找这些问题的答案，并且最终能将研究结果有效地呈现出来。

虽然在我写过书评的那几本书中，指数基金是贯穿始终的主题，但是博格并没有局限于此，他还谈论了其他一些话题，比如证券分析的缺陷，以及对机构资产管理、公司治理、高管薪酬和经济统计数据的报告方式提出了一些有建设性的意见。他谈到了企业财务报告制度以及财务造假问题，这个话题深得我心。在这方面，政府也不完全是无可指摘的。他还质疑了并购的作用，他怀疑这是否能给实体经济创造新价值。

博格具有非常高超的沟通技巧，他总是能一下直接抓住重点。在某些情况下，作为编辑，我发现作者面临的最大问题是真的不知道自己要说些什么。他们会拿不定主意，或者受困于各种信息。如果他们清楚地知道自己想说些什么，那么写作也将会非常顺利。

和约翰·博格在一起，他总会让你知道他的立场。最重要的是，他知道自己的立场是什么。因此在其所有著作中，他会大声且清楚地表明自己的立场，这就是他能成为一位极有说服力的沟通者的原因。

投资界人士都很了解博格的职业经历。[①]在普林斯顿大学完成了探讨发展初期的共同基金行业的毕业论文后，博格来到威灵顿管理公司（Wellington Management）工作，一直做到 CEO 一职。1972 年至 1974 年熊市期间，博格被解雇了，随后他重整旗鼓，创办了先锋集团。从那时起，他一直是指数基金领域孜孜不倦的开拓者和领先者，而指数基金也成为近半个世纪以来最重要的金融创新之一。

这是一个老生常谈的故事，不过即使是博格的疯狂拥趸，也能在《投资还是投机：资本市场的沉沦与角逐》一书中读到一些新鲜事。例如，博格在书中详细描述了在 2004 年，他没能成功地说服普特南资产管理投资公司（Putnam Investments）的主席将公司转换为由先锋基金引入的"共同所有的共同基金"（mutual mutual funds）组织结构，在这种结构下，基金的股东拥有管理公司。1994 年，为了了解先锋基金竞争对手的情况，博格买入了 100 股 T. Rowe Price 公司的股票。当初这笔 4 189 美元的投资如今已增值为 208 960 美元，单是股息收益每年就有 4 325 美元，这再次有力地证明了投资管理远远比投资本身更赚钱。

博格创立第一只指数基金的前提条件竟不是"市场总是缺乏效率"，对此，读者们肯定感觉有些惊讶。有时，博格在文章中会提到"市场的效率非常低"。不过他也谈到，如果低成本、高收益意味着投资者掌握着他们所能得到的投资组合，那么投资管理的成本，尤其是与过度的投资组合换手率相关的成本，则直接降低了投资者的投资收益。在一篇专门研究该问题的文章中，博格发现，积极管理型的共同基金于年初买入的股票的收益要优于基金实际资产组合在 52% 的时间中的整体收益。

在《投资还是投机：资本市场的沉沦与角逐》一书中，博格代表投资者举起了大棒，他相信大多数投资者都没有获得良好的服务。他哀叹投资管理竟然从一个很专业的行业——按照定义，从业者要将其客户的利益置于自我利益之上——变成了一门经常以损害客户利益为代价、为个人谋求暴利的生

① 本部分节选自弗里德森为博格的《投资还是投机：资本市场的沉沦与角逐》一书所写的书评。

意。博格引用了特拉华州衡平法院（the Delaware Court of Chancery）法官利奥·斯特林（Leo Strine）的话，虽然法律界的学者非常重视公司所有权与经营控制权相分离所导致的代理问题，但是他们都忽视了一个类似的问题，即公众持股或金融集团旗下的投资组织的所有权问题，而不是由受托管理资产所有者管理的投资组织的所有权问题。博格发现，这种所有权的背离引发了利益冲突，即在争夺代理权时，资产管理公司的代表非常不情愿对公司管理层提出的议案投反对票，他们唯恐失去受托管理该公司 401（k）计划的机会。博格还提到，加利福尼亚州的教师退休金系统由于不存在这样的利益冲突，大概有 22% 的时间会对管理层投反对票。

如果博格的心愿能变成事实，那么机构投资者会使用它们的投票权来推动企业的实质性变革。一方面，博格会控制 CEO 的薪酬，CEO 的薪酬与美国平均薪酬水平的倍数关系已经由 1980 年的 40 倍增长至 320 倍，而发生这一变化的前提条件是作为企业的核心人物，CEO 为股东们创造了巨大的价值。博格强调，事实上，在同一时期内，企业的实际平均利润甚至赶不上 GDP 的增幅。博格对为了支付高管薪酬而恣意使用股票期权的做法提出了批评，他指出只需要 10 年，由此导致的股权稀释就将达到 25%。同样在公司治理领域，博格希望企业能控制政治献金行为，除非 75% 及以上的股东同意这样做。

博格引用了凯恩斯的说法，同时这也是他研究的主题之一，即要分清楚投资（预测资产在其整个生命周期内的收益率）与投机（预测未来市场会如何变化）到底有何区别。他知道，即使是健康的资本市场也会存在投机行为，但是天平已经发生了倾斜，市场上有些做法早已偏离了“投资”的轨道。举个例子。博格认为 ETF 是一个不错的概念，但是金融业对其表现太过热情，开发出了多种产品，还以“能迅速地大赚一笔”为诱饵吸引投资者。其中一些金融创新产品已经被证明具有严重的设计缺陷。例如，某种 ETF 被设计成日收益率相当于其标的市场指数日收益率的三倍，但是如果把评估期延长一些，那么它根本做不到这一点。在最近五年内，该 ETF 的总体收益率为 –25%，同期标准普尔 500 指数的收益率为 10.5%。2012 年年初，一只原本被设计成放大波动率的 ETF 由于发行方宣布停止出售新的基金份额，它在横向市场上于两个交易日内贬值了 50%。

博格在研究过程中总是很认真，其完成的书稿错误很少。他尽职尽责地列出了《投资还是投机：资本市场的沉沦与角逐》一书中所引用的格言警句的原始出处，不过有一次，他忘记了应当注明希勒尔（Hillel）的名字。与其他众多作者一样，博格赞成凯恩斯的观点，他说："当环境发生变化时，我的想法也会发生改变。你会如何做呢？"不过，没有太多的证据证明凯恩斯这位伟大的经济学家真的说过这句话，但是显然另一位伟大的经济学家保罗·萨缪尔森的确说过这句话。很多人都相信萨缪尔森真的说过。

在《投资还是投机：资本市场的沉沦与角逐》一书中，博格从历史发展的角度分析了时下一些热点问题，比如高频交易、美国退休金体系迫在眉睫的危机以及使用共同基金投资者的钱来提高受托资产的增长率。（"没有证据证明，"他写道，"基金公司以注入适合实现规模效应的新资产来弥补已消耗的资产为由吸引了更多的基金投资者。另一方面，大量证据证明，资产规模超过一定标准会对基金经理创造超高业绩的能力造成负面影响。"）每一位有想法的投资者都能从博格的智慧中获益。作为一个在金融业——这真是一个因超级自负而臭名昭著的行业——从业多年的大家，博格总是谦逊、低调地为投资者服务。

杰里米·达菲尔德：从得利助手的视角对博格的观察

1979 年，我在保罗·沃尔克领导下的联邦储备系统中工作，那是我第一次亲眼见证约翰·博格高超的沟通技巧。就在沃尔克主席宣布为了抑制通货膨胀而下调基准利率的七天后，我做了一次有关货币市场基金的演讲。杰克刚好也在演讲现场。他走过来做自我介绍，并且邀请我亲眼看一看现实世界中的共同基金公司，了解这些公司是如何运作的。那时我根本没有其他打算，就想安安稳稳地搞学术，但是在之后的六个月中，我摇身一变成为了博格的助手，这足以证明博格的说服力和沟通技巧有多么厉害。

今天，我想谈一谈自己对杰克的沟通技巧的观察。我并不是想表扬杰克，而是想帮助大家总结一下杰克的贡献，因为我希望在座的每一位都能学到你们想学的，并将这些用在自己的生活中。为了达到这一目的，我认为我们都要成为高效的沟通者，而我作为一名旁观者，默默地观察杰克的沟通技巧已有 32 年之久。我很愿意把我的心得与在座的各位分享，把杰克成功的秘密告诉大家。

第一点是必须强迫自己达到某种状态：作为一名高效的沟通者，必须表现出非常疯狂却又有条不紊的状态。杰克就是这样。因此，第一条经验是你必须要非常非常努力地做到这一点。每一个曾亲眼目睹杰克用患有关节炎的手在黄色笔记本上写下潦草笔记的人，都清楚地知道他需要多努力。但是杰克做到了，不仅仅在写作上（10 本著作，包括最新的《投资还是投机：资本市场的沉沦与角逐》一书），还有 575 场演讲、在《投资组合管理期刊》（*Journal of Portfolio Management*）和《金融分析师》杂志上发表的 14 篇文章、100 场电视访谈、750 份写给股东的年报以及多年来他与股东之间数不清的信件，而这些信件都是其助手艾米丽 • 斯奈德（Emily Snyder）用键盘一个字一个字敲出来的。

杰克非常非常认真地对待沟通，而且工作也非常非常努力。但是，哪怕是再努力，除非具备以下三个要素，否则你也无法成为伟大的沟通者。第一，你要有丰富的内容；第二，你要有能力把这些内容用你的影响力和风格表达出来；第三，你的话要有很高的可信度。我想，这就是杰克获得成功的秘密。专注于沟通的内容，我认为马丁说的特别正确——杰克很清楚地知道自己想要什么。

他有自己的“北极星”，那就是要把投资者的利益摆在首位。有了自己的“北极星”会让世界变得不一样。杰克确实做过马丁提到的那些事，比如深入的研究、对多个领域的问题拥有言之有物的个人观点以及教会投资者如何投资、如何做事以及如何生活。这正是杰克这辈子工作的主要内容。

至于他个人的风格和影响力，说起来也很有意思。从个人风格和影响力的角度来看，他无疑是位大师级的人物。他是位艺术大师，我的意思是他没用什么技巧就完整地表达了自己的意图。这是一门艺术。他对语言的使用出神入化。他是一位讲故事的大师。我从未见过哪个人能像他一样善于引用别人说过的话，并让这些话的作用发挥到极致。他将这些引用整合起来，一方面表达了对原作的尊重，另一方面又在其中融合了自己的观点。他真的非常精于此道。

但是，博格之所以拥有如此大的影响力，真正的秘密可能在于他能把戏剧性的情节代入话题。这主要源于他一直对投资者面临的困境义愤填膺。如今，大多数人身上早已没有“义愤”这种东西了，人们都认为拿得越多越好。但是，杰克还保留着很多“义愤”。他经常感到很愤怒。他在他的书中会分辨善与恶、对与错。他的世界中不存在灰色。

在杰克的故事中有很多坏蛋轮番出场，不过这些坏蛋通常并不是单独的人。他谈到了一些应当被唾弃的做法。如果你正在这样做，那么应当知道他说的是谁。即使你现在没有这样做，可是由于他提出了好几个迫使你自省的问题，你还是应当好好思考一下自己是否有这样的行为。问问自己“我是否达到了博格设定的标准”。这些标准很难达到。因此，杰克使用戏剧化的方法获得了成功。

上述我说过的所有因素综合在一起给了杰克真正的力量，也是他在金融市场上的信誉，他就是以此走过了60年漫长的职业生涯。我想详细说明三个因素。第一个因素是领导力。澳大利亚前总理保罗•基廷（Paul Keating）将领导力定义为想象力和勇气。约翰•博格身上有这两种东西，但是除了想象力和勇气以外，杰克还有其他特质。他很谦逊，并且拥有领袖必须具备的责任感，这真的令我们感动。第二个因素是他会把一些常识传授给不了解它们的普通投资者，同时又不仅限于常识。如果我不得不选择一个词语来形容我对约翰•博格及其沟通方式的喜爱，那么这个词语必然与常识有关。第三个因素是他真的能说到做到，而且只要他承诺了，就一定能做到。因此，上述这几个因素加上约翰•博格浓烈的个人风格能让人们清楚地了解到他是个多么伟大的人物以及他的品格。他撰写的《品格为先：先锋集团的创业发展历程》（*Character Counts: The Creation and Building of the Vanguard Group*）一书正好总结了“品格”（character）一词的两种用法。

第 2 章

The Man in the Arena

Vanguard Founder John C. Bogle and His Lifelong Battle to Serve Investors First

与保罗·沃尔克和约翰·博格的谈话

约翰·博格主题论坛的一大盛举是把当代两位还健在的传奇人物都请到这里，来进行一场生动而话题广泛的讨论。本次论坛的核心人物、先锋基金公司的创始人约翰·博格，与曾在 20 世纪 70 年代晚期和 80 年代早期成功地让已失控的通货膨胀率重新回归正轨、并一直为推动美国金融体系改革而大声疾呼的美联储前主席保罗·沃尔克一起参加了这次讨论。本次讨论会的主持人是彭博新闻的记者凯瑟琳·海斯。博格和沃尔克不仅分享了他们漫长的职业生涯中遇到的很多奇闻轶事，还提出了自己的真知灼见，每位与会者在被逗乐的同时也深受启发。对这些与会者而言，这场讨论真是令人难忘。以下分享的是这次讨论会的文字内容。

凯瑟琳·海斯：先生们，我的第一个问题是我想知道这其中的奥妙。两位现在都已经八十多岁了，但是看上去精神和体力依旧充沛。从很多方面看，你们都是行业内的佼佼者。你们都曾在普林斯顿大学读书。这其中是否有什么关联呢？二位是否能与我们分享其中的秘密？

博格：是的，我确实是在普林斯顿大学读过书。

保罗·沃尔克：我想秘密就在于“换个新的心脏”。谈到普林斯顿大学，博格的经历可不一般。即使到了现在，他依然能靠着自己当年在普林斯顿大学写的一篇毕业论文走在整个行业的最前沿。50 年过去了，他重新出版了这篇文章，竟然还能得到大家的欢迎。想想看，还有谁能凭借着在普林斯顿大学写的一篇毕业论文开创出如此辉煌的事业呢？

博格：好吧，千万不要低估好运气帮的忙。不过，我相信大多数人都不知道论文这件事。如果我没有在普林斯顿大学读书的话，那就不会有先锋基金这家公司了。时间倒流回 1949 年，如果那时我没有坐在燧石图书馆中认真地研读各种财经新闻，就不会有先锋基金公司。当时我读的是经济学专业（一开始，成绩并不怎么样）。机缘巧合，我看到了《财富》杂志 1949 年的 12 月刊。

坐在燧石图书馆的阅览室中，我随手翻到了这本杂志的第 116 页，一篇题为《在波士顿赚大钱》（*Big Money in Boston*）的文章引起了我的注意。这篇文章是关于共同基金这个行业的，作者认为该行业虽然规模很小，却颇具争议。我不想再去写关于亚当·斯密或者凯恩斯的文章，因为这个主题早就被经济学专业的学生们反复写过了。而眼下，学术界或者媒体根本没有注意到这个规模虽小却颇具争议的行业。这个行业虽然目前规模很小，但是将来一定会名声大噪。于是，我决定把共同基金行业作为我毕业论文的主题。坦率地说，如果不是那个阳光灿烂的日子，我在燧石图书馆中无意间作了这个决定，那么今时今日我可能根本不会出现在这里。也许我们也会聚集一堂，不过很可能是在向沃尔克先生，而不是我，表示祝贺，显然这样做更合适。

为什么有人会不相信呢

沃尔克：这么多年来，你一直在推广自己的新理念，并在实践中贯彻执行，我想不出来还有谁能像你这样目标清晰且坚持不懈。你写了很多文章，想把这种投资方法推荐给普通大众，而且现实一次又一次地证明你是正确的。为什么还有人会不相信呢？

博格：投资者接收到的信息变得越来越多。如今，先锋基金公司的资产规模已经超过了 1.8 万亿美元。我们管理的长期资产约占整个共同基金行业内所有长期资产的 17%，这是行业历史上的最高比例。富达基金公司鼎盛时期所占的比重约为13%。投资者多元化服务公司（Investors Diversified Services），也就是后来的美国运通公司，在鼎盛时期所占的比例也约为13%。马萨诸塞州金融服务公司（Massachusetts Financial Services）——起初名为马萨诸塞州投资者信托公司（Massachusetts Investors Trust，MIT）——是第一家市场份额达到13%的基金公司。但是，先锋基金公司的市场份额已接近17%，而且还继续保持着上升的势头。

但是，更值得关注的趋势是在过去的五年中，美国投资者投向股票基金的资金净额增加了1 000亿美元。实际上有6 000亿美元的资金选择了指数基金，5 000亿美元的资金撤出了积极管理型基金。我想，这就是鲍勃·迪伦所说的“你不需要天气预报员告诉你风往哪个方向吹”。

海斯：杰克和沃尔克主席，我之所以想问以下这个问题是因为我们今天聚集在这里，就是要讨论如何才能挽回或重建投资者的信心。我想问的是，哪些证据能够证明投资者的信心正在逐渐崩塌？在股票市场上，道琼斯指数距离近期的高点并不太远。债券的收益率水平创了历史新低。美元也依然相对坚挺。那么，为什么我们说投资者的信心正在崩塌呢？

博格：我想说刚才我提到的那些数据就是一个很好的例子。如今，认为积极管理型基金多高的收益目标都能实现的想法以及认为它们是包治百病的灵丹妙药的想法正在慢慢消失，积极管理型基金也在逐渐适应同时持有美国所有上市公司股票的理念。事实上，收益是由这些公司创造的，而不是由股票市场创造的。正如我在我的一本书中谈到的那样，股票市场对商业投资造成了严重的干扰。每一天，股票价格都在起起伏伏，然而这些变化与企业的内在价值根本没有什么关系。

因此我认为，显然投资者们正在逐渐丧失对积极管理型股票基金的信心。如果有一天，大家听到像黑石基金的彼得·费雪（Peter Fisher）这样的人说债券的投资模式也在逐渐转为指数化，那么转变的速度将会进一步加快。

海斯：沃尔克主席，你发现了什么呢？

沃尔克：我要在杰克说的话的基础上补充几句。如果人们对投资市场以及金融市场失去了信心，那么这意味着美国人民对整个国家和政府失去了信任和信心。我想这正是目前美国正在面临和亟待解决的重大问题。这个问题将会对金融市场造成不利的影响，进而影响国家未来的命运。

动摇的信心：只有 20% 的人相信政府所做之事是正确的

海斯：你是否发现人们的信心正在动摇，而且已经对市场造成了影响？

沃尔克：毫无疑问，人们的信心确实发生了动摇。多年以来，民调机构一直在问同一个问题："你是否相信政府在多数情况下的所做之事都是正确的？"目前，只有 20% 的民众给出了肯定的答案。我看到一篇文章称，近期的一次民调结果显示，这一比率已经下降至 10%。如果只有 10% 或者 20% 的民众相信政府的决定是正确的，那么想要执行强有力的民主制度就会变得更难。

海斯：我们稍后再来讨论这个问题，因为我知道杰克对政府、税收政策以及其他很多问题都有自己的观点。在这之前，让我们回到重建投资者信心这个主题上来。杰克，你曾说为了实现这一目标，我们需要修复金融体系。那么，我们是否已经彻底修复了那些导致金融危机的缺陷？信用评级机构的漏洞是否已被填补？我们是否已经控制了衍生品？银行"大而不倒"的难题是否已被攻克？你会给美国的金融体系什么评级？

博格：我给出的评级是"D"。我意识到在华盛顿，无论想做成什么事，过程都将是非常复杂的。不过，我赞成恢复《格拉斯－斯蒂格尔法案》(*Glass-Steagall Act*)的效力，将投资银行业务与商业银行业务分割给不同的金融机构。最初，这部法案只有 37 页，而且和沃尔克法则一样，它根本不需要有 198 页，就能清楚地告诉银行家哪些事情可以做，哪些事情不可以做。其实很简单：如果你做的是存款银行业务，那么你就不能再去做投资银行业务；如果你做的是投资银行业务，那么你就不能再去做存款银行业务。

沃尔克：我一直也在思考这个问题。我重新翻看了一遍《格拉斯 – 斯蒂格尔法案》的具体条文。该法案的部分内容与我们今天讨论的主旨并不相关，但是关于银行的交易业务和权力，法案中有两句话直接指出了问题的核心。总的来说，这两句话的意思是或许没有哪家银行能够同时履行好这两项职能。人们确实对《多德 – 弗兰克法案》的具体条文有争议，但是坦率地说，对我而言，还是最终的结果更重要。

海斯：关于这个话题，我想问两位两个问题。加拿大央行前行长马克·卡尼（Mark Carney）说沃尔克法则可能会破坏政府债券市场。他谈到了关于取消政府债券交易的话题，他的观点也许会给美国带来好处，而且会导致意料之外的后果。您对他的批评有何回应？

沃尔克：我根本不清楚这件事，而且我有些吃惊。今天早上，我才在报纸上看到这篇在达沃斯山区冰天雪地的环境下写出来的文章。外国政府突然发现这是一个大问题。以前我从未听说过。

按照《多德 – 弗兰克法案》的规定，机构可以交易证券，也可以做承销业务。如果一家外国机构想做承销业务，那么就需要得到一家美国的银行的帮助。自营交易才是不被允许的。

过去，欧洲政府一直在说它们担心对冲基金在金融市场上大搞投机活动，并以此进行自营交易，破坏本国货币的稳定。难道它们现在希望市场上这类投机活动多一些吗？它们国家的货币会突然变得更加坚挺和合理吗？如果不是大约 6 家的美国银行一直参与其中，自营交易的数量将会迅速增加。

对冲基金与沃克尔法则

海斯：我想问一个有关对冲基金的问题。沃尔克主席，我想先向您提问，因为这个问题与沃尔克法则有关。沃尔克法则正在限制银行的自营业务。您是否担心这会让不受监管的对冲基金从受监管的银行体系获得更多的融资？

沃尔克：我不担心。现在有几千家对冲基金吧？它们喜欢进行投机交易，它们就喜欢这样。一般来说，对冲基金的资金很大比例来自于股权。因此，对冲基金公司的倒闭会对长期持有其股权的投资者造成伤害，而且一般不会对银行体系或银行体系的正常运营（比如贷款、支付体系和保障储户存款的安全等）造成威胁。对冲基金承担着不同的职能，那就是投机职能，因此破产理应被接受，因为银行体系的崩溃会对金融体系造成毁灭性的打击，但是对冲基金的失败不会有这么大的影响。我们必须搞清楚两者之间的区别。

海斯：杰克，关于对冲基金这个话题，我知道你一直支持长期投资并降低成本。你是指数基金行业的翘楚，而且企业的发展让你获利颇丰。再看看对冲基金行业（一个新兴行业），它刚好是相反的，比如高成本、风险，而且使用的是短期策略。对于这个与你持有截然相反的理念的竞争对手，你有什么看法？

博格：首先，大部分对冲基金资产是由那些可享受免税待遇的机构（比如捐赠基金和养老基金）持有的，我认为人们并没有用足够多的时间来搞清楚这个问题。要想解决这个问题，我的建议是无论资产的持有机构是否可享受免税待遇，其获得的短期资本利得收益都要纳税。也许对大家来说，这听上去有点“共产主义”，但是大概在 15 年前，沃伦·巴菲特就曾经提出过这样的建议，那时股票交易所的交易量可能只是现在交易量的 1%。也许这能够减缓投机交易的增长速度。沃伦说这是一个半开玩笑的提议，但是我认为现在是时候这样做了。

沃尔克：市场的流动性并不是毫无成本的。流动性市场的假设和现实可能会使交易周期变得更短，这是很危险的。你会做出一些你通常不会做的事情，因为你相信明天自己就可以倒出手，并且卖掉你手中的证券。

不过，麻烦来了。如果你倒不出手来，没办法及时卖出，那么金融体系的所有结构性缺陷将会突然之间爆发。流动性在一定程度上只是一种心态：你是否相信自己能够立即卖出证券。这可不像持有国债。如今，对流动性更普遍的看法是你可以在买入的第二天就把债券或者某些复杂的结构性产品卖掉。

有趣的是，越来越多的学术研究发现，我们想要建立起一个可交易的市场。我们想要这个市场有一定的流动性，但是会不会发生流动性过高的情况呢？太高的流动性会导致人们的投资行为对经济造成实质性的伤害。有一个人对这个问题看得最清楚，解释得最透彻，他就是英国金融服务管理局（Financial Service Authority，FSA）的主席阿代尔 • 特纳（Adair Turner），大概一年前，他就针对这个问题写过一篇很长的文章。他的文笔非常好，文章很值得一读。社会效应对流动性有什么作用吗？他说在一定程度上是有的。会出现流动性过高的情形吗？是的，在某种程度上，过高的流动性会对整个社会造成破坏性而非有益的影响。

博格：我赞成保罗的观点。我再补充几句。为了寻找灵感，我回到伦敦，重新回味英国作家塞缪尔 • 约翰逊（Samuel Johnson）在那里度过的那些日子。他说过这样一句话："爱国主义是流氓最后的庇护所。"面对眼前这个快速变化的市场，我要把这句话稍微改动一下：流动性是流氓最后的庇护所。

所有这样的交易都无法创造任何价值，事实上，它们反而会造成价值的损耗。如果你想了解美国的经济体系和金融体系的运行方式，那么就必须回到华尔街最基本的角色：募集资本。金融体系最主要的功能是引导资本发挥其最大且最佳的效用，流向那些未来最有成长前景的企业以及那些能以最低价格创造出最好的产品和服务的企业。我们可能会问：到底有多少资金得到了有效的配置呢？

我们能获得准确的数据。在过去五年间，IPO 以及增发的融资额约为 2 500 亿美元。这就是金融业首要的经济功能。我将其称之为"投资"。与这一数据相比，流动性或者短期投机的交易量到底有多大呢？在同一时期内，美国证券的年交易额为33万亿美元。投机交易的规模相当于投资交易的130倍。或者换言之，投机交易占据了华尔街业务总量的99.2%，而投资交易仅占0.8%。对我们来说，这根本算不上什么成就。事实上，这是在把实体经济的利润转移给华尔街。

海斯：高流动性是否与全球各国的中央银行有关，是否与收支平衡有关，是否与零利率政策有关？

沃尔克：不，它们正在向市场投放真正的流动性。它们向市场注入短期资产，即央行自身的负债[①]。也许人们无法理解，但实际上，这种局面与他们的关系并不大。如果你手上持有某家央行的短期负债，那么你就掌握着真正的流动性。这非常不同于持有你明天就想要卖掉的债券或者其他复杂的投资工具。你可以轻而易举地卖掉那些短期资产，但是卖掉长期资产可没那么容易。

让我们再来看一看政府债券市场与外国证券的关系。欧洲各国政府一直在讨论是否应当向自己的市场征收所谓的“托宾税”（即金融交易税），因为它们认为市场上的投机性和流动性处于过剩状态。我在报纸的首页看到了这个消息。

等我翻到报纸的第二页时，它们又开始担心流动性不足，因为美国国内的银行无法交易希腊债券，或者虽然能够交易，但是它们不能以所有者的身份持有相应的债券。它们无法用这些债券进行投机交易。我想知道达沃斯的说客是如何向外国政府解释沃尔克法则会让它们受到多少损失的。在我看来，它们根本就没什么大损失。

政府应征收金融交易税吗

海斯：你们都支持征收金融交易税吗？

① 央行自身的负债指的是各种形式的货币。——译者注

博格：我的确支持征收适当的交易税，可能是相当于交易额0.1%的税。我认为应当交税，但不应当由市场上的交易者来支付，因为我认为这会对流动性造成损害，而应当由进行交易的企业来支付这笔税。共同基金买入每一只股票的成本会比它们付出的单位价格高0.1个百分点。

我认为，人们并不清楚投资的摩擦性成本（税负和交易成本）已经不可思议地降低了。股票价格实行百分位报价制度是其中一个重要的因素。如今，交易成本几乎可以忽略不计。我想大家可能会质疑交易成本是否真的为零。我同意大家的观点。确实，交易成本并不为零，因为交易的速度比以前要快得多，至少是与交易成本的递减速度持平。因此虽然佣金成本下降，但是交易量的大幅增加却使总交易成本有所增长，故而对投资者的财富总额造成了负面影响。所以，我认为这种变化并没有什么建设性的意义。金融体系似乎并没有以投资者的利益为基础来运转。

海斯：沃尔克主席，对于沃尔克法则，一种批评意见声称如果外国银行不遵守沃尔克法则，那么美国本土银行将会在竞争中处于劣势。对此你有何看法？

沃尔克：有关竞争劣势的说法具有双面性。美国本土银行一直都在抱怨由于受到沃尔克法则的限制而处于竞争劣势，而欧洲各国银行也在说自己受其他因素的影响而在竞争中处于劣势。当然，作为一个主权国家，必须先要制定一些核心决策，比如想建立哪一种类型的银行体系。美国拥有庞大的银行体系，在国际上具有重要地位。不过，如果仅仅因为担心美国本土银行会在竞争中处于不利地位而禁止银行从事自营业务，我认为这是没有必要的。这并不会对美国的经济造成伤害。

这些变革的目标是建立一个更为强大、更有能力抵御金融危机的全球银行体系，这也将推动美国银行体系的发展。如果其他国家的银行变得更加无力或更注重投机，那就随它们去吧。

债券市场指数——国债是不是太多了

海斯：杰克，您是股票型指数基金以及债券指数基金的先行者之一，先锋集团管理着数万亿美元的资产，其中大概 17%~18% 的长期资产被投资于债券市场。我想向你提出一个有关债券市场的问题。目前债券市场的收益率正处在历史最低点。美联储正在竭力刺激经济。多位美联储官员、决策者或者与美联储关系密切的学者都表示，我们应当让物价再上涨一些。您是一位长期债券的投资者。您对这个问题有何看法？这对债券投资者有何影响？

博格：对我来说，债券市场是“简单化”这一理念的核心。如果你能够接受当前某只债券或者某个债券组合的收益，那么就相当于已经对下一个十年的债券收益有了非常合理的预期。对于长期投资者来说，债券市场不可能有泡沫。毕竟，那些愿意持有利率仅为 2% 的 10 年期国债的投资者已经用实际行动表示自己同意在未来十年中接受这 2% 的收益率。如果他们始终未将债券卖出，那么情况就是这样。也许他们的实际收益率是 2.25% 或者 1.75%，但绝对不可能达到 15%，而且也不可能为零。因此，相对于股票市场而言，债券市场在帮助投资者对未来投资收益形成合理预期这一方面发挥了更为基础的作用。

债券市场的界定

博格：现在，我承认自己遇到了一点小麻烦，那就是我们应当如何界定“债券市场”。1986 年，先锋集团的第一只债券指数基金问世。最近，我看了它的第一份年报，发现其约有 72% 的资金被投资于美国国债、机构债券以及财政部担保的抵押贷款。这一比例一直相对稳定。如今，这个比例约为 70%。我相信，债券市场指数基金的投资者应当非常清楚，美国政府投资在债券指数中占据着主导地位。

债券市场指数的确能很好地反映市场情况，期限也很短，这是因为在财政部发行的所有国债中，短期国债和期限较短的中长期国债所占比例非常高。从某种程度上说，吉利美指数（Ginnie Mae）的期限要更短一些，因为买家有能力在抵押贷款到期之前提前向借贷方偿还。

因此，我认为我们应当将债券投资的边界拓展一些。我并不是建议大家构建一个完全由公司债券组成的投资组合，哪怕这些公司债券的信用评级都是 A。我的想法是资产组合中可以包含约 30% 的国债，其余约 70% 投资于公司债券。这将使收益率提高 100 个基点，即 1%。所以，你必须要先按照国债、与联邦政府相关的债券等类型以及期限将债券市场划分为若干个子市场，然后我们才能继续讨论。

低利率：有利于借款人，不利于贷款人和储户

博格：现有的银行体系让美国所有的储户吃尽了苦头。三年期存款证（Certificate of Deposit，CD）的收益率只有 1% 左右。在货币市场上，大多数基金经理人（除了先锋集团以外，因为我们的运营成本极低）为了能使收益率高一些而不得不免收佣金。这种情况不可能永远持续下去，这些基金的收益率仍将低至几乎可以忽略不计。

反过来，让我们陷入这一大堆麻烦的银行的日子却过得十分舒服。每家银行都在说，“让我们把利率降低一点吧。”这对借款人来说是个好消息，但是对于贷款人来说却是灾难。这再次提醒我们，我们在证券市场上的每一个举措都具有双面性。

海斯：我想请沃尔克主席也加入这个问题的讨论。约翰 • 博格认为责任在于银行。但是，零利率政策是美联储制定的，他们对低利率政策感到很满意。最近，他们正在计划出台一系列政策来进一步降低长期利率。

沃尔克：好吧，考虑到储蓄的吸引力及其对固定收益养老金、固定缴款型 401（K）计划和个人退休账户的影响作用，如此低的短期利率和长期利率可不是一件好事。但是，利率水平的高低只是一种征兆，它反映出实体经济正处于产能不足的状态。储户和投资者的现实需求要让位于刺激经济这一首要目标。因此，我们希望经济能尽快恢复到正常的运行状态，这样投资者就能实实在在地获得合理的储蓄收益。从短期看，目前最紧要的事是

渡过经济危机，因此美联储不能以投资者的利益诉求为出发点来实施货币政策。

海斯：如果各国的央行都致力于促进物价水平上涨和提高名义 GDP，那么这是否有利于重建投资者的信心呢？

沃尔克：你在问我物价上涨是否有利于重建信心吗？

海斯：是的。

沃尔克：不，这个问题的答案完全是猜的。面对当前这个存在很大不确定性的局面，美联储最糟糕的做法就是抛出这样的问题：到底要不要刺激物价上涨。当然，美联储内部已经就这个问题进行了讨论。但是我认为，那些不在意通货膨胀风险，并且旨在提高通胀率的决策者是错误的，而且他们的做法具有潜在的破坏性。

海斯：杰克，我们的经济是不是哪里出了问题？我们正在讨论重建投资者信心的问题。那么，（为了实现这一目标）我们是否需要先稳定经济？我们刚才谈到了监管。我们不得不讨论一下政府的角色。但是如果经济变得更健康，投资者是否会恢复信心？

在消费者经济中，运用杠杆是有必要的

博格：当然，更强劲的经济会有助于重建投资者信心。不过这需要时间。在过去十年中，美国的负债在不断增长，原因在于美国的住房所有者和消费者使用了杠杆。人们买房和消费所产生的借款高达 4 万亿 ~5 万亿美元。人们在消费时变得越来越大手大脚，而且消费在 GDP 中所占的份额也越来越高，这也许推动了物价水平的上涨。目前，杠杆作用正在缓慢降低。

在我们的消费者经济中，有必要实现杠杆化，更不用说我们的政府部门了，不管我们是否喜欢，现在这正在进行。尽管短期利率接近于零，但是目前美国国内的储蓄利率正处于最近七八年来的最高点。

沃尔克：遗憾的是，前不久利率水平再次出现了下跌。

博格：这很难解释，一种说法是为了能让经济增长恢复至之前的水平，消费者必须把之前的大笔负债还清，让自己的资产负债表恢复平衡。

沃尔克：美联储刚刚再次强调了坚守 2% 通胀率的强硬立场。你可以怀疑 2% 的通胀率是否过高或者是否会被修改，但是据我推测，美联储这样做的目的是向市场强调，不超过 2% 的通货膨胀率是可以接受的，甚至是他们想要的。

海斯：但是眼下美联储身负双重使命，他们还要紧盯失业率。

沃尔克：是的，他们必须考虑就业问题。不过美联储官员最近发表讲话称，2% 的通货膨胀率是不会被突破的。他们虽然谈到了就业，但强调的是无论某些政府官员说了什么，美联储的判断是通胀率不会超过 2%。也许他们错了，不过他们确实说了这样的话。

海斯：让我们再来谈一谈政府。我想给在座的观众几次提问的机会。沃尔克主席，您在一开始时就谈到了民众对政府的信心在不断减弱，而这会对金融市场带来严重的负面影响。杰克，我知道你也谈到过同样的问题，我们现在面临的最大问题就是如何与政府“和谐相处”。

博格：是的，看上去似乎我们已经失去了自我管理的能力。每一周我们都能在电视上看到几位总统候选人之间精彩、令人眼前一亮的辩论（开个玩笑），相信大家都明白，这些政客们只会嘴上说说漂亮话，根本拿不出实际的解决方案。所以，我们的自我管理能力在逐渐减弱。我不确定现在是不是最糟糕的时刻，但是现在确实是我所见过的最糟糕的时刻。

改划选区造成了一个严重的后果，那就是国会中稳得的席位实在太多了。可笑的是，金钱在选举中的作用越来越大。“联合公民案”给原本沉默的竞选捐助人打开了方便之门。当然，竞选者自己根本不“理解”竞选广告中的那些话，他们根本没有与民众进行沟通。我根本不相信他们说的话。

这与重建金融市场的信心有点相似。我们要让选民主动站出来并参与其中，而且我们还应当让选民真正成为“知情人”，就像我们要让投资者充分掌握各种市场信息一样。

“独裁者”有助于重建投资者的信心吗

博格： 在我看来，要想解决投资者的信心重建问题，可能更容易一些的是我们要让投资者掌握市场运行的真实信息，让他们更关注市场的长期表现，关注降低成本、分散化投资以及采用某种合理的资产分配策略。事实上，这些信息是大多数投资者都需要了解的。除了这些以外，如果我们做的太多了，也会产生一些副作用，即让普通投资者感到无所适从。

同样的原则也适用于政府。监管机构的权限划分越来越细，而我们应当关注的是整个金融体系，并在适当的时候说“你知道的，现在都已经分开了”。于是，我和保罗有一个约定，如果我们被问到这样的问题，我们会同意联手坐上统治整个证券行业的“独裁者”宝座。这样，我们就不会被国会怀疑了。

沃尔克： 我们只想统治证券行业吗?

博格： 不。

海斯： 这两位想要掌管一切。

沃尔克： 今天上午我听到了一种说法，游说已经变成了家庭作坊的模式。我认为这种说法是不对的。它不再是家庭作坊的模式了，它已经成为了一个规模很大的行业。只要你去过华盛顿（我已经在这个城市生活 60 年了），就不得不承认这是一个繁华的大都市。为什么它如此繁荣发达呢?这座城市中到处都是游说公司，它们的大楼已经遍布所有街区。这个城市的财富堆积成山，而且它正在试着影响政府。

博格： 最高法院告诉我们，开国元勋会支持他们的决定。我不敢相信。

海斯：你们两位已经八十多岁了。

博格：请不要提起这个。

沃尔克：我一直说，又快八十岁了。

海斯：听你的。你是孤身一人吗？在后面的几代人中，还会有更多的保罗•沃尔克和约翰•博格出现吗？你们呐喊的声音会不会只在荒野中回响？

沃尔克：好吧，我感觉现在不像以前那么“荒凉”了。我们挺过了这次严重的金融危机，不过在华盛顿，政治意识形态依然占据着统治地位。现在越来越多的人意识到——杰克已经说得非常清楚了——虽然一切看上去都很美好，股票市场正在复苏，每个人都赚了很多，一年内就能赚到上千万乃至十几个亿，不过眼下有些事情很重要，比如做事的方法要发生改变，不应当是五六年前的老样子了。这正是表面繁荣的经济体系和政治体系不可或缺的一部分。

现在的情况不一样了。在我看来，越来越多的年轻人站出来大声疾呼，“是的，有些事很重要，我愿意加入其中来解决问题”，可是在十年前，每个人想的只是进入高盛而已。

现在，很多人都在说，“我想看一看自己是否能在政府里干出点名堂，或者至少进入非营利性机构工作，让这个世界变得更美好。”我想人们的态度发生了巨大的变化，这是解决眼下糟糕局面的希望所在。

金融工程真的是“工程学”吗

博格：金融领域越来越多地使用了复杂的数学甚至物理公式，我对此真的非常担心。例如，几乎所有设立工程学系的大学——当然包括我很熟悉的普林斯顿大学——机械工程、土木工程以及电气工程都已成为工程学系发展壮大的推动力。再过四五年，金融工程将会成为快速增长的专业。

当你用别人的钱做投资时，你不会像用自己的钱那样谨慎。正如亚当·斯密在 1776 年写下的那样，人们在帮助他人管理钱财时，不会像管理自己的钱财那样谨慎和小心。也许 25 年前，投资银行采用的都是承担无限连带责任的私人合伙制，它们是在用自己的钱下赌注。

相信我，在那个年代，投资银行家们绝对不愿意让那么多“垃圾”出现在其资产负债表中。这不是他们的赚钱方式。但是，当你用他人的钱做投资时，公众股东承担了所有的风险，而企业的董事们却拿到了丰厚的年薪。这就是代理问题。美国的企业界一直存在代理问题。同样，美国的投资业也存在代理问题。

简而言之，我们必须设定一个受托责任的。我们要为投资经理 / 代理人以及公司的管理者 / 代理人设定一个受托责任的标准。

观众的提问

海斯：让我们请观众来问几个问题。

迈克尔·彭托（Michael Pento）（彭托组合策略公司）：我对您刚刚所说的债券市场不可能存在泡沫的说法非常好奇。葡萄牙和希腊目前正面临着困境，由于对德国的负债太多，它们需要借到大笔钱来还债，所以这两个国家的收益正在疯涨。

与之类似，美联储曾经暗示我们可能将在未来大约六年的时间中面对零利率政策。因此，我非常担心利率水平会出现剧烈的波动。为什么您认为美国的债券市场不会出现泡沫？非常感谢。

博格：好吧，在某种程度上，我承认我错了。前面我说到对于长期投资者来说，债券市场不会出现泡沫，前提是美国国内市场的信用风险相对较低。（也许我的这种观点是错的。）但是显然，对于希腊、葡萄牙、爱尔兰、意大利、希腊和西班牙这五个国家来说，债券市场的泡沫有很大的可能会突然破裂。债券利息有可能不会被按时支付。

在美国，企业的信用状况良好，而且华盛顿最终肯定会采取一定的措施来强化美国财政部的信誉。因此，前面我说对长期投资者（而非交易者）而言，美国的债券市场没有泡沫，我的意思是说投资者已经签订了一份合同，该合同上注明了“该债券在未来十年中每年将会向我支付3%的利息，而且如果市场利率上涨至7%，我依然会得到我的3%”。事实上，如果市场利率真的上涨了，投资者可能会获得4%的利息，因为较高的再投资收益率会增加总收益。这就是我的观点。我认为你的观点也很有见地。但是，如果你把债券看作讲信用的借款人与消息灵通的贷款人之间的一纸合约，那么就不会有泡沫。

沃尔克：从其他国家来看，美国的借款确实太多了，与其他国家不相伯仲，但是我不想让缺乏泡沫意味着美国现在的国债规模并没有超过可持续的限度。

博格：我同意保罗的看法，目前政府借贷规模过大，是不可持续的，因此我们应当好好想一想如何降低债务的增长速度。我们是否应当允许企业用利息抵扣税负？这相当于以股权为代价，提高企业与消费者资产负债表的杠杆率。具体做法就是债券的利息支出可以抵扣，而股息支出不能抵扣。

直面我们长期以来尚未解决的问题

海斯：沃尔克主席，我有个问题必须要问您，因为很长一段时间以来，我一直十分关注您发表的各种言论。您曾在20世纪80年代对债务负担过高以及信贷市场的挤出效应提出过警告。现在，您似乎又在暗示您发现了可能会导致金融危机爆发的苗头。美国的债券市场也会爆发这种危机吗？也许华盛顿需要借助这样的危机来解决其预算难题。

沃尔克：真正的危机并没有近在咫尺，但是我们离危机也没有太远，所以我们有时间采取行动来解决这个问题。但是，在当前的政治环境下，这是一个巨大的挑战。显然，当前经济不太景气，正处于复苏的阶段——只不过复苏的步伐相对缓慢，几乎称得上是艰难跋涉——我们不想表现得太激进。但是，我们应当尽快解决立法问题，以解决我们长期面临的问题，不仅仅是社会保险和医疗的问题，还包括我们希望国防支出保持多大的规模，我们应当预留多少钱用于自由支出等。我们应当致力于解决上述这些问题。

海斯：谢谢，沃尔克主席。谢谢，杰克。

沃尔克：谢谢，凯瑟琳。

博格：谢谢你，凯瑟琳。最后我想提醒一下在座的各位，我的新作《博格长赢投资之道》将免费提供给大家，谢谢我们的赞助人。我会在书上签名。

沃尔克：能来参加这次庆典真是太美妙了。长久以来，在没有任何先行者的情况下，杰克始终能坚持理性、严守纪律，这十分不易。谢谢你。

博格：谢谢你，沃尔克先生。

The Man in the Arena

Vanguard Founder John C. Bogle and His Lifelong Battle to Serve Investors First

| 第二部分 |

约翰·博格对先锋集团的愿景

本书的第二部分摘录了 1980 年至 2013 年间约翰·博格撰写的几篇有关先锋集团的精彩文章。1974 年，博格创立了先锋集团。从那时开始，博格一直在孜孜不倦地努力，想通过先锋集团实现他的美好愿景，体现他的价值观和理念——共同基金公司到底应当是个什么样子。他的这些文章读起来更像是一位牧师在教导人们要坚守道德准则，不太像是一位只关注实现公司短期财务目标的金融公司高层（只注重数字的变化）所写。他大胆地提出，公司存在的意义就在于做好管理工作。然后，他清晰地阐述了当企业致力于将股东利益放在首位时，管理工作对于客户（先锋集团的股东）以及企业成员（先锋集团的员工）的意义。

博格还（在 1999 年）强调了这“对整个人类的意义”。他说：“人类的存在是我们不断发展的关键因素……信托的价值在于坦白、诚实、守信和公平交易。”这是先锋集团经营理念的基石，不论是在与公司的服务对象（客户），还是在与为客户提供服务的公司员工打交道时，先锋集团都在始终秉持这一理念。

1980 年，在先锋集团成立以来举办的第一次庆祝仪式上，面对公司的全体员工，博格发表了题为《跳舞的时刻到了》(*A Time to Dance*）的演讲。当时，先锋集团管理的资产总额已经达到了 30 亿美元。在演讲中，博格对公司取得这样的成就表示了祝贺。一直到 1996 年，先锋集团取得了一个又一个伟大的成就，博格也发表了多次演讲，我们共收录了其中的 31 篇。接着我们会一直快进到2013年，在本部分的最后，我们呈现给读者的是博格撰写的一篇题为《在波士顿赚大钱》的文章。在文中，博格生动地描写了共同基金行业的发展变迁以及先锋集团的发展历程。

从1951年刚刚萌芽的小型私人企业，一直到发展成如今不断推动行业变革的超级企业集团，博格娓娓讲述了共同基金这个行业的商业文化，并将其与自己在先锋集团内部一直推行的企业文化——简单、节俭以及注重管理——做了对比。

第 3 章

The Man in the Arena

Vanguard Founder John C. Bogle and His Lifelong Battle to Serve Investors First

德高才能望重[①]

1974 年的秋天，先锋集团成立了。27 年后，当 2001 年快要结束的时候，这家公司已经成为了全球规模最大的金融机构之一。

公司刚起步时，管理的资产规模仅为 14 亿美元，而时至今日，先锋集团帮助 1 500 多万的投资者管理着 5 300 亿美元的资产。公司的主要办公地点在美国，分支机构遍布全球各地。更重要的是，先锋集团克服了重重困难，一直保持着 25% 的年均复合增长率，而且年均复合增长率非常稳定：1974 年至 1984 年间，年均复合增长率为 21%；1984 年至 1994 年间，年均复合增长率为 29%；从 1994 年至今，年均复合增长率甚至能达到 23%。再看看同一时期我们都经历了什么：世界经济环境出现动荡；20 世纪末，股票市场的泡沫突然破灭；2001 年的“9•11”事件对全球市场造成了巨大冲击。所有这一切虽然明显地减缓了先锋集团受托资产的增长速度，但是公司仍在继续发展。

为什么先锋集团能取得如此惊人的发展成就？当然，从 1982 年开始的金融市场大发展是一个主要因素：道琼斯工业平均指数由 770 点一直涨至 11 700 点（2000 年 1 月），随后下跌至 8 000 点。这场漫长的牛市盛宴的影响被进一步放大，市场上涌现出众多表现优异的股票基金、债券基金以及货币市场基金，美国家庭投资的金融资产总额高达 30 万亿美元，这一切使共同基

---

① 节选自约翰•博格的《品格为先：先锋集团的创业发展历程》一书。本文撰写于 2011 年 9 月 12 日。

金行业管理的资产飞速上涨至如今的70 000亿美元，而1974年先锋集团刚成立时，资产仅为360亿美元。

显然，在这样的环境下，每家资产管理公司都赚得盆满钵满。但是，整个基金行业的增长率仅为先锋集团的一个零头。先锋集团超过一半以上的增长来源于其在共同基金行业内的竞争对手。1980年，先锋集团在共同基金行业内所占的市场份额为2%，在逐渐衰败的行业中排名第十；然而如今，先锋集团掌握着8.2%的市场份额，在生机勃勃的行业中排名第二，而且正在向第一稳步前进。（截至2013年，先锋集团持有的长期投资资产已经占据了17%的市场份额，在业内排名第一。）

不过，除了牛市环境以及共同基金行业整体发展迅速这两个因素以外，先锋集团能取得如此巨大的成就还有其他因素。我们一直独树一帜。毫无疑问，我们将成为世界上成本最低的金融服务供应商，这是一个必要条件，它指引我们实现了一项又一项的创新，比如行业内第一只指数基金、结构性债券基金以及税务筹划基金等。而且，我们抛弃传统的经销商分销网络的决定也是史无前例的，它让我们甩开了竞争对手。

但是，在向成为行业领导者的目标不断前进的过程中，我们还培养了可以支持所有商业决策的品格：道德标准、道德观以及公司自创立伊始便始终坚持的投资理念。只有你们知道，有多少家企业能说出“道德标准很重要”这样的话。这比任何商业成就都更重要，比任何不计代价的增长都重要。

这是一家有所为、有所不为的企业，我相信你会对先锋集团做出这样的评价。如果非要我用一个词来阐明我们的主张，那就是“管理”。我们要忠诚地管理好投资者委托给我们的资产；把基金股东的利益放在最重要的位置；把长期投资价值和策略看得比市场机会主义和投机更重要；确保股东能够在金融市场中获得合理的回报。简单地说，这家公司是“股东所有、股东治理、股东享有”的。

这就是先锋集团特有的“共有制”结构，是我们的信念与价值的源泉。其他基金公司与客户签订合同时都要收取大笔的管理费，基金公司从中可以获得高额回报；而先锋集团归股东所有，并且按照成本价收费。其他基金公司把股东视为消费者，认为他们是来购买产品的；而先锋集团把股东视为所有者，他们是来享受服务的。此外，先锋集团是一家拥有非凡品格的企业，这反映为我们拥有独特的道德品格、道德标准和道德原则，我们会以此来指导我们的所有行为。

品格为先。这是我想通过这本书传递的信息。我的传递方式并不是讲述公司的发展史，比如按照时间顺序，一步一步、一个事件接一个事件地讲述。因为我担心这种方式是在描述，而不是在讲解先锋集团的成长历程。一长串事件会把我原本要强调的企业品格淹没，殊不知品格才是引发这些事件的基础。而且，我还担心自己在回顾这些事件时会在无意间扭曲了事情的本来面目。因此，我讲故事的方式就像它是“碰巧”发生的一样。

最了解博格的人对他的评价

◎威廉·唐纳森[①]

真的很难相信，从名叫博格和唐纳森的两个傲慢自大的年轻人分别孤身闯入华尔街开始，时间已经过去了30年。现在，两人之中年长的那一位，凭着年长两岁的优势，要庆祝他的80岁生日了！

杰克，在很多方面，你的职业经历都是惊人的，我要向你的成就、无畏的勇气以及为公众提供的服务致敬。如今，很多金融从业人士早已把道德标准抛诸脑后，而你依然在坚持，用活生生的例子向他人证明了什么才是高尚且美好的人生。最近你刚刚完

① 威廉·唐纳森，美国证券交易委员会第27任主席，纽约股票交易所前任主席和CEO，耶鲁管理学院（Yale School of Management）创始人；唐纳森－勒夫金－詹雷特公司（Donaldson, Lufkin & Jenrette）联合创始人。

> 成的著作《博格长赢投资之道》是对你人生最好的证明，书中清清楚楚地总结了你一路走来所获得的各种经验教训。不过，对于我们这些了解你、佩服你的朋友来说，我们要一起说“不”，因为仅有这些还不够！我们希望能看到你更多的珠玑妙语。
>
> 2009 年 5 月

用这种方式讲述先锋集团的历史要容易得多。在过去的半个多世纪中，我经常向我的员工谈到我们的使命，一开始是在公司庆典上讲，资产规模每增长 10 亿美元时我们会举办一次庆典，随后我们把庆典的门槛提高了；后来，我会在每次年中与年末会议上讲；最后，还在我们公司成立 25 周年暨我个人在共同基金行业从业 50 周年的庆典上讲。这本书一共收录了 42 篇演讲稿。

我把这些演讲稿呈现给大家是想达到以下四个目的。

- 庆祝。尽情享受我们所取得的成就，从紧张忙碌甚至有时乱成一团的工作中暂时逃离，享受轻松一刻，并且向公司全体员工表示感谢，感谢他们为先锋集团以及我们的客户所付出的辛勤劳动。
- 宣导。强调人生观和道德观在现代商业企业中起到的重要作用：诚实、坚持、有纪律、正直、质量、雄心、竞争、创造力、创新、合作甚至幽默感，所有这些加在一起就是我们公司的品格。比起衡量我们的资产、市场份额和效率的商业标准，这些价值观是衡量成功更重要的因素。
- 沟通。讲述先锋集团的漫长发展史和传统，一直追溯到 1928 年威灵顿基金的诞生，这是先锋集团的第一只基金；对先锋集团在金融市场、金融服务市场以及共同基金行业中的重大事件逐一进行评价，始终强调我们做生意的方式与其他众多竞争对手的重要差别。任何企业都是一个连续统一体，其对未来挑战的回应根植于它的过去，因此我想告诉你先锋集团的发展历史以及我们是谁。
- 鼓舞。为了让我的演讲变得更加精彩，我引用了多位历史上伟大人物（以及没那么伟大的人物）的名言，包括约翰•凯恩斯、格兰特兰德•赖斯、马库

> 斯•奥里利乌斯、霍雷肖•纳尔逊子爵、托马斯•潘恩、朗费罗、坦尼森、莎士比亚、阿基米德、弗兰克•辛纳特拉、卡尔•桑德伯格、维多利亚女王、罗伯特•弗罗斯特、拉迪亚德•吉卜林、约瑟夫•熊彼特，甚至是以赛亚和《传道书》。在讨论先锋集团已经设定的伟大目标时，我希望能从更远大的视角来提升我们所作的平凡工作。

现在将这些演讲稿整理出版有几大好处。第一，这些文稿得以出版后，除了我们公司的员工和股东能够看到，未来好几代人都能看到。第二，它们代表着历史，虽然看上去不那么整齐划一，不过历史的真实面貌就是如此杂乱无章，这就是活生生的历史。第三，尽管这也许只是我的妄想，但是我还是希望这些演讲稿以及其他文章能够激励那些理想主义者（或者说服那些被说服相信这个理念的人），他们相信可以建立起这样一家企业，这家企业能在激烈竞争的市场环境中生存并发展壮大，同时还能一直坚定不移地坚持某种价值观和标准。可以说，这是一家既获得了商业成功，又兼具艺术美感的企业。第四，若想让自己的企业通过正确的方式成为行业领导者，一个重要的前提条件就是品格为先。

第 4 章

The Man in the Arena
Vanguard Founder John C. Bogle and His Lifelong Battle to Serve Investors First

跳舞的时刻到了[①]

《传道书》告诉我们，“哀恸有时，跳舞有时，静默有时，言语有时”。这一刻到了该跳舞的时候了，我想现在是时候总结一下我们所取得的成就了。

1980 年 9 月 17 日，美国先锋集团管理的资产总额创下了 30 亿美元的新纪录。这是一个惊人的数字，当然，这也代表着有 40 多万个人投资者和机构投资者信任我们，这是一份沉甸甸的责任。我们要站在历史的角度来看待这一成就。对于先锋集团的第一只基金——威灵顿基金来说，它整整用了 31 年（从 1928 年到 1959 年）的时间才把资产规模增长至 10 亿美元。而先锋集团旗下各只基金的总资产仅仅用了六年多的时间就于 1965 年达到了 20 亿美元。但是，随后我们的脚步慢了下来，直到 1979 年 3 月，我们终于将 20 亿美元这个纪录永远地甩在了身后。

因此，从 20 亿美元到 30 亿美元，我们用了差不多 15 年的时间，或者说的更激情澎湃一些，只用了 180 个月。我们也许会一直保持这一纪录，也许会时不时地低于或高于这一数值。不过请大家铭记，我们曾多次超过 20 亿美元这条标准线，除了 1965 年和 1979 年以外，还有 1970 年、1976 年和 1978 年。

① 节选自 1980 年 9 月 19 日约翰•博格为先锋集团员工发表演讲的演讲稿。

我们无法掌控自己面临的境况吗

简单回顾是让大家更加清楚，我们身处的行业面临诸多挑战，比如经济敏感、市场（包括股票市场和债券市场）波动性大以及竞争非常激烈。简而言之，我们不能忽视的事实是我们身处一个周期性行业，就像诗人罗宾逊·杰弗斯（Robinson Jeffers）在他的诗中所写的那样（当然，这并非他的本意）。

潮来潮往，聚后消散。
闪亮与幽暗亘古不变。
周而复始，永无休止。
万物流转，过去即未来。

我们只能接受命运的摆布吗？我们无法掌控自己面临的境况吗？我们当然可以！只要我们不断提高技术，发挥想象力，保持正直诚信的品质，客观判断自己预设的目标，在遇到危险时有勇气面对，境遇艰难时依然乐观，我们就能让我们的企业继续发展，就像过去一样。

我们共同面对了很多事情。我要感谢在座的每一位员工，谢谢大家为达到总资产 30 亿美元这个目标付出的辛勤汗水。没有你们的共同努力，我们将一事无成。我们正在努力为大家构建一个良好的环境，帮助大家实现个人的成功。在这样的环境中，你们可以挑战自己的能力，也可以获得你应得的薪酬。

因此，第一个 30 亿美元已经被我们成功跨越了，至少眼下如此。也就是说，这个成绩已经成了过去。我们必须把目光投向未来更高的目标。让我依然用杰弗斯的诗作为本次演讲的结束语。

把史之巨石的力量借给我，
我将还以，
未来希望的翅膀。

第 5 章

思想的力量：对公司 25 周年成长史的思考[①]

> 你们不必追念古代的事，也不必回忆过去的事。看！我要行一件新事，如今即要发生，你们不知道吗？我要在荒野中开辟道路，在沙漠里开掘河流。军队和将领一同前来，他们沉没后，再未浮起；他们就此消失，像熄灭的灯芯一样。

先知以赛亚说的这些话令我备感惊讶，因为这简直就是对先锋集团 25 年成长史的精妙预言。[②]我们开创了新事业，而且它在不断地发展壮大。“先锋号”巨轮在大海的风浪中昂首前进。虽然整个行业的规模扩张迅速，但是原来的很多竞争者甚至已经彻底消失了。

也许，说得更直白点，先知以赛亚的这段话提出了一个有趣的悖论：虽然我们取得了如此成就，我们就要忘记过去吗？在展望下一个 25 年之前，我们应当先回头看一看公司自成立以来曾经走过的路。

犹如凤凰涅槃，先锋集团是在前身的灰烬中诞生的。凤凰是一种拥有华丽羽毛的神鸟，当它年老体衰后会自焚，随后会在灰烬中重生。先锋集团也是如此，它从威灵顿管理公司手中接过了威灵顿基金的管理权。刚

① 这是 1999 年 9 月 24 日博格在先锋集团 25 周年庆典上为员工所做演讲的演讲稿。

② 在写这段话时，我把以赛亚的话稍作了改动，因为我想更好地突出它们与先锋集团之间的联系。

开始时，先锋集团只负责一些行政性的管理事务，不负责管理投资和营销事务。

把股东的利益放在第一位

1974 年，共同基金独立管理自己事务的想法还很新奇。我们的目标是把基金股东的利益放在第一位，把基金管理公司的利益放在其后。为了说明我们的想法正走在未来新趋势的最前沿，我为公司取名“先锋”，因为我知道在 1798 年尼罗河的那场伟大战役中，纳尔逊勋爵（Lord Nelson）率领的战舰被命名为“英国皇家海军先锋号”（HMS Vanguard）。因此，1974 年 9 月 24 日，有了这个新名字，先锋集团扬帆启航。

为了实现我们的目标，即管理好先锋基金的所有经营活动，我们需要控制好投资管理活动以及基金份额的分销事务。但是刚开始时，这些都属于威灵顿管理公司的职责。先锋集团无法插手，这变成了阻碍我们掌握自己命运的绊脚石。越过这一障碍后，先锋集团实现了惊人的发展速度。在不到一年的时间里，我提议先锋集团可以引入一种当时闻所未闻的投资共同基金的方法：市场指数基金。在董事会会议上，董事们争吵不休，他们认为这明显超出了公司的经营范围，而我却指出，这样的基金根本不需要积极管理。当 1975 年 12 月 31 日世界上第一只指数基金诞生时，我们承担起对其的管理职责。

不到八个月后，我们又把目光转向了分销。威灵顿管理公司成立 50 年来，一直通过销售代理和股票经纪人进行分销，但是未来的发展趋势似乎要求基金公司通过直销渠道，并且在不收取任何费用的情况下将基金份额直接销售给投资者。所以，我深吸了一口气，建议放弃我们原有的分销商网络，威灵顿公司作为分销商提供服务。不，我们不想成为分销商（或者为了证明这种做法虽然偏离了董事会最初的发展纲领，却是合理的），我们正在让分销商失去存在的意义。我的这番话，就像之前为指数基金进行的辩护一样，“骗取”了董事会的信任，最后董事会以 8∶5 的微弱优势批准了设立不收费基金的计划。1977年2月9日，先锋集团旗下的所有基金均不再收取销售费用。在公司成立后两年多的时间里，我们已经建立起了最基本的经营框架，这个框架直到今天还在使用：一个产品种类齐全的共同基金综合体，提供管理、投资以及营销服务。

管理：一个伟大的理念

“管理”这个伟人的理念能够解释先锋集团是什么、我们是谁以及我们做了什么：为股东服务，并且充当受托人。这是一只由投资者所有、投资者管理、投资者享有的共同基金。

如果你仔细思考一下，很快就会发现其他的一切都来源于这个伟大的理念。

我们的共同结构：基金的所有者是股东，股东是基金的实际控制人。

低成本：去除了基金管理公司收取的高额管理费用，随后将运营成本尽可能降至最低水平，这两点加在一起能够确保每只基金获得的投资收益都会最大比例地被基金所有者享有。

市场指数基金：靠最低成本来确保投资者能够获得某一给定资产类别年收益的98%左右。（事实上，没有几家基金管理公司能够达到100%的收益率，通常情况下，基金公司能够实现75%左右的收益率。）

长期投资策略：掌握着资产组合持有率，因此可以将相应的成本和税负降至最低，从而获得不错的成本优势，使长期持有基金份额的投资者获得较高的收益率，轻松实现账户价值翻一番。

固定收益基金：提供低成本的最优资本结构，通过明确定义投资范围、保持无与伦比的高质量以及提供专业化的管理，为投资者带来额外回报。

请大家原谅，我说的这些都是大家早已知晓的东西。不过，我之所以要重复一遍是想把这个伟大的理念——管理，这是我给出的定义——讲透彻，它可以解释我们能取得这么多成就的原因。前面我讲的这些内容看上去并不是特别吸引人。是的，确实如此。它们平淡无奇，甚至有些显得陈词滥调；它们看上去很枯燥，令人一目了然。然而，它们非常接近于基金成功的公式。大概在 50 年前，我在普林斯顿大学的毕业论文中就给出了这个公式：运营共同基金应当选择最诚信、最有效和最经济的方式。就是这样。

为什么先锋集团承担了“把股东利益放在首位”这一使命

早在我创建先锋集团之前，这个行业中的任何一个人都能轻松地制定出并执行这些策略。为什么他们没有这么做，而我们这样做了？这个问题很容易回答：如果一家基金管理公司热衷于实现自身收益的最大化（这不可避免地要伤害其管理的共同基金的所有者的利益），那么它会按照最高标准收取管理费，除非市场或者政府监管部门迫使它降低收费标准。但是，如果一家基金公司的目标是实现基金股东收益的最大化，那么它会将各项费用尽可能地降至最低，而且实现基金运营成本的最小化将成为它的最高目标以及最优先目标。

基金股东的收益与基金管理公司的收益之间是此消彼长的关系，而基金管理公司应当拿得最少、给出得最多。无论是股票基金、债券基金还是货币市场基金，这个推论都成立。这种此消彼长的关系不仅是不证自明的，而且也被数据证实：低成本基金的平均收益一直高于高成本的竞争对手。在某些情况下，低成本基金要花些时间才能战胜对手；有时候，它们能迅速地取得胜利，比如货币市场基金与指数基金。这就是指数基金不受基金管理公司的欢迎，却颇受投资者欢迎的原因之一。

理念的影响已经显现

25 年后，这个伟大理念的影响已经摆在我们面前。公司刚成立时，资产仅有 10 亿美元，然而如今已经增长至 5 000 亿美元。年复合增长率高达 27%，这相当于每过三年，我们的资产就翻了一番，这简直就是惊人的整齐划一。公司刚成立时，基金行业并不景气，1974 年行业的总资产规模仅为 400 亿美元，先锋集团在众多共同基金公司中排名第十二，是籍籍无名之辈。当时，道琼斯工业平均指数仅为 650 点，正处在熊市的谷底，很多股票的市场价格下跌了 50%。（请不要忘记，这种情况有可能再次发生。）不过，整个基金行业在一年之内就开始复苏。

如今，道琼斯工业平均指数已经攀上了 10 000 点；共同基金行业的资产总规模超过了 5.6 万亿美元；按照受托资产规模计算，先锋集团已经成为了业内两大巨头之一。而且，若按照现金流计算的话，我们在业内排名第一。先锋集团占据了长期基金市场 31% 的份额，也就是说，日前在流入共同基金市场的每 3 美元中，就有 1 美元进入了先锋集团的口袋。

但是，在我看来，领导力产生的有形影响还算不上是最重要的。无形的东西更重要，即我们所倡导的管理哲学和价值观。虽然它们被接受的速度非常慢，不过它们正在被越来越多的人接受。哪怕只有一家公司坚持，也能使整个环境变得大不同。指数基金就是一个最明显的例子。1975 年，我们成立了先锋 500 指数基金，然后足足等了 10 年才终于迎来了我们在指数基金市场上的一位竞争对手。然而时至今日，市场上共有 341 只指数基金，其中 108 只基金都在追踪标准普尔 500 指数。迄今为止，我们仍然保持着领先地位，资产规模占指数基金资产总规模的 63%。我们的产品不仅包括两只标准普尔 500 指数基金，而且还包括其他各种针对整个美国股票市场、中等市值股票和小市值股票、成长型股票、价值型股票、国际股票市场的指数基金，以及债券型和平衡型基金等。这些不同类型的指数基金几乎都是先锋集团首创的。

目前，在先锋集团内部，指数基金的资产规模约为 2 000 亿美元，整个集团的基金资产规模为 5 000 亿美元，而且指数基金越来越重要。到今年为止，指数基金在先锋集团的股票基金、平衡型基金、应税债券基金的现金流中所占的比例分别为 88%、97% 和 40%。最开始用概念吸引人注意的指数基金已经用实际业绩证明了自己的可行性，与其他奉行积极管理理念的基金管理公司相比，我们的业绩要高一些。

另一个例子是税务筹划型基金。虽然我为先锋集团率先推出第一只指数基金而感到自豪，但令我困惑不解的是为什么我们这么晚才推出税务筹划型基金。直到 1994 年年中，我们才开始推出这种类型的基金，而投资者对该类型基金的需求早在五年前就已明朗化。先锋集团这一次仍然是市场上第一个推出税务筹划型基金产品的公司。我们不应当止步于此。在直销市场上，我们的债券基金占据着主导地位。在市场上 1 200 只债券基金中，只有 33 只基金的资产规模达到了 20 亿美元，其中 10 只产品来自我们先锋集团。

很多竞争对手都在模仿我们的固定期限投资策略，但遗憾的是，他们没有学会我们的质量严谨和低成本。我们的货币市场基金的收益率非常高，因此我们的产品是货币基金领域中资产规模最大的基金产品。近年来，虽然债券基金和货币市场基金的过高成本微微有所下降，但是多数观察家认为我们公司帮助同行确定了基金费率的一个上限。

上述这些例子足以说明这一点：对投资者来说，投资政策与策略是最重要的，而我们在这方面是领先者。我们在市场上独树一帜。但是，对我来说最重要的是，我们在为投资者提供服务这方面已经拥有了首屈一指的名声与威望，充分体现了“管理”最真实的内涵。我们所说的“管理”并不仅仅是单纯地为投资者提供服务，它不仅意味着我们要通过制定出完善的投资政策和清晰的投资策略来妥善管理投资者的资金，而且还意味着我们要为投资者提供诸如准确记录、精准财务管控、积极地进行信息交流以及及时修正每一个错误等服务。

不过，“管理”的涵义不仅限与此。我们服务的人群是实实在在的人，他们在我们作出的每一个商业决策中都居于绝对核心的地位。先锋集团并不仅仅代表着 1 400 万投资者，它代表的是 1 400 万个灵魂，每个灵魂都有自己的希望和恐惧，有自己的财务目标，有对我们的信任。我们不会让他们失望。这种说法并不是我提出的。例如，我们可以在经典老电影《生活多美好》(*It's a wonderful life*) 中听到这些话。波特先生[①]告诉乔治•贝

① 电影《生活多美好》的男主角之一，由美国电影演员莱昂纳尔•巴里摩尔（Lionel Barrymore）饰演。

利[1]，贝利的父亲（当地住房贷款协会的创始人）并不是一个商人，“他是一个喜欢幻想的人……是个不切实际的幻想家，让很多人有了无法实现的梦想（即拥有属于自己的住房）”。贝利回应说：“对他来说，他们都是活生生的人。但波特先生，对你这个有偏见、失意的老人来说，他们就是牲畜。”波特先生怒吼着说道：“矫情的废话！”

这并不是矫情的废话。即使是在眼下这个实现了即时通信、电子商务以及投资交易电子化的时代——这一切都在我们的指尖上真实发生着——任何一家企业的价值的核心基础都必须是人。关注人的价值是“过去的事”，这与开篇我们提到的以赛亚的提醒（“你们不必追念古代的事，也不必回忆过去的事”）刚好相反，但是我们应当牢牢记住。不过，如果这种影响是一个良好的愿望，而投资政策却是有瑕疵的话，那么影响也是无济于事的。因此，我们必须记住，投资政策是我们的共有制结构、对低成本的追求、固定收益策略、指数基金以及专门为长期投资者执行的长期投资策略等这一切的基础。事实上，如果将来我们想保持领先优势，那么就必须坚持“关注人的价值”和“坚守我们的投资理念”这两点。

那么，我们应当忘记什么呢？当然，任何投资方法都不可能永远有效，任何组织结构都被证明存在一定的缺陷，任何公司策略都会被日新月异的时代证明不再适用。也就是说，世界瞬息万变，更不用说金融市场的变化了，因此我们必须要注意抵御住所谓的“潮流和趋势”的影响，坚守我们的根本原则，无论这样做在短期内会多么痛苦。纵观先锋集团自成立伊始至今25年的发展历程，事实证明，健全的投资原则以及对人的价值的重视是我们的基本原则。这些正确的原则和价值观不仅经久不衰，而且永恒不朽。

善美的要持守

那么，以赛亚的话给了我们什么启示呢？他所说的“做些新的事”已经成为了现实。因此若干个世纪之后，我很难想象以赛亚还能找出其他什么

① 电影《生活多美好》的男主角之一，由美国电影演员詹姆斯·斯图尔特（James Stewart）饰演。

"新的事情"来做一做。先锋集团也是如此。我们的新事业已经发展壮大，虽然远远比不上以赛亚所说的"新的事"，而且每天我们都在更加熟悉它。整个投资界也开始逐渐注意到它。伟大的英国皇家先锋号旗舰已经驶入大海，它要在金融市场的滚滚浪涛中开辟出一条路。是的，我们必须对一些基本面的变化保持警惕。不过在下一个 25 年以及今后的日子里，我们的口号就是"善美的要持守"（Hold fast to that which is good）。

现在我们已经拥有 10 000 多名员工，因此在今天的周年庆典仪式即将结束时，我要感谢每一位员工，你们每个人都是先锋号上的好船员。从 1974 年开始，你们就兢兢业业地帮助公司不断成长。我们的投资理念和价值观是我们取得的一切成就的基础，不过，如果没有你们的奉献、忠诚、热情和勇气以及团队合作，先锋集团也不会走到今天。

最了解博格的人对他的评价

◎克利夫·阿斯内斯[①]

你经常被人称为"圣人杰克"。我想你也同意没有人是真的圣人。每个人做过的事都有对有错。但是很少有人能做到做的正确之事比错事多。很少有人敢于无所畏惧地说真话。很少有人会先考虑客户、投资者或者顾客的利益，并且相信只要自己做到这一点，就能获得相应的回报。在这个大家都在追逐利益、忽视别人的世界，很少有人有勇气去做正确的事，哪怕人人都说他疯了。但是这些人"不顾一切"地前进，最终他们赢得了胜利。

我说了多次"很少有人"，这并不是夸张。在我认真地考虑了每一条标准后，能出现在这份名单上的人寥寥无几，而你就是名单上的第一个！这就是在我还不认识你之前，你就成了我心目中的英雄的原因。这就是在与你相识后，我的这种感觉变得更加强烈的原因。

2009 年 5 月

① 克利夫·阿斯内斯（Clifford Asness），AQR 资本管理公司创始人。

第 6 章

The Man in the Arena
Vanguard Founder John C. Bogle and His Lifelong Battle to Serve Investors First

论人的价值：客户和员工[①]

回顾先锋集团的成长历程，我们在 1974 年至 1981 年间的日子不太好过，而且在我们占据行业领先地位的过程中，痛苦和喜悦参半。每一次令人窒息的失望过后，紧随其后的都是侥幸获得的成功。直到 1981 年，现代化的先锋集团完全形成，我们的发展才开始逐渐平稳。但是，即使在早年间公司遭遇诸多波折、看不到出路，甚至被质疑能否生存下去的时候，我一直坚信，人既是我们要为之提供服务的主体，同时也是我们拼命生存下去要为之服务的主体。

如果说简单化是我们投资原则的核心，那么人就是我们的管理原则的核心。多年来，我越来越喜欢并尊重“人”（human beings）这个词，我用它来描述我们的客户以及我们的员工。1997 年 12 月，我在哈佛商学院发表了一次演讲，主题是我们如何重视“人”这个要素，以及这如何使先锋集团成为了一家所谓的“服务突破型企业”。我让学生们找一找，看看他们读过的哪本书中在谈到公司策略时出现了“人”这个词。如我所料，没有人找到。但是，“人”确实是我们发展壮大的关键要素之一。

多年来，我不知重复了多少次，我们服务的对象是那些“活生生的人，

① 节选自《共同基金常识》（*Common Sense on Mutual Funds*）一书。该书于 1999 年首次出版，2009 年出版了修订后的 10 周年纪念版。

每个人都有自己的希望、恐惧和财务目标。”这个信条没有提到我们要让资产达到多少亿美元，没有提到几百万的投资者，没有提到市场份额，没有提到公司策略，没有提到财务管控、技术支持以及营销，尽管从某些程度上说，这些都是企业正常运转的必要因素。然而，这些都要让位于我们的首要目标：尽我们所能为客户服务。我们要坦率、诚实地为客户提供服务，帮助他们完成公平的交易。我们要精心打理客户委托给我们的资产，就像在管理我们自己的资产一样。这项任务并不十分复杂，不过不能只是挂在嘴边，更重要的是每天都要做到。

毋庸讳言，以人为本的理念也同样适用于先锋集团的员工。我们的员工在彼此相处时要换位思考，你希望他人怎样对待你，你就应当用这样的态度去对待他人。关键在于要尊重每个人，承认每个人都很重要，而且要依据我们相比其他竞争对手为基金投资者创造的投资收益，为每位员工提供财务激励。在过去的 25 年中，这些勤勤恳恳的员工让我看起来很成功，我至少应当给予他们应得的报酬。

在本书[①]最后一章中，我对“在对待服务对象和员工时，要把他们视为活生生的人”这个观点提出了自己的一些看法。这个观点并不复杂，但是它会给企业与其投资者和员工的关系带来深远的影响。当你把投资者视为“活生生的人”时，那么你就必须要与客户建立起委托关系，而不是像与消费者建立起商业关系。当你把自己的员工视为“活生生的人”，而不是花钱雇来的、要求其在某段时期内完成特定任务的士兵时，那么你肯定会出台尊重个体，并且能够让员工得到应得报酬的公司规章制度或者操作流程。简而言之，企业的每项举措都能体现出以人为本的理念。

博格铁杆粉丝的出现

1999 年上一版《共同基金常识》出版时，很多人问我：“你为什么要在一本讲投资的书中加入专门谈论‘人’的一章内容？”我回答说：“你认为我

① 指《共同基金常识》一书。——译者注

们是在为谁做投资？”无论何时，我从未因为自己对“人”的关注有过后悔，以人为本的理念总是贯穿于我写的每一本书中。

我了解并热爱着这成千上万的谦逊的灵魂，这些人是几千万投资者的代表，这些投资者严格遵循着本书中那些健全的投资原则，并且享受到了很棒的服务。

就在 1999 年《共同基金常识》一书出版后不久，我坚信的“人才是所有可靠的投资活动的核心和灵魂”的理念终于被事实证明。2000 年 3 月 10 日，在佛罗里达州奥兰多市的一场名为“投资博览会”（The Money Show）的演讲会上，我第一次见到了泰勒·拉里莫尔（Taylor Larimore）先生。泰勒先生是一位退伍老兵，曾作为美国“最伟大的一代”保卫疆土。现如今，他已经被世人视为一群投资者的非官方领头人，而这群投资者大部分是“自学成才”，他们善于交流、正直诚实，而且很快就要成立一个名为“博格的铁杆粉丝”的组织（最初的名字是“先锋的铁杆粉丝”）。我和泰勒先生一见如故，十年后，我们之间的友谊变得牢不可破。

不管是个人还是作为一个整体，博格的铁杆粉丝们都坚信先锋集团提出的“简化投资”的理念，即经济、效率、资产分配、高质量的分散化资产组合以及低成本，他们尤其坚信长期投资更有价值，而认为短期投机十分愚蠢。他们还十分信任先锋集团的托管制度，相信公司会把投资者的利益放在首位。

之前，晨星公司的官网（Morningstar.com）一直是这些铁杆粉丝的聚集地，后来到了 2007 年，他们建立了自己的网站（Bogleheads.org），他们的口号迅速地传播开来。如今，该网站每天有大约 9 000 位投资者到访。网站每月的访问量超过 100 000 人，点击量超过 300 000 次，这些访问者会仔细阅读网站提供的大量文档。这个网站是信息的宝库，网站的维护者与投资者相互帮助，整理了诸多讨论话题，几乎涵盖了投资领域的所有方面。

2006 年，泰勒·拉里莫尔、梅尔·林道尔（Mel Lindauer）和迈克尔·勒伯夫（Michael LeBoeuf）这三位铁杆粉丝凑到一起，写了一本名为《约翰·

博格投资圣经》（*The Bogleheads' Guide to Investing*）的书，该书出版后迅速成了畅销书。2009 年，泰勒 • 拉里莫尔、梅尔 • 林道尔与另外两位粉丝理查德 • 费里（Richard Ferri）和劳拉 • 道古（Laura Dogu）一起，撰写了“续篇”——《博格铁杆粉丝的退休规划指南》（*Bogleheads' Guide to Retirement Planning*）。该书被读者推崇备至。这个故事只是一个缩影，还有很多成功的投资者也在推广“简化投资”的理念，并与他人分享自己的投资经验。

2000 年，我在泰勒夫妇位于迈阿密的公寓里第一次与大约 20 名博格的铁杆粉丝见了面。从此以后，这些对先锋集团的投资理念深信不疑的忠实粉丝们每年都会举办聚会，比如 2004 年在丹佛的聚会，2006 年在拉斯维加斯的聚会，2008 年在圣地亚哥的聚会以及 2009 年在达拉斯的聚会。在这些聚会上，他们聚在一起分享各自的投资经验、投资智慧以及生活经历和职业生涯的故事。

除了 2009 年我因患病未能到场以外，我参加了其他每次聚会。“我们的客户是活生生的人，每个人都有自己的希望、恐惧以及财务目标”，我总是用这段话来形容先锋集团的投资者，而且将永远坚持下去。这句话已经成为我的漫长职业生涯中最明亮的闪光点之一。是的，投资所做的一切都与人有关。

一旦人成为企业关注的焦点，那么接下来的很多做法便是顺理成章的了。企业的首要目标是帮助客户成功地投资，对目标的坚持除了会受到经济环境的影响以外，还受到个人情感的影响。反过来，成功的投资能让客户实现个人目标，比如买房、支付孩子的教育费用或者享受悠闲的退休生活，而失败则意味着这些目标都将无法实现。在这轮牛市中，共同基金行业似乎忘记了这些事实，它们非但没有帮助客户建立起谨慎的长期投资计划，还举办了很多蛊惑人心的营销活动，表现得似乎已经找到了获得投资优势的圣杯。大量的资金跟着不谨慎的投资策略涌入，尽管牛市持续的时间较长，可这些基金公司的股东却已经付出了沉重的代价。当投资收益最终回归到更正常的水平时，会有更多的基金公司让投资者失望。另一方面，以人为本的基金公司扮演的是受托人的角色，而不是四处招揽客户、吸纳资金的激进分子。他们正在努力地重建诚信价值观：坦诚、诚实、信任以及公平交易。这样的基金公司更可能承受得住来自金融市场的狂风暴雨。

在与客户打交道的过程中，有着如此价值观的先锋集团会怎样做呢？答案是坦诚。这意味着在与我们的股东进行沟通时，我们必须遵守全面披露所有相关信息的准则，即把完整事实告诉股东，只陈述事实，绝无谎言。这项准则看上去平凡无奇，但是却在基金行业内显得格外亮眼，因为很多基金公司在提供促销材料和与投资者沟通时，都故意隐瞒了一些信息。例如，股票市场的长期投资收益没有扣除基金公司长期持有股票的成本；基金的广告喋喋不休地强调着过去的业绩多么辉煌等。共同基金的年报故意避而不谈某种投资策略的内在风险，这也是常有的事。当我们把投资者视为活生生的人，而不是目标市场时，我们就会意识到，如果想要成功地投资，客户需要我们直接告诉他们将要面对的风险和获得的收益、参照行业以及同行业其他企业的收益情况、对基金收益情况的合理评估（或损失）、均衡投资模式的基本原理以及重视成本在计算长期投资收益时的重要作用。

诚实与公平交易是根本原则

坦诚强化了客户与受托人关系的第二个组成要素：诚实。只有诚实，才能让客户真正信任我们：当基金公司的利益与其客户的利益发生冲突时，客户的利益将被置于首位。先锋集团赚到的大部分钱都将被分配给股东，而不是留在公司内部，这种特有的组织结构消除了基金公司与客户之间存在的潜在利益冲突。然而，除了组织结构以外，诚实还对我们提出了其他要求。诚实意味着在与客户的关系中，我们要永远将客户放在第一位，即谨慎投资以达到特定的投资目标，严格遵守行业内通用的商业规则进行交易。这样的做法与公司的组织结构或者管理手册没什么关系，而是我们深深地认识到，我们的客户都是活生生的人，他们值得受到最高的尊重。

诚信关系的最后一个要素与诚实紧密相关，那就是对公平交易的承诺。我们发誓会竭尽全力地为客户提供服务，确保他们的投资成本尽可能低，投资收益尽可能高（相对于他们选择的资产类别和细分市场）。基金公司时不时地会遇到公司的商业利益与受托责任相冲突的情况，而坚持以人为本原则的基金公司会始终把受托责任放在第一位。下面我就讲一个利益冲突的例子。1996 年，一家机构客户打算向先锋集团的一只短期固定收益基金投资 4 000 万美元，这笔投资相当于这只基金总资产的 10%。为了按时履行先前约定的还款义务，该客户打算在两个月内赎回基金份额。在他看来，这样的安排对双方都有好处：对先锋集团来说，我们能获得一位有着大笔资产的新股东；对他而言，这么一大笔钱能让他获得可观的投资收益，而且不论是购买还是清算他的投资组合，都不会产生任何交易成本。

拒绝新业务能够体现出一家企业的价值观

没有哪家只将客户的利益摆在第一位，而不在乎利润、资产或市场份额的公司会对这种偏爱短期投资的股东感兴趣。这种大规模的短期交易会让基金公司的现有股东在进行有价证券投资时承担不必要的交易成本。我们拒绝了这位客户的请求。客户生气地对我们说，他会告诉他的同事，“绝不要再和先锋集团打交道”。而且，他还把这件事爆料给了媒体，文章就刊登在《华尔街日报》“货币与投资”板块的头版上。文章中说，这位客户“肯定能找到其他热切地想与之进行交易的基金公司，尤其是这笔投资可以让基金公司赚到 30 000 美元的管理费”。不过，接受这位客户的投资然后赚取管理费，这样的做法是把基金公司的商业利益摆在了第一位，而忽视了基金公司应当对现有股东承担的受信义务。自从媒体报道了先锋基金拒绝了这笔 4 000 万美元的大订单，我收到了股东们寄来的数十封信，他们无一例外地称赞公司做得对，以至于我不得不给《华尔街日报》的编辑写了一封信，“没想到我们只是选择了体面而道德的做法就受到了公众如此高的褒奖，这让我有点难为情”。

诚信社会

我曾把诚实归为诚信价值观的主要因素之一。其实我不太愿意这样做，主要基于两个原因。第一，虽然诚实很重要，但是这似乎有点自吹自擂的意思；第二，虽然我了解或曾读过其著作的领导者都把诚实列为领导力最重要的素养之一，但事实上，无论在企业管理还是个人生活中，他们并没有兑现这个承诺。不过，我要把诚实和坦诚、信任以及公平交易作为诚信价值观的几大要素。在过去的十年中，金融市场上这些传统的诚信价值观已经严重缺失。

所以，我最近正努力做的一件事就是要求我们的理财经理必须按照传统的受托责任标准来行事，毕竟这些标准在英国普通法的框架下已经存在了好几个世纪。大部分共同基金的股东以及养老金的受益者会投资于股权，而且他们的积蓄正面临着受损的风险，而诚信社会能够保证他们享有作为投资主体应有的权利，以及那些本应获得投资经理 / 代理人充分尊重的权利。

联邦政府应当采取相应措施，建立起我设想的这种新型的诚信社会。除此之外，政府应当且有能力推行托管制度和受托责任标准。而理财经理们必须遵守这些制度和标准，他们的行为应当只有一个的目标，即为受益人的利益服务。简而言之，就是要做到“一仆不侍二主”。

股东的反馈

每个人都想被当作人对待。没有人想被看作只是某个目标市场的一部分。我相信，先锋基金近年来的发展要部分归功于大众意识到先锋集团把每一位投资者都视为有价值的人，而不是一种金钱的符号。股东在寄给我的很多封信件中都表达了同一个意思，那就是他们对我们努力做到坦诚、公平、诚恳地对待他们，并帮助他们实现重要的投资目标表示了高度赞赏。下面我就从近期的信件中摘录几段以飨读者。以下这段文字来自一位看了前面提及的《华尔街日报》的那篇报道的股东。

> 我知道你说过很多。现在我知道了你还言出必行。
>
> 我和妻子已经五十多岁了，我们发现自己的身价已经超过了100 万美元，没有债务，而且已经还清了房贷。一想到我们两人年收入从未超过 40 000 美元，而且当我三十岁刚刚来到这个国家时一

无所有，在大学里度过了最初的四年，我们就感觉现在的生活还不错。我希望你能了解你对我们这样的人到底产生了多大的影响，你让我们有能力实现自己的美国梦。

我之所以投资于先锋基金，一个原因是这家公司一直在博格先生的领导下前进……将老博格先生比作冒着雷电和密云把律法降至西奈山顶的摩西，这并不荒唐：简化、简化、简化……我希望看到先锋集团能始终不忘初心。我敢肯定，博格先生是一位严厉的老板。像他这样的人一般都很严厉。我们家族中就有一位这样的人物，他已经去世53年了，但是他的影响力并未消失。人们喜欢这种坚持原则的人，因为他们象征着美好、纯粹和真实。

您引起的巨大浪潮不会很快被那些人压制下去，他们才是基金行业内应当为自己的诸多行为感到愧疚的人。这股浪潮将持续很长一段时间。我要衷心地说一句“谢谢您！”

您“意识到在树立了正确的想法后，必须立即采取行动，不管周围环境如何，也要努力向前推进……”不管您遇到多大的狂风暴雨，这些智慧的话语让您开辟出一条真正的航道。我对您感激不尽。

您像是回到了古代，那时商人们彼此握手绝不仅仅为了一纸合约。谢谢您没有采用当时很多“时髦的”做法，比如只关注如何赚取高额的佣金费用，而忽视了企业的业绩和服务。作为一个普通的美国劳动者，我要再说一遍：谢谢您！

您的风格与品格让我想起了我的父亲，他经常向我们谈起控制低成本、避免出错以及坚持长期买入持有策略的智慧。这让他获利颇丰。请您继续向大众普及投资的基本常识。在这个骗子越来越多的行业中，您的话是无比重要且清晰悦耳的理性之声。

当我刚开始掌管先锋集团时，我几乎整天待在办公室中，而且几乎每天，我都能收到客户写给我的信件。下面我从中挑出几封。第一封是一位股东写给我的，我们在前往加利福尼亚州参加博格铁杆粉丝第七次聚会的飞机上相识。

> 我以为您会坐头等舱，但令我惊讶的是，我在经济舱见到了您。这触动了我，因为你是我们当中的一员，始终与我们在一起。谢谢您有勇气去做正确的事，为我们留下宝贵的思想财富。
>
> 感谢您让我信任指数基金以及（保守的）资产分配策略的智慧。我亲眼见证了自己存下的钱增长到了让我难以想象的金额，而且近期市场的波动并没有让我太苦恼。我每天晚上都睡得很好。做到这一切如此简单。谢谢。
>
> 感谢您在您的著作中为我们分享您积累了多年的智慧和经验。我甚至无法想象到底是什么样的力量在支撑着您做这些事。尽管前方困难重重，您却从未松懈，帮助投资者努力抓住每一次能够分享收益的机会。

以上两封信能否准确地说明成百上千万投资者对先锋集团的看法呢？答案似乎是“是的，确实可以”。Cogent 研究机构近期的一项研究得出了这样的结论：“先锋集团的客户忠诚度要高得多……而且远远超过它的同行。”该研究机构的调查方法是询问一群基金客户是否会把自己购买的基金产品“肯定推荐”或“肯定不推荐”给其亲朋好友，评分标准为最高 10 分（最好），最低 1 分（最差）。然后，该机构会用基金“支持者”（评分为 9 或 10 分）的得分减去“批评者”（评分为 1~5 分）的得分，从而得到“客户忠诚度净值”。先锋集团的最终得分为 44 分，确实把众多竞争对手远远地甩在了身后。紧随其后的三家基金公司的得分为 25 分左右，而排名第十一位的基金公司（一共有 38 家基金公司参与调查）的得分只有 1 分，勉勉强强是个正数。而余下的 27 家基金公司的忠诚度得分均为负数，最低得分竟然为 –54 分！除去先锋集团，其他 37 家基金公司的忠诚度平均得分仅为 –13 分，这是一个令人吃惊的结果，投资者对共同基金公司普遍存在不满，然而迄今为止，整个行业似乎还没有意识到这一点。不过，这种现象不可能永远被忽视。

先锋集团员工的价值观

这些信件不仅在赞扬先锋集团提出的“坦诚、诚实和公平交易”的诚信价值观，而且也在赞美那些一直秉承着这些价值观的人们，也就是先锋集团的员工。从 1975 年公司成立开始，用“船员”（crew）这个词语来代表公司的员工似乎有点平庸和老套。但是现在，这种叫法早已被普遍接受，这说明大家都认同了“英国皇家海军先锋号”的象征意义，即一艘战舰上的全体船员通力协作，以获得每一个节点的胜利，即使是一名船员的失误也会导致战舰沉没，因此每个人都在竭尽所能地确保航行的安全和稳妥，并且乘风破浪地向着目的地前进航行。

毋庸多言，任何一家把自己比作一艘战舰的企业都必须依赖船员的忠诚。几乎所有的企业领导者都在用各种各样的方式提升员工的忠诚度，比如描绘一个共同的愿景、建立合理的薪酬制度，甚至通过令员工感到惧怕的方式来达到这一目的。不过，忠诚可能植根于企业的价值观和品格。有一点必须要单独强调的是，忠诚并不是单向的。无论企业追求何种目标，如果员工正在为了帮助企业获得成功而努力工作，但企业却无法为员工提供与忠诚相对等的回报，那么企业根本没有权利要求员工忠诚。如果一家企业很重视自己的客户，那么它也必须多重视那些负责为客户提供服务的员工。员工是企业的核心和灵魂，没有他们的努力与呵护，企业必将衰败。

关心那些与我们的生存紧密相关的企业

我经常为我们的员工发表演讲，并且曾多次提到麻省理工学院（Massachusetts Institute of Technology，MIT）前任校长霍华德·约翰逊（Howard Johnson）那段著名的论断，他指出企业需要员工呵护，因为每一位员工都是它的一部分。

> 我们需要关心企业的员工。在一个越来越没有人情味的社会中，我慢慢开始相信一家企业要想获得成功，对员工的关心和爱护是必不可少的。

> 企业必须得到人文关怀，即使当企业犯了错或者遇到艰难险阻时，它也应当获得关怀，而这种关怀应当来自于企业所有的股东、员工、客户以及管理者。
>
> 我们都知道，关心的要求是很高的。它要的不仅是兴趣、同情和关怀，而且还有自我牺牲精神、智慧、意志和纪律。每位有责任心的员工都应当深切地关心与其生命紧密相关的企业。

如果我们要求先锋集团的员工关心企业的发展，以确保满足那些被我们视为客户的人们的需要，那么我们也应当好好关怀我们的员工。我们要对每一位员工表达我们的敬意。我们无法容忍所谓的“大人物”贬低我们公司任何一位“普通员工”。（如果我得知有这样的事发生，那么我肯定会让这位所谓的“大人物”去当一天普通员工，看看他是否能胜任！）这被作为一条“无特权”规则推广至整个公司：不租车、不保留停车位、不坐头等舱、没有高管人员专用的餐厅。在工作的每一天中，我最享受的事情就是在公司餐厅和员工们一起边吃午饭，边聊天。我们信任我们的员工。多年以来，我一直告诉我们的员工，公司只有一条商业守则：“做正确的事。如果你不确定，那就去问你的上司。”

除了前面列出的价值观，我们还设立了正规的仪式来表彰那些辛勤工作的员工。我们设立了最佳表现奖和先锋合伙人计划。最佳表现奖是对表现突出的某位员工表示认可并给予表彰，而先锋合伙人计划则是对团队的努力给予表彰。最佳表现奖和先锋合伙人计划都表明，为了给客户提供有价值的服务，我们需要所有员工都秉承企业的价值观、品格和精神。

最佳表现奖：每一个人都很重要

1984 年，我创立了最佳表现奖，目的是表彰那些充分体现了“先锋精神”的优秀员工。从那时起，每年的每个季度都有 5~10 位在各自工作岗位上表现最突出的员工获得该奖，迄今为止，已有 350 位员工获此殊荣。而且，令这个奖项尤为有意义的是，获奖者都是由他们的同事提名的。在颁奖午宴上，我们会引用获奖者同事们提供的提名词，称赞获奖者“付出了110%的努力”“反应迅速、果断、精力充沛且睿智聪明”或者“镇定自若，值得信赖、勇担责任以及不知疲倦”（我引用了一些有代表性的评价）。在一家由人组成，并且为他人提供服务的公司中，这样的典礼恰好是一个再次重申企业核心价值观（即尊重每一个人）的契机。

在这个人情味越来越淡的时代，官僚主义和先进的技术掩盖了人的特殊作用，而最佳表现奖是对人付出的努力给予的肯定。每位获奖者都能拿到一块小牌匾，上面铭刻的那句话是我在整个职业生涯中反复强调的，用以认识到人的潜力和贡献的一句话：我相信每一个人都很重要。因此每个人都能在先锋集团有所成就。即使现在公司的规模越来越大，我们依然会牢牢铭记，我们的员工队伍是由每个独立的个体组成的，无论我们的战舰有多大，每个人都很重要，都是不可或缺的。

先锋合伙人计划：共享劳动果实

如果最佳表现奖是对个人努力的认可，那么先锋合伙人计划就是对为股东创造价值的工作团队的认可。每一位先锋集团的员工从上班的第一天起就自动成为了公司的合伙人，他们不需要向公司投资一分钱，就能分享先锋集团的收益。因为先锋集团事实上的所有者是那些持有共同基金份额的投资者，而不是第三方股东，因此公司的收益可以被定义为以下几个组成部分之和：（1）先锋集团的实际经营费用与按照最大的竞争对手的费率计算得到的费用之差；（2）股东凭借我们基金特殊的投资策略和基金经理特有的投资组合管理能力而获得的额外收益（扣除收益不足的部分）。单是1998年，根据当时我们的受托资产总额，我们一共为客户多创造了30亿美元的收益。毫无疑问，每年我们会从这笔收益中提出几个百分点，分配给我们的员工，用来表彰他们在为股东创造价值的过程中所作出的贡献，而这会激励员工将工作效率和生产效率迅速提升数倍。

自公司成立伊始，我们一直在努力降低平均费率。这一追求塑造了我们公司独特的共有制结构，也激励着员工振奋精神，主动发挥他们的积极性，不知疲倦地为客户提供更好的服务。员工们一直在寻找各种各样的方法来提高服务质量，并为股东节省了数百万美元，比如在互联网上引入低成本服务、开发更实用的财务报表、取消重复邮件和信息量更大的税务报告等。合伙人计划有助于为这些工作团队给予奖励。

每年春天，我们都会在先锋合伙人野餐会上开出合伙人支票。这些支票的金额相当于员工年薪的30%，因此成千上万的先锋员工会兴致勃勃地聚集在福吉谷停车场的巨大帐篷下，聆听一些有教育性、鼓舞人心的（希望如此）演讲（我的演讲被称为“布道”，但是我不确定这个词语用在这里是不是赞美），我想大家肯定不会对此感到奇怪了，而演讲的内容一定是围绕着先锋集团的核心价值观的。多年来，我经常提醒员工，我们在从事一项伟大的事业，那就是为股东提供服务，而且在“先锋号”这艘巨大战舰上，每一位员工的努力都是有价值的。人们都愿意在一家有人情味的企业中工作，这一点可以从现任员工以及前任员工寄给我的上千封信件中看出来。[①]

先锋集团的故事是难以预料的市场环境与非比寻常的企业家精神和领导力的独特结合，具体细节我已在《共同基金常识》一书中向各位读者介绍过了。除了命运的坎坷以及灵感的闪之外，我相信还有一点也很重要，那就是我们始终坚持以人为本的企业核心价值观，这是先锋集团获得所有成就的关键要素。就像本书中呈现的大部分内容一样，“把人当作人来看待”本就是常识。这被简化为一条黄金法则：“你希望他人用什么方式为你提供服务，那么你就要用这种方式为他人提供服务；你希望你的同事用什么方式对待你，那么你就要用这种方式对待你的同事。”一旦企业将这个法则确定为核心价值观，将客户和员工视为有血有肉、有理想、有恐惧、也有渴望的活生生的人对待，那么这将决定企业未来可能获得的一切成就。

很多人把这个愿景看作是不切实际的。即使是我，也没有愚蠢到会认为共同基金行业内的每家企业都想成为严格自律的金融服务机构（即把“简化”

---

① 其中几封信件会在第6章被引用。

作为投资策略的基石，并且把“黄金法则”作为服务战略的核心要素），把公司的未来交到很容易犯错的一群人的手上，带领客户成功应对或好或坏的市场环境。不过，正如《国家》杂志（*Nation*）的专栏作者克里斯托弗·希钦斯（Christopher Hitchens）所说的那样，“人不能独自活在乌托邦中。但是正如奥斯卡·王尔德（Oscar Wilde）那句犀利的评价一样，一个没有乌托邦的世界根本不值得瞧上一眼。”托马斯·潘恩凭借自己与生俱来的直觉一定会同意这种说法。

依然是一种乌托邦式的愿景

十年的时间会发生很多改变！当然，过去的十年充满了各种意外，有些令人高兴，有些令人恐惧，很多事件必将被载入史册。但是，正如我在 2009 年写过的那样，我在 1999 年版本的《共同基金常识》一书中提过的乌托邦愿景依然那么平静祥和，而且这个愿景目前尚未实现。但是，智慧和希望的灯塔仍在为我们指引方向，为投资者建立一个更好的共同基金行业依然是我不变的使命和目标。

第 7 章

The Man in the Arena
Vanguard Founder John C. Bogle and His Lifelong Battle to Serve Investors First

“共同”基金行业的商业化进程[①]

这篇文章讲的是“共同”基金行业文化发生的根本性变化。在超过 63 年的时间里，我不仅亲眼见证了基金行业的发展，而且始终是一个积极的参与者。在此期间，基金行业的文化已经变成了为投资者提供劣质服务。是时候认识到这种变化，并且弄清楚这一切是如何发生的了。

这一切都开始于 1949 年的 12 月，当时我在普林斯顿大学读大三，事情就发生在新建的燧石图书馆。那时候，我努力地想要了解经济学领域以及自己所学专业的最新研究成果。当我读到《财富》杂志 12 月刊的第 116 页时，上面刊登的一篇题为《在波士顿赚大钱》的文章深深吸引了我。这个偶然时刻塑造了我整个职业生涯和人生。

“在波士顿赚大钱”

在文章标题的下方，一行粗体字这样写道：“但是按照马萨诸塞州投资者信托公司的话来说，钱并不是一切。这家信托公司依靠向小投资者‘出售’心态平和而获得了成功。它的发明是开放式基金。它的未来是完全开放的。”

① 本文于 2013 年秋季发表于《投资组合管理期刊》(*Journal of Portfolio Management*)。

文章有10页详细内容描述了马萨诸塞州投资者信托公司的发展历史、企业规章及其开展的实践。马萨诸塞州投资者信托是第一只开放式基金，同时也是当时规模最大的一只开放式基金[①]，公司成立于1924年，比先锋集团早了近25年。在讨论基金行业这个当时规模很小的新兴行业的发展前景时，《财富》杂志显得比较乐观："微小的变化……将会导致规模的迅速扩张，这种扩张有时甚至会引起争议，这使得基金行业的影响力极速变大，而且小额投资者与公司管理之间会发生矛盾。"[②]

那时候，"共同基金"这个词语还没有被普遍使用，也许是因为有一个明显的例外，"共同"基金并不是真正由股东们"共有"。事实上，与美国《1940年投资公司法》[③]的条款截然相反的是，共同基金是由实际控制基金的管理公司在优先满足自己利益的条件下"组织、运营并管理的"，它并没有把股东（投资者）的利益摆在第一位。[④]因此，《财富》杂志主要使用的是诸如投资公司、信托和基金这样的字眼。

这篇文章触动了我，让我当场下定决心要写一篇论文，主题就是分析开放型投资公司的发展历史与未来展望。论文的标题被简化为《投资公司的经济地位》（*The Economic Role of the Investment Company*）。在深入分析了整个行业之后，我得到了一个相对清晰的结论。

> 投资公司应当按照最优效率、最诚实、最经济的方式运营……降低销售费用和管理费用能够让投资公司实现未来发展的最大化……基金的收益不太可能超过市场的平均收益（指数）……投资

① 马萨诸塞州投资者信托属于"开放式"基金，即投资者可以随时赎回其持有的基金份额。"封闭式"基金的基金份额不可赎回，且已发行的基金份额数量会保持固定不变。

②《财富》杂志的乐观主要源于这样一个事实：在20世纪40年代末，基金在众多企业管理层的变革过程中扮演了非常重要的角色。不过，时至今日，这句预言尚未真正实现。尽管拥有对美国企业界的实际控制权（如今共同基金行业持有的美国企业的股票数量已经超过了股票发行总量的1/3），但是基金行业依然缺乏勇气和意愿去发挥自己在公司治理过程中应发挥的关键性作用。

③ 条款1（b）(2)：共同基金的"组织、运营与管理"必须以基金的股东利益为先，而非以"董事、管理者、投资顾问、承销商、经纪商与交易商"的利益为先。

④ 1968年，在联邦律师共同基金会议上，美国证券交易委员会前任主席曼纽尔•科恩（Manuel Cohen）发表了题为《共同基金》(*The "Mutual" Fund*）的演讲，他给"共同"这个词打了引号，因为"它的主要特征导致人们质疑'共同'这个词是不是一种准确的描述"。

公司的主要功能是管理其投资组合。其他一切都是附带发生的……

投资公司的主要角色应当是服务于股东。

这样的理想主义在年轻学者的身上很常见。但是，正如大家将在这篇文章中看到的那样，尽管距离我阅读《财富》杂志上的这篇文章已经过去了 63 年，但是我仍在坚持我的理想主义。事实上，也许因为我这一辈子都在基金行业中工作，所以时至今日，这种理想主义反而变得更加热烈并难以放弃。

1951 年基金行业概况："弱小但却充满争议"

1951 年我毕业后，普林斯顿大学 1920 级的毕业生沃尔特·摩根看到了我写的这篇文章。摩根先生雇用了我，他既是我的良师益友和我漫长职业生涯中的大英雄，也是基金行业的先驱威灵顿基金公司的创立者。我决定加入这家规模虽小但前景看好的公司。那时，威灵顿基金公司只管理着一只基金，该基金的资产总额为 1.5 亿美元。"正是由于看到了那篇文章，"他给我们的员工写信说，"我们已经邀请博格先生加入了威灵顿公司。"尽管当时我并不确定这样做是对是错，但是事实证明这是我一生的重大机遇。

1951 年我进入了基金行业，当时行业内共有 125 只基金，资产总规模为 30 亿美元。正如表 7–1 所示，那时行业内占主导地位的是 10 家大公司，它们管理的资产规模相当于行业总资产规模的 3/4。凭借着 4.38 亿美元（相当于行业总资产的 15%）的受托资产规模，马萨诸塞州投资者信托公司成了具有压倒性优势的行业老大以及行业内规模最大的基金公司，同时它的成本也是最低的（费率仅为 0.42%）。

表 7–1　　1951 年共同基金行业的资产概况

排名	基金名称	总资产*（单位：百万美元）	令人关注的小基金公司	总资产*（单位：百万美元）
1	马萨诸塞州投资者信托基金（M.I.T.）	472	伊顿–霍华德基金（Eaton & Howard）	90

（续前表）

排名	基金名称	总资产*（单位：百万美元）	令人关注的小基金公司	总资产*（单位：百万美元）
2	投资者互助基金（Investors Mutual）	365	National Securities	85
3	Keystone Funds	213	United Funds	71
4	Tri-Continental	209	富达基金（Fidelity）	64
5	Affiliated 基金	209	Group Securities	60
6	威灵顿基金	194	普特南资产管理投资公司（Putnam）	52
7	Dividend Shares	186	Scudder Stevens & Clark	39
8	Fundamental Investors	179	美洲基金（American）	26
9	道富基金（State Street Investment）	106	富兰克林基金(Franklin)	25
10	波士顿基金	106	卢米斯塞勒斯基金（Loomis Sayles）	23
			T. Rowe Price	1
			德雷福斯基金(Dreyfus)	0.8
	合计	2 239	合计	537
	行业占比**	72%	行业占比	17%

注：* 包括所有相关的基金产品。
** 行业总资产：31 亿美元。

事实上，虽然《在波士顿赚大钱》这篇文章关注的主要是马萨诸塞州投资者信托公司，但当时波士顿是基金行业的发展中心。设在这座城市的基金公司让它们的同行相形见绌：50 家规模最大的基金公司中的 22 家公司管理着这家最大的基金公司约 47% 的资产。（准确地说，当时纽约的基金公司管理着约 27% 的资产；明尼阿波利斯市的基金公司管理着约 13% 的资产；而费城的基金公司管理着约 7% 的资产。[①]具体见图 7–1）。

① 明尼阿波利斯市是行业巨头阿默普莱斯 / 哥伦比亚基金集团（Ameriprise/Columbia Funds）的总部所在地。该公司成立于 1894 年，原名为投资者多元化服务公司。1951 年和 2012 年，该公司管理着几乎所有分布在明尼阿波利斯市的基金资产。

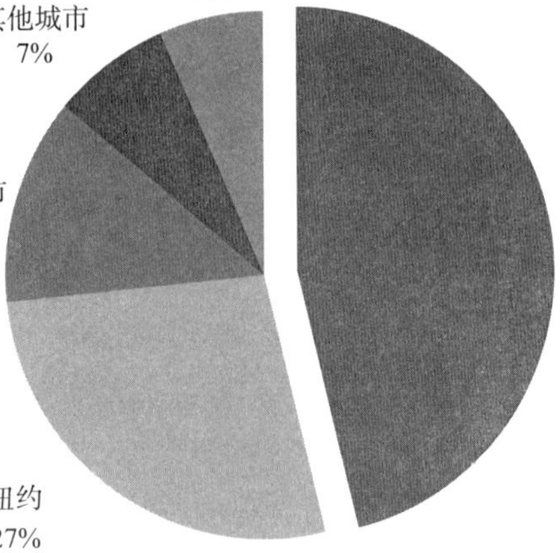

图 7–1　共同基金资产的比例分布*

注：* 按照基金公司总部所在地核算。

大多数企业，包括威灵顿公司，旗下只管理着一只基金，即使管理着第二只基金，其规模也非常小。例如，马萨诸塞州投资者信托公司的五个托管机构还负责管理着马萨诸塞州投资者第二基金（这只不过是个名头罢了，只会吸引如今的共同基金经销商），该基金的资产规模仅为 3 400 万美元，在马萨诸塞州投资者信托公司高达 4.38 亿美元的总资产中占比甚低。[①]

基金管理的旧模式注重管理，而新模式注重营销

事实上，所谓的“波士顿信托”的托管制度代表着整个行业的形象，正如《财富》杂志的配图正是马萨诸塞州投资者信托公司的五位托管人的照片。身着黑色西装搭配马甲的梅里尔•格里斯沃尔德（Merrill Griswold）主席表情严肃地坐在正中央，他举止严谨，看上去“很值得信赖”。基金行业最初采用的运营模式与马萨诸塞州投资者信托公司的模式很相似：自己拥有小公司的专

① 在那个年代，五家规模小一些的基金公司却管理着多只基金，每只基金都有多种（20 种或更多）投资目标和专业化投资组合可供选择，这些投资目标和投资组合都各自关注一个行业。它们关注的是择时交易，起初其发展速度惊人。20 世纪 60 年代，这些公司都曾辉煌一时，但是没有一家存活到现在。

业投资机构一般依靠独立的分销商来分销它们的股份。（那时，分销行业的利润很高。）“清教徒”这个词似乎是对昔日波士顿基金经理人的恰当描绘。

但是，基金行业的文化很快就发生了变化，而且是彻底的变化。1951年，我在《财富》杂志上看到的基金行业是一个有着商业元素的专业行业，但很快它就变成了一个有着专业要素的商业行业（而且我敢说，“专业”要素的地位要比“商业”弱得多。）受托责任和管理等老一套被人们抛诸脑后，取而代之的是各种各样的推销手段，“管理”要让位给“营销”，也就是说基金行业要尽可能先把资产吸引来，然后再谈管理。这就是如今的基金行业。

如何解释共同基金的行业文化会发生如此根本性的变化呢？[①]我认为一共有四个主要影响因素。第一，规模的快速增长与新业务形式的出现；第二，广泛使用激进、高风险的投资策略，导致人们不关注长期投资，反而更重视短期投机；第三，“产品多样化”意味着每年市场上要涌现出大量新基金，这些新基金采取的都是咄咄逼人的营销战略，因为基金经理人感兴趣的是把尽可能多的资产置于股掌之中并且增加管理费收入；第四，行业的集团化倾向，即基金管理公司的股权被上市的金融中介机构收购，这对共同基金管理公司来说是件好事，却不符合共同基金投资者的利益。不过，还有第五个影响因素，也就是指数基金的胜利，这种胜利能帮助基金行业重新回归到“清教徒时代”。因为指数基金的目标刚好是相反的，即先服务好股东，基金管理者排在其次。让我们来一一分析上面提到的这些变化。

共同基金行业资产规模的飞速增长

当1951年我刚刚进入基金行业时，基金资产的总规模仅有30亿美元。[②]如今，整个行业的资产总规模已经高达13万亿美元，这意味着年增长率为15%，高到令世人瞩目。当一个小行业（我是否可以说家庭作坊）慢慢成长得像一只巨兽，所有的一切都变了。经验告诉我们，大行业和小行业不仅有

① 这个话题是我在2012年出版的《投资还是投机：资本市场的沉沦与角逐》一书中重点讨论的话题之一。

② 1951年的30亿美元相当于2013年的280亿美元。

数量方面的不同（只是小数点左边的位数比较多而已），类型方面也存在不同：更多的程序化，更少的人为判断；更高的一致性，更难接纳不同意见；更关注商业价值，而不太关心职业价值。

自 1924 年马萨诸塞州投资者信托公司成立以来，在基金行业发展的第一个 50 年中，股权基金是整个行业的中流砥柱——约占行业总资产的 95%。1972 年，股权基金的资产总规模达到了 560 亿美元，在经历了一轮熊市的洗礼后，1974 年资产规模缩水至 310 亿美元，这令人沮丧的变化为我们揭示了股票市场的风险以及投资者对市场下跌的敏感度。后来，漫长的牛市来临，市场开始慢慢复苏，1999 年，股权基金的资产规模飙升至 4 万亿美元。尽管后来又经历了两轮熊市（两次市场的跌幅都达到了 50%），但如今股权基金的资产规模依然保持在 6 万亿美元的水平，仍然扮演着拉动整个基金行业向前发展的引擎的角色（具体如图 7–2 所示）。平衡型基金的增长是间歇性的，总的来说，在 20 世纪 60 年代中期，随着“快速获利”时代的来临，它们在行业中的重要作用被削弱了；直到 1973 年至 1974 年熊市降临时，债券基金又异军突起，于是平衡型基金再次被压制。不过，近年来，平衡型基金的市场地位有所回升，截至 2012 年年末，该类型基金的总资产规模达到了 5 000 亿美元。

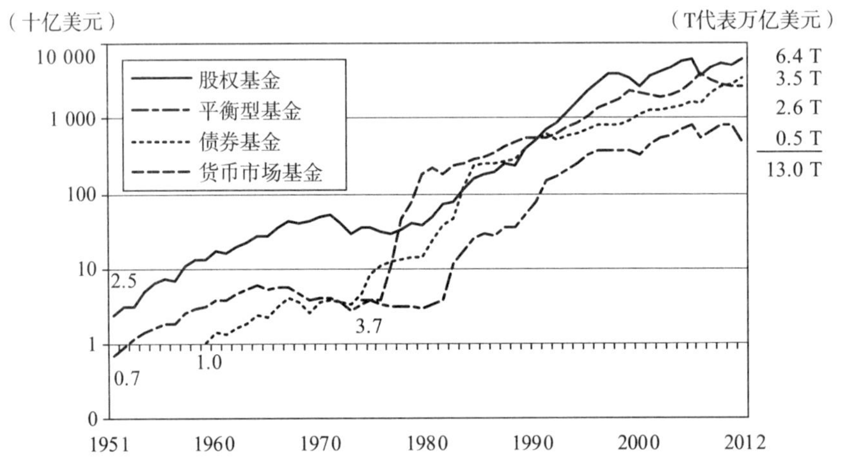

图 7–2　1951 年至 2012 年共同基金资产的增长情况

债券基金的资产规模先增长后减少，随后再次增长

20 世纪 50 年代，债券基金的资产似乎一直徘徊在 5 亿美元上下，在接下来的二十年时间中几乎没有增长。但是到了 1975 年，债券基金开始证明自己。随着金融市场的发展，投资者的需求也在发生变化。经常性收益被很多投资者摆在第一位。熬过股票市场下跌的那段悲惨时光之后，债券基金的资产增长速度令人欣喜，于 1987 年达到了 2 500 亿美元，终于超过了资产总规模为 1 750 亿美元的股权基金。20 世纪 90 年代，债券基金的地位再次出现下滑。不过现在，随着近几年市场利率水平的不断下降，债券基金的总资产规模增长至 3.4 万亿美元，占整个基金行业的 26%。

在 1973 年至 1974 年股灾爆发后的十年中，股权基金的市场主导地位有所衰落。货币市场基金，这一 20 世纪 70 年代中期基金行业的伟大创新挽救了整个行业，弥补了股权基金资产规模缩水的部分（具体如图 7–3 所示）。它们迅速取代了股票基金的位置，成为了行业发展的主要推动力。

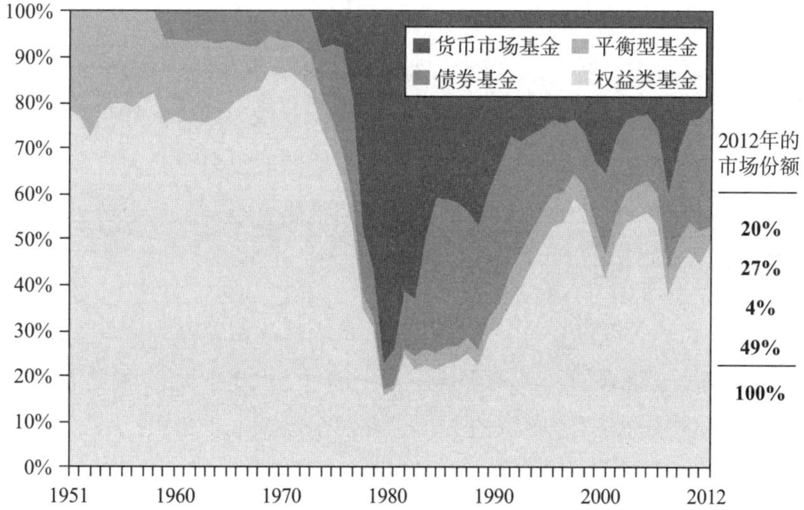

图 7–3　按照资产类别统计的共同基金行业份额（1951 年至 2012 年）

截至 1981 年，货币市场基金的总资产规模达到了 1 860 亿美元，占基金行业总资产规模的 77%。虽然这一比例目前已经降至 20%，但依然有强大的实力，总资产规模为 2.6 万亿美元。不过，考虑到低收益率以及货币市场基金创造出新型商业模式的可能性也较小（这种新的商业模式要求，货币市场基金四舍五入的 1.00 美元净资产能够反映出其净值每天随市场利率和资产信用质量的变化而变化的情况），这相当不易。

大型基金管理公司在将近半个世纪的时间里都扮演着专业投资管理者的角色，一般都管理着一或两只股权基金。随着债券基金和货币市场基金的崛起，几乎所有的大型基金管理公司都开始慢慢变成“业务经理”，为客户提供着多种投资选择，致力于打造重点关注管理、市场营销以及信息时代的股东服务的“金融百货商店”。

股权基金管理模式由投资委员会变成投资组合经理

除了共同基金资产规模的增长以及资产结构发生变化以外，导致基金行业文化发生变革的另一股势力也在悄然出现，那就是整个行业投资运营方式的彻底变化。过去，股权基金的管理方式是由保守的投资委员会密切监督，他们关注的是长期绩效，而且奉行的是谨慎投资理念，这也是原来波士顿信托机构常用的方法。然而，后来投资委员会逐渐被投资组合经理（个人）所取代，这些经理人关注的是短期目标，他们更热衷于采用更为激进、更有投机性的策略。

从一个团队（投资委员会）作决策变成个体（组合经理人）作决策，这种变化促使投资组合的换手率飞快上升。20 世纪 50 年代和 60 年代早期时，积极管理型基金的换手率还只有 30%，然而最近这几十年，这一指标已经快速上升至 150%。[①] 虽然过去大多数基金管理公司都曾经是投资者，但是现在

① 我使用的换手率指标是用股权基金每年整个投资组合的资产买入额与卖出额之和除以基金的总资产额，与今天常用的计算方法（投资组合的资产买入额与卖出额两者之间的较小值除以基金的总资产额）有所不同，因为后者的说服力可能不强。

大多数公司似乎都变成了投机者。交易过度频繁的新型市场文化几乎侵蚀了所有类型的交易者。当然，这些机构交易者只不过是在彼此之间把证券来回倒手，对于它们的客户来说，这样做根本没有任何净收益而言，在扣除交易成本后，与股票市场的平均收益率相比，这些客户肯定是吃亏的，因为实际收益率还不如市场收益率。

而且在市场投资组合和对应的投资业绩（当然指的是没有扣除成本的投资收益）中，传统权益类基金对蓝筹股的选择模式也变成了一种更激进的新模式。单只基金的相对波动率（我们用“beta”这个指标来反映基金的波动性，即一只基金的资产价值相对于整个股票市场的波动情况）提高。风险的变高很容易被测算出来。积极管理型股权基金的收益波动率飞快上升，从 20 世纪 50 年代平均只有 0.90（波动程度比整个市场低 10%）上涨至近年来的 1.11（波动率高于 11%）。基金平均相对波动率上升了 30%。早些年，没有哪只股权基金的波动率会高于 1.11；然而近些年，38% 的股权基金的波动率超过了这个水平（具体见表 7–2）。

表 7–2　　股权基金的相对波动性

相对波动性 *	1950 年—1956 年	2008 年—2011 年 **	相差
大于 1.11	0%	38%	+38%
0.95—1.11	34	38	+4
0.85—0.94	30	10	–20
0.70—0.84	36	6	–30
低于 0.70	0	9	+9

注：* 标准普尔 500 指数 =1.00。
** 规模最大的 200 只股权基金。

这种向高波动率的转变开始于 20 世纪 60 年代末的迅速增长时期，当时，人们对待热门的基金管理公司就像追逐好莱坞明星一样，同时基金公司也在使用这种营销模式。这种模式得到了沿用。（指数基金的诞生是个非常罕见的例外。按照定义，一只投资范围包含整个市场的指数基金的 beta 值等于

1.00。）但是基金的业绩必然要回归均值。事实证明，那些激进的明星基金管理公司（关注公司短期盈利预期、股价变量以及其他定量方法）就像流星一样，投机者常常是一飞冲天，然后很快就像流星一样消失不见。基金管理公司经常已经忘了什么叫作审慎、尽职调查、研究、资产负债表分析以及其他老式的内在价值和长期投资评估方法。

由于公众的目光只关注这些“闪现”的明星的成功，随之而来的就是公众热衷于评选年度甚至季度的“最佳”基金，尽管他们要向基金管理公司支付高额的管理费。同时基金管理公司也会向热门基金的投资组合经理支付高薪，当然基金经理文化也发生了变化。不过，即使是短暂的业绩下滑也会变成一种职业风险，因此保持一定的灵活性和弹性才是明智的做法，因此用基金经理的话来说，要密切关注投资组合的“实时”变化。

大量的激进型基金纷纷成立，股权基金的资产规模快速增长。稳健且慎重地作出决策早已不是口号了。基金经理为了获取高薪，盲目追逐时下最热门的交易方式，投资组合的换手率不断上升，他们根本不考虑这样做只能偶尔提高基金的业绩，而且由于顾问费和交易成本，对所有基金经理来说，这根本没有任何作用。“有人赢就有人输”的把戏依然在继续。

产品的多元化

基金产品的多元化与投资文化的改变密不可分。从本质上说，产品种类的多元化部分反映了基金管理公司的市场营销策略，即“我们想开发出尽可能多的基金产品，无论如何，其中至少有一种产品能获得不错的业绩”。过去，基金行业是“生产了什么产品，就卖什么产品”；现在，这个行业变成了“将来什么产品好卖，我们就生产什么”。在共同基金行业中，所谓的“畅销”产品（最新的投资时尚，最热门的行业板块）才是投资者最应当回避的。在投机型基金大行其道的年代，这个问题开始露出苗头，不过直到 1985 年至 2000 年的大牛市期间才开始变得越来越严重。牛市让人们产生了更高的投资预期，尤其是在 20 世纪 90 年代末，科技股价格的飞快飙涨（后来暴跌）进一步提高了人们的预期。基金数量开始猛增。

第 7 章
“共同”基金行业的商业化进程

1951 年当我刚刚进入基金行业时，市场上只有由几家规模较大的企业管理的 125 只基金。时至今日，股权基金的数量已经增长至 5 091 只。加上 2 262 只债券基金、595 只货币市场基金，现在市场中共有 7 948 只传统型基金，再加上 1 446 只在交易所内交易的指数基金（它们一般都是共同基金），这个数字真的令人难以置信。如果你觉得难以选择，那么你就直接扔飞镖吧！投资选择（既包括简单、保守型的基金产品，也包括复杂、荒唐可笑的产品）的多样化是否有助于投资者的利益，让我们拭目以待。但是我对此表示怀疑，而且目前看来，事实似乎支持我的判断。

好消息是很多新基金是债券基金和货币市场基金，它们为投资者提供了更安全的投资新选择。坏消息是在股权基金市场上，大量未经实践检验的投资组合（通常还有未经市场检验的基金经理）让投资者倍感困惑。“如果你想要赚钱，就要选择合适的基金或者基金经理”，这听上去是投资者迫切要做的事情。但是，投资者或者他们的投资顾问怎么可能提前知道哪只基金或者哪位基金经理能赚到钱呢？有多少投资顾问总能轻松地“猜对”，并且很少犯错误呢？

随着基金产品数量的激增，如今规模最大的几个基金集团开始逐渐形成，这导致基金产品的供给量进一步增加。1951 年，行业领导者平均提供 1.7 只基金产品；而如今，平均每家公司提供 117 只基金产品。富达基金公司过去只有一只基金，如今旗下共有 294 只基金。同样，先锋集团在初创阶段也只有一只基金（威灵顿基金），如今旗下共有 140 只基金（具体见表 7–3）。股东们只能相信，这些基金的董事会中的每一位成员都能认真履行他们应尽的受托责任，从而仔细了解并评估基金的所有相关数据，并且确保这些基金在他们的掌控范围内。

表 7–3　　1951 年的基金数量与今日大型共同基金集团基金数量的对比

原名	1951 年的总资产（百万美元）	管理的基金的数量	现在的名称	2013 年的总资产（十亿美元）	管理的基金数量
马萨诸塞州投资者信托基金	472	2	马萨诸塞州金融服务公司（MFS）	128	80

（续前表）

原名	1951 年的总资产（百万美元）	管理的基金的数量	现在的名称	2013 年的总资产（十亿美元）	管理的基金数量
投资者互助基金	365	3	哥伦比亚基金	162	116
Affiliated 基金	209	3	诺德·安博特基金（Lord Abbett）	97	38
威灵顿基金	194	1	先锋基金	2 136	140
伊顿–霍华德基金	90	2	伊顿万斯基金（Eaton Vance）	107	139
富达基金	64	1	富达基金	1 372	294
普特南资产管理投资公司	52	1	普特南资产管理投资公司	59	76
美洲基金（American）	27	2	美洲基金	994	33
T. Rowe Price	1	1	T. Rowe Price	375	106
德雷福斯基金	0.8	1	德雷福斯基金	228	152
合计 / 平均	1 475	1.7	合计 / 平均	5 658	117

随着基金产品数量的激增，基金行业开始遭遇史无前例的新难题：基金的破产率升高。20 世纪 60 年代，每年只有 1% 的基金公司在市场上消失，10 年内破产的基金公司只有约 10%。不过到了 2001 年至 2012 年间，基金公司的破产率达到了每年 7%，因此在这十几年间，约 90% 的基金产品“消失”了，也就是说，很多基金公司都难逃破产的命运。在那段时间，市场上大概有 6 500 只共同基金，其中 5 500 只或被清盘，或被其他基金收购，而且几乎都被纳入同一个基金家族（过去的记录更加令人印象深刻）。假设（我就是这样做的）在下一个十年中，如此之高的破产率依然持续，那么到了 2023 年，如今的 5 000 只权益类基金中，大概有 3 500 只将不复存在，也就是说，几乎每个交易日都会有超过一只以上的基金宣告清盘。虽然

共同基金行业总是骄傲地宣称其产品是专门为"长期"投资者设计的，可是面对这些只能"短期"存在的基金产品，投资者如何才能实现"长期"投资呢？

费率的上涨并没有改善基金的投资收益率

产品数量激增的另一后果是基金成本的快速上涨（这真是太荒唐了）。尽管共同基金的资产规模增长了 5 000 倍（这使得基金公司可以受益于巨大的规模经济效应），但是基金的费率（基金的年费与基金资产之比）却在不断上升。我们看一看自 1951 年以来一直存续至今的八家主要基金管理公司的情况，它们采用的都是传统的行业模式，每家都在积极地管理着旗下的基金投资组合。（其中五家基金管理公司由公众持股；另外三家公司依然是由公司内部人士控制。）自 1951 年至 2012 年，这八家大型基金管理公司的基金费率上涨了 84%，即由原来的 0.62% 上涨至 1.15%（具体如表 7–4 所示）。费率上涨幅度最大的四家基金管理公司都是公众持股公司。相反，唯一一家采用共有制的基金管理公司（先锋集团，它从 1974 年成立伊始就一直采用这种所有制结构）却将费率由原来的 0.55% 下降至 0.17%，这相当于单位成本下降了 69%。那些采用传统商业模式经营的基金管理公司的费率上涨了 84%，而采用新型商业模式的一家基金管理公司的费率却下降了 69%。毋庸置疑，这种鲜明的对比或许传递出了某种信号。

表 7–4　　共同基金在 1951 年和 2012 年的费率

传统的行业运营模式	1951 年	2012 年	变化
马萨诸塞州投资者信托基金 / 马萨诸塞州金融服务公司（C）	0.42%	1.33%	+220%
投资者互助基金 / 哥伦比亚基金（C）	0.56	1.23	+121
伊顿 – 霍华德基金 / 伊顿万斯基金（SH）	0.64	1.32	+108
普特南资产管理投资公司（C）	0.66	1.31	+98
富达基金（P）	0.63	1.04	+65
T. Rowe Price（SH）	0.50	0.81	+62

（续前表）

传统的行业运营模式	1951年	2012年	变化
Affiliated/ 诺德·安博特（P）	0.75	1.14	+53
美洲基金（P）	0.84	0.98	+17
平均	0.62%	1.15%	+84%
新型行业运营模式			
威灵顿基金 / 先锋基金	0.55%	0.17%	–69%

注：所有制类型：C代表集团（conglomerate）；SH代表拥有公众股东；P代表私人企业；M代表共有制。

表7–4中的数据反映了每家基金管理公司管理的基金的平均费率水平，没有进行资产加权处理。虽然资产加权费率只是一个估值，但我们确定，投资者在1951年向这八家基金管理公司总共支付了5 800万美元的费用（按照2012年的美元价值核算），而到了2013年，这一数值变成了260亿美元，也就是说，投资者付给基金管理公司的费用涨了400倍。费率看上去不高，然而实际支付的金额却是另外一回事。有人可能会认为可利用的资源增加了这么多，那么基金管理公司的选股水平、价格发现功能、投资组合策略以及为股东赚取的收益（相对于股票市场指数）应当也有所提高吧？没有任何“有力证据”证明是这样的。[①]没有。

基金行业的集团化趋势

在我看来，基金管理公司的共有制发挥了很重要的作用（也许是最重要的作用），这改变了整个基金行业的文化和结构。这一切最初都源于美国联邦第九巡回上诉法院（旧金山）作出的一个错误决定，即允许保险证券公司（Insurance Securities Incorporated，ISI）这家基金咨询公司溢价卖掉自己持有

① 诺贝尔奖得主保罗·萨缪尔森在其于1974年发表在《投资组合管理期刊》创刊号上的题为《对判断力的挑战》（*Challenge to Judgment*）的文章中曾提到，学者们一直没能系统性地寻找到业绩出众的积极型基金管理公司，他还说提供证据的责任应由积极管理模式的支持者来承担，他们也许能找到“恰恰相反的有力证据”。

的基金公司的股权。美国证券交易委员会认为这笔交易相当于卖掉了托管人的义务，因此违背了受托责任。上诉法院于1958年4月7日作出了这一决定，因此对于共同基金的股东来说，这是耻辱的一天。这个对未来有着重要影响的事件（因为时间久远，已经被很多人忘记了）彻底改变了游戏规则。[①]这就向公众持股基金管理公司打开了“泄洪”的闸门，即为基金管理公司提供了巨额的潜在收益，而这不可避免地要以伤害股东的利益为代价。

我记得，从1924年一直到20世纪50年代，除了一家公司以外[②]，基金行业排名前50的大型基金管理公司基本都是由专业的投资专业人士掌控全局的，这些公司要么采用的是合伙制，要么不公开招股。但是就在第九巡回上述法庭作出上述决定后的十年中，几十家共同基金管理公司上市了，并把它们的股票卖给了大众（不过基金经理依然把持着投票的控制权）。美国以及全球的大型金融集团终有一天会把大部分新上市的基金管理公司都纳入囊中，这只是时间问题，而且很多采用私有制的基金管理公司也面临着同样的命运。显然（它们在收购时甚至可以适度让步），这些并购企业要为自己投入的资本赚取高额回报，并且把迅速发展的基金行业视为一座巨大的金矿。（确实是！）但是，所谓的“高额回报”是要以基金投资者的利益受损为代价的，而这些投资者将资金委托给基金管理公司，他们才是基金管理公司应当服务的对象。

正如图7–4所示，这种变化涉及的范围非常之广。当今50家规模最大的共同基金公司中，只有9家依然坚持着私有制，其余40家由公众股东持有，这40家中有30家被金融集团收购。唯一一种与众不同的所有制结构便是先锋集团采用的“共有制”，即基金管理公司由基金股东所有。所有的上市基金管理公司都有外部股东，这些股东面临着明显的潜在利益冲突，这个问题让我至少担忧了40年。正如我在1971年写给威灵顿公司高管的一封信中所说的那样（当时我们公司的大部分股权掌握在外部股东手中）：

① 讽刺的是，保险证券公司几十年前就倒闭了，有关它的所有记录都消失在历史的垃圾箱中。

② IDS公司（现在改名为阿莫普莱斯/哥伦比亚集团）是唯一的例外。

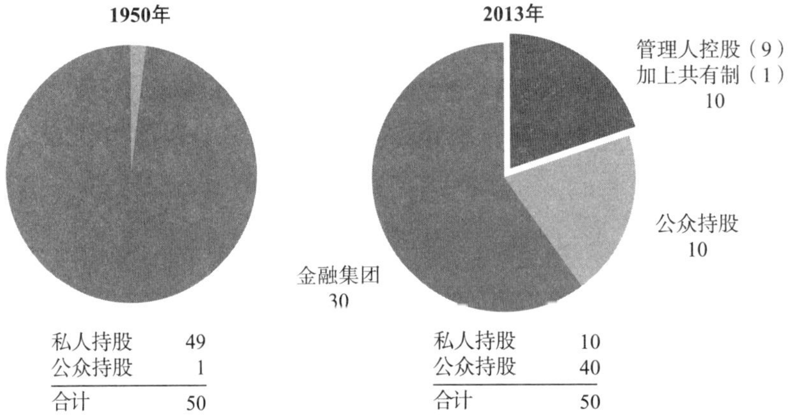

图 7–4　1950 年和 2013 年，50 家规模最大的共同基金管理公司的所有权结构

> 我要坦诚说出我长久以来的一个成见：考虑到所有的一切……专业公司拥有公众股东，这并不可取……公众持股所引发的盈利压力以及盈利增长的压力刚好与专业机构的责任化运营背道而驰。

尽管“集团化”趋势对金融业的未来影响深远，但是人们却不知道，它也是共同基金行业发生的种种变化的始作俑者。如今，金融集团持股已经成为主要的行业运营模式。据我所知，1951 年，整个行业中只有一家金融集团股东。毕竟，那时大多数基金的资产规模加在一起才不过区区 100 万美元，远远不能满足这些饥饿的并购者的胃口。但今时今日，并不是所有大型基金公司都听从了金融集团的召唤。三家规模最大的基金集团先锋、富达以及美洲基金依然是独立的。仅仅这三家公司就管理着 4.4 万亿美元的资产，大概占整个共同基金行业总资产的 30%。

尽管大多数私营企业都在有序成长，然而很多上市公司却在依靠并购快速扩张自己的规模，这种方式对于美国企业界的商业巨头来说并不陌生。例如，阿默普莱斯金融集团（阿默普莱斯 / 哥伦比亚基金的管理者）一共收购了 12 家原本独立运营的基金管理公司。黑石集团大部分的基金资产也来源于收购：2009 年收购了巴克莱环球投资者公司，2006 年收购美林资产管理公司，2005 年收购了美国大都会人寿保险公司（MetLife）旗下的道富资产管理与研究公司（State Street Management and Research Corporation）。（这次并购交易完成后，业内历史第二悠久的基金道富投资公司被清算。至今我依然为这样的结局感到悲伤，就像失去了一位家人一样。）另一家大企业富兰克林资源公司（Franklin Resources）则是 1992 年富兰克林集团（Franklin Group）与邓普顿集团（Templeton Group）合并的产物。这样的事情太多了。

是的，向共有制打开大门所带来的问题正是半个世纪前在证券保险公司那个案子中证券交易委员会所担忧的问题，即管理合约的“非法交易”，它有可能严重侵蚀受托责任的重要功能，而受托责任是早年间基金行业赖以生存的主要支柱。即使是产品数量激增也无济于事。因此我会反复重申：如果独立的基金董事同时在多个基金董事会中任职，那么他应当如何履行其受托责任呢？

问题是什么？一仆不能侍二主。如果一家基金管理公司被大型集团控股（甚至是公众股东），那么利益冲突会非常明显。即使是金融集团在内部设立一家基金管理公司，集团的目标也是要为自己投入的资本赚取最大的回报。这就是美国人做生意的方式！他们的想法是：通过聚集资产和创造新产品来最大限度地赚取管理费，并且抵制费率的降低。而基金的规模经济效应本可以带来费率的降低，而这能让基金投资者受益。

董事的受托责任冲突

当然，基金股东的利益诉求刚好相反。更低的费率会使他们受益，这有助于增加他们实际的投资收益。这样想一想：金融集团的管理者和董事肩负着要增加公司股东投资收益的受托责任。然而，他们也肩负着帮助共同基金股东实现收益最大化的受托责任。同时侍奉两位主人所导致的冲突只会让他们“爱一个，而恨另一个”。显然，公司股东是获得爱的一方。解决这种根深蒂固的利益冲突只有一个方法：联邦政府通过制定法规来禁止控股集团持有基金管理公司的股份。[①]

---

① 美国投资公司协会（Investment Company Institute，ICI）似乎还不明白这种区别。近期，该协会声称：“基金顾问和基金董事都是受托人，因此必须按照基金及其股东的最佳利益行事。”但是，它却忽视了明显的利益冲突，即投资顾问和董事会也对基金管理公司的股东有受托责任，这与他们应当对基金股东负起的责任刚好产生了冲突。

指数策略的胜利

如果 1958 年 4 月 7 日是一个永远让共同基金股东牢记的耻辱日，那么 1975 年 12 月 31 日就是一个让共同基金管理公司永远铭记的耻辱日。就在那一天，先锋集团，这家在七个月之前刚刚开始营业的新的共同基金公司正式向特拉华州提交了新成立共同基金的信托声明，承诺不会采用积极管理模式。这只新成立的基金最初被命名为“第一指数投资信托”（First Index Investment Trust），它是世界上第一只指数型共同基金。

有趣的是，它的诞生实际上是一次“分别”的产物。（现在，这反而成了一个悖论！）1966 年，我作为历史悠久的威灵顿管理公司的总裁，用一次合并赌上了公司未来的命运。我们与波士顿的一家小型的基金管理公司进行了合并，这家公司由桑代克（Thorndike）、多伦（Doran）、佩因（Paine）和路易斯（Lewis）这四位激进的权益类基金管理人运营着。当时，该公司有一只名为 Ivest 的基金，这只基金管理着规模日益扩大的养老金市场。我相信，它有足够的投资能力帮助我们更高效地管理威灵顿基金的投资组合。

是的，那时我年轻又愚蠢，而且更糟糕的是，我错了。两家企业合并后，一度也曾兴旺过，然而这种兴旺只持续了一段时间，直到“投机基金”时代才最终走向不可避免的落幕。1973 年伊始，股票市场开始了跌幅高达 50% 的暴跌，Ivest 基金的情况更糟糕，损失再也无法弥补。（Ivest 基金不得不清盘，而它在波士顿的另外两只兄弟基金也被迫清盘。）更糟糕的是，威灵顿基金的业绩持续恶化。事实上，这就是一场灾难，1967 年至 1977 年间，威灵顿基金是所有平衡型基金中业绩最差的一只。我们新的商业模式跌跌撞撞，最终以失败告终。在合并交易中，我将大部分投票权让渡给了新成立的基金管理公司，结果正是他们把我从威灵顿投资管理公司总裁的位置上赶了下来。1974 年 1 月 24 日，罗伯特•多伦（Robert Dolan）取代了我。

我让那些比我更聪明的人来解释为什么这一切是不合逻辑的。但是我知道，这是我整个职业生涯中最伤心的时刻，是的，直到那时为止，唯一一个令我伤心的时刻。我决定奋起反击。在被威灵顿管理公司解雇后（事实上是

“满怀激情地被解雇”)，我继续担任着威灵顿基金以及其他11只兄弟基金的董事会主席一职。基金公司和基金管理公司的董事会职能存在着很大的重叠部分（这就是共同基金行业！)，但是按照法律规定，基金公司必须拥有多位独立董事。据我所知，基金行业中从未出现过这样的权力斗争。我确定，这样的事情迟早要发生。

这个故事说起来又长又复杂，这里不便详述。（你要想了解更多信息,《投资还是投机：资本市场的沉沦与角逐》一书中详细记叙了该事件。）我直接说结果：我成功了。即使是《纽约时报》也不知道究竟发生了什么。1974年3月14日,《纽约时报》最初对该事件的报道所用的标题是“前任基金总裁回归”，后来这篇报道被修改了，文章的内容和我的照片没有变，但是原始标题末尾用了一个巨大的问号。我摘录了其中的几句话。

> 约翰·博格于（1974年）1月下旬被迫辞去了威灵顿管理公司的总裁和CEO一职，其同伴正努力通过下一次董事会会议帮助其回归。董事会会议计划于一周内举行。
>
> 据悉，博格先生相信，这也许是一个让基金变更为“共有制”或者接管其投资顾问的合适机会。

但是，令人不安的问号沉默地诉说着这场权力斗争依然在继续。

六个月后，基金公司的董事会最终作出了与所罗门王类似的决定：把孩子劈成两半。“波士顿”依然是基金的投资顾问和分销商；“费城”由我管理，承担基金的管理、会计、保存记录以及其他辅助性工作，并负责评估投资顾问和分销商（当然，指的是威灵顿管理公司）的业绩。这是基金行业历史上第一次共同基金独立于其管理公司，可以完全自由地为其股东的利益服务。

基金公司的董事会接受了我的提议，要将公司改制为真正的共有制结构，即新公司由基金公司自己所有，以收回成本作为基础为股东提供服务。在作出决定的漫长过程中，另一场颇具争议的投票让董事会最终批准了我为新公司取的名字：先锋。先锋集团于1974年9月24日诞生。[①]我接受了我的新工作，然而就在八个月后，“满怀激情的”我第二次被解雇了。

当我思考近几年先锋集团的首要任务时（那时公司管理的基金资产仅有14亿美元），我回想起了自己在大学完成的毕业论文。我决定用现实证明这篇论文的结论：共同基金“不要求优于市场的平均收益率”。我用计算器和算尺算了一下，发现在过去30年中，共同基金管理公司几乎没有跑赢过市场（用标准普尔500指数作为标准）。显然，这证明指数基金投资策略的持续优越性。同样重要的是，我得到了诺贝尔奖得主保罗·萨缪尔森强有力的鼓励，就是之前提到的那篇名为《对判断力的挑战》的文章。结果就是先锋集团创立了世界上第一只指数型共同基金。

尽管数据很有说服力，但是董事会仍然表示怀疑，因为与我们“敌对”的合伙人授意董事会不允许先锋集团向这些基金提供投资顾问服务。不过，当我向董事会解释说指数基金不需要顾问时，董事会勉强同意了我的提议。对基金管理公司来说，这个耻辱日“从根本上改变了整个行业，促使其朝着最理想的方向发展”，这句话正是萨缪尔森教授在1993年为我的第一本书[②]所写前言中的一句话。这确实是一条更好的发展道路，这条道路致力于将共同基金股东的利益摆在首位和中心。

1976年8月31日，第一指数投资信托进行了首次公开募股（IPO）。这次公开募股并不成功。承销商只募集到了1 100万美元的资产，而我们的目标是1.5亿美元。多年来，该基金发展停滞不前，行业领先者曾多次公开对此表示嘲讽。（“你不甘心于接受‘水平一般的’脑科手术，那么为什么会甘愿接受这种‘普普通通的’基金产品呢？”）[③]来自中西部的经纪公司在华尔街到处

① 人们可以轻易判断出，1974年9月24日是先锋集团打破常规的日子，这个日子也是其他基金管理公司永远铭记的耻辱日。

② 即《博格谈共同基金》（*Bogle On Mutual Funds*）。

③ 富达基金公司的主席爱德华·约翰逊三世（Edward Johnson III）怀疑富达是否应当跟随先锋的创新脚步。“我不相信，”他告诉媒体，“大部分投资者只满足于平均收益。要做就要做到最好。”如今，富达公司掌管着1 400亿美元的指数基金资产。

张贴海报，海报上愤怒的山姆大叔正在用一个巨大的图章在指数基金的认购凭证上加盖着“撤销”章。海报上写着：“帮我们消灭指数基金 / 指数基金是非美国式的！”

在第一指数投资信托的发展初期，数据方面的缺陷使该基金的收益总是落后于基金管理公司的平均收益，这让事情变得更糟。该基金几乎没有吸引到额外的新增资产。即使是与资产规模为 4 000 万美元的先锋积极管理型基金合并，直到 1982 年，该基金的总资产也没有突破 1 亿美元大关。[①] 事实上，直到 1984 年，第二只指数型共同基金产品才面世。到 1990 年，5 只指数基金的总资产已经达到了 45 亿美元，仅占股权基金总资产的 2% 左右。指数化策略的尝试之路走得磕磕绊绊。

指数化投资策略的胜利

但是，正如多年前托马斯•潘恩曾说过的那样：“冲突越激烈，成就就越显赫。”正如保罗•萨缪尔森的预测一样，指数化投资策略改变了基金行业，促使其朝着更好的方向发展。1996 年，指数基金的资产快速增长至 1 000 亿美元；2006 年，资产增长至 10 000 亿美元；如今，这个数值已经变成了 20 000 亿美元左右（如图 7–5 所示）。所以，我认为这一小节的标题用“胜利”这个词一点也不夸张。想想看，在过去的五年中，投资者从积极管理型权益类基金中撤出的资金高达 3 860 亿美元，而向消极管理型指数股权基金投入了 6 670 亿美元，也就是说，投资者偏好造成了 10 000 亿美元资产的转移。如今，消极管理型权益类指数基金的总资产大约相当于积极管理型权益类指数基金总资产的 40%，指数化策略的突出表现得到了几十篇、甚至上百篇独立学术研究的肯定，没有人提出任何异议。指数基金的增长肯定还会继续，甚至有可能在今天如此庞大的基础上加速增长。

---

① 1980 年，第一指数投资信托改名为先锋 500 指数基金。

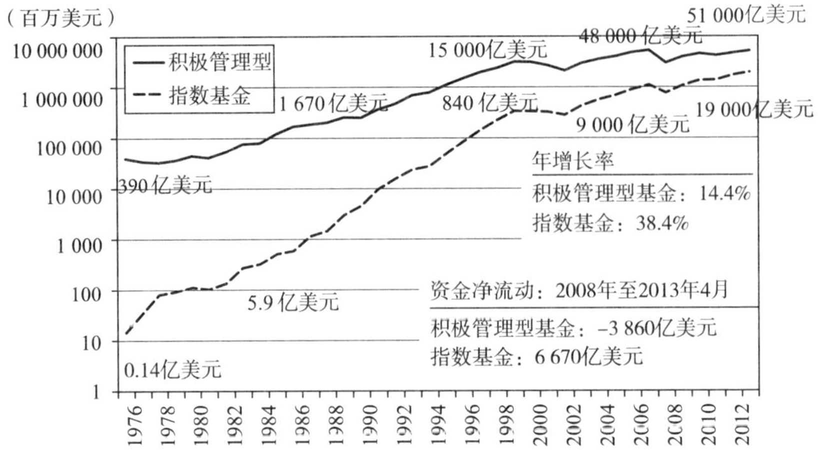

图 7–5　权益类基金（积极管理型基金与指数基金）的资产增长情况

美国商业的道德史

1958 年 4 月 7 日和 1975 年 11 月 31 日这两个耻辱日正好是对立的两极。集团化让共同基金的投资者背上了沉重的投资成本负担，降低了他们的投资收益；而指数化投资策略由于成本极低，从而让基金投资者自然而然地享受到了收益的增加。基金投资者和基金管理公司应当吸取两个教训。第一个教训是受托人权力的削弱；第二个教训是对受托责任的支持。那么还有其他的经验教训与金融道德或者管理有关吗？我们的金融体系是否存在内在的道德文化？我们的社会会要求商业成功与社会目标相和谐吗？讽刺的是，这些带有煽动性的问题同样出现在载有《在波士顿赚大钱》一文的那本《财富》杂志中。

这篇长文题为《美国商业的道德史》（*The Moral History of U.S. Business*）。文中提到，美国商界领袖“不会只为了钱而工作。在他们辛苦工作的背后，至少有十几个非营利动机在激励着他们：对权力或者名望的热爱、利他主义、好斗、爱国主义、希望自己借助产品或者机构被大众铭记等。美国的商业领袖几乎没有纯粹的经济人……那么我们要问的是，”《财富》杂志又写道，“这些商业领袖要用怎样的道德规范为自己行使的社会权力来背书呢？”

这篇文章简要回顾了从殖民时代开始，美国商业领袖的价值观变化历程。文中首先提到的是本杰明·富兰克林，[①]他把自己的企业视为自己其他所有事业的根基。他用自己最喜欢的一句话限定了自己以后要做的事，即“节俭和勤奋”，他说这是“创造财富并保持美德的方法”。

《财富》杂志还引用了下面这段话。

> ……1844 年，《美国商人的生活》（*Lives of American Merchants*）这部小说描述了那个时代商人们的普遍特征。这本书谈到了威廉·帕森斯（William Parsons），一个正直的新纽约人。书中说：“好商人是不会着急变成有钱人的……他知道自己不仅仅是一位商人，更是一个人，他想提升自己的思想境界，想让心灵更加丰富，[②]想让自己的品格更加坚毅。虽然他们是商人，想要去冒一些风险，但是他们不愿意拿一切来冒险，也不会孤注一掷……毕竟，他认为不应当把别人委托给他管理的财产都冒险用在某家岌岌可危的公司身上……他要小心地做到绝不浪费、量入为出……他的生活方式简朴，不铺张浪费，他会杜绝所有轻浮且愚蠢的支出项目……”

这本书写于 150 多年前的 1844 年，书中描述的这种品格、审慎和正直的精神值得如今的共同基金经理以及董事会认真思考。只有这种精神才能让专业投资者和金融机构重新树立正确的价值观和行为操守。

清教徒式的波士顿与贵格会教徒式的费城[③]

距离我读到《财富》那篇文章已经过去了 60 多年，现在依然是“在波士顿赚大钱”。虽然波士顿不再是基金行业的中心，但是总部位于波士顿的基金

① 具有讽刺意味的是（考虑到随后发生的事），富兰克林出生于波士顿，但是他在年轻时移居费城，并在那里度过了他的职业生涯。

② 有些读者可能知道，1996 年我接受了心脏移植手术，因此在过去的 17 年中，我一直在慢慢培育一颗新的心灵。

③《清教徒式的波士顿与贵格会教徒式的费城》（*Puritan Boston and Quaker Philadelphia*）是 E. 迪格比·巴茨尔（E. Digby Baltzell）的著作，该书对两座城市的不同文化进行了对比。

管理公司依然掌管着高达 2.2 万亿美元（18%）的行业资产，相比于 1951 年最顶峰时的 46% 下降了很多。波士顿失去的市场份额有一半被费城所占份额的提高所抵消——费城占基金市场的份额由原来的 7% 上升至 18%（如图 7–6 所示）。无论我们是否喜欢，这都是一个非常重要的变化，不仅是行业中心的地理位置发生了变化，而且很多公司的商业模式也发生了变化。

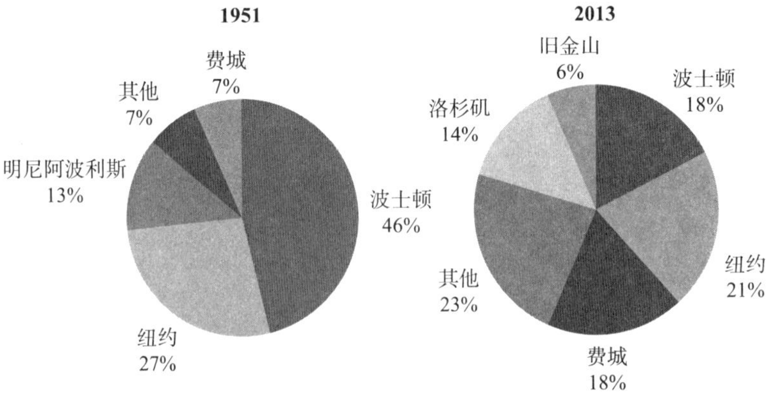

图 7–6　在波士顿赚大钱——规模依然很大，但不再占据主导地位

行业结构的重要性

为什么波士顿失去了这么多市场份额，而费城却抢到了这么多份额？主要原因是马萨诸塞州投资者信托公司放弃了原来清教徒般的商业模式，而先锋集团恰恰相反，选择了贵格会教徒式的全新商业模式。对于这两家公司而言，结果的不同归根结底在于它们选择的商业模式和商业策略是不同的。如今，基金行业有共有制、私人持股、公众持股和金融集团持股四种商业模式，也就是说，所有制结构对基金公司作出投资决策起到了重要的影响作用（即积极的财务管理和消极的指数化管理）。经济学家、著名作家彼得•伯恩斯坦（Peter Bernstein）为我于 1999 年出版的《共同基金常识》一书撰写了前言。在文中，他清晰地阐述了这几种模式的差别。

……个人投资者的财富积累无法与管理这些资产的行业的结构分割开。博格很清楚所有制结构对个人投资者的福利有何影响，他非常重视投资者福利，而这也使本书很值得一读。

1969年，马萨诸塞州投资者信托公司放弃了先前为其带来巨大成功的商业模式（主要关注审慎托管和低成本），变成了一家以追逐利润为目标的私营企业，马萨诸塞州金融服务公司是其所有者，即托管人，负责管理基金公司的事务以及分销业务。1976年，新东家以利润可观的价格把马萨诸塞州金融服务公司卖给了一家公开上市的加拿大保险公司——永明人寿保险公司（Sun Life）。[①]因此，该公司的成本率由1961年非常低的0.17%快速上升至2012年的1.33%，令人吃惊地增长了700%，这已经成了目前基金行业内最高的费率。1949年，该公司曾占有15%的市场份额，然而这个数字一路下滑，目前仅为1%。（马萨诸塞州金融服务公司也为投资者提供指数基金产品。）对于收购它的金融集团来说，它依然是座金矿。仅在1995年，永明人寿保险公司就因持股马萨诸塞州金融服务公司而拿到了40亿美元的利润。读者们可以自己判断一下，证券交易委员会对管理合约非法交易所作出的结论，即非法交易受托责任是否有根据。

共有制将成本降至最低

马萨诸塞州投资者信托公司原本是波士顿这个城市清教徒式商业模式的典范，其商业模式的变化留下的空白很快就被位于费城的先锋集团这个贵格会教徒所填补。[②]秉承节俭和简单这种贵格会教徒的优良作风，先锋集团采用的新式共有制结构将成本降至最低：2012年，先锋集团的费率仅为0.17%（小于0.25%），只相当于马萨诸塞州投资者信托公司单位成本的1/8。先锋指数基金的投资策略只是买入并持有标准普尔500指数的500只样本股，然后以极低的成本将其收益交给投资者，它是帮助先锋集团成为行业领导者的主要力量。

① 与之类似的是，1970年，可靠的普特南管理公司也被其原来的所有者，即基金管理公司/托管人卖给了美国保险巨头威达信集团（Marsh & McLennan）。2008年，普特南管理公司以接近40亿美元的价格被再次转售给另一家加拿大金融控股集团。该公司的基金资产规模由1999年的2 500亿美元下滑至如今的600亿美元。

② 虽然我深深地信奉着贵格会教徒的行为准则，但我并不是公谊会的正式会员。

先锋集团目前管理的资产高达 2.2 万亿美元，如此迅猛的增长速度充分说明了指数化策略是成功的，它为投资者提供了股票基金、债券基金以及货币市场基金的中间路线。而且，大多数投资者已经意识到，基金的运营成本越低，他们的收益率就会越高。2012 年，先锋集团管理的股票基金和债券基金的资产所占的市场份额达到了 17% 这一史无前例的水平。市场份额的持续增长看起来完全有可能实现，因为自 2010 年起，基金行业的新增现金流有 70% 都流向了先锋集团。看来，市场份额的增长只不过是时间问题，除非出现了强有力的挑战者。挑战者要做到的事也很简单：以较低的成本运营，管理更多的指数基金，减轻对市场营销的重视程度（和降低成本），并且在管理基金时把投资者的利益始终摆在第一位。但是，考虑到众多基金管理公司都是上市公司，它们要把为公众股东创造更多的利润摆在首位，因此要做到上面所说的几点并不容易。

消费者的利益必须是基金管理公司的终极目标

所以，这些问题彼此之间都是有联系的。基金管理公司的首要目标应当是什么呢？是其基金股东的利益，还是基金管理公司所有者的利益？亚当·斯密在《国富论》（*the Wealth of Nations*）一书中给出了明确的答案。

> 我们应当考虑到生产商的利益，但这只是因为它是提高消费者福利的必要因素。这条准则完全是不证自明的，因此任何人想尝试证明它的做法都是荒唐可笑的……消费者的利益必须是所有行业和商业的终极目标。

虽然我希望我的同行们个个安好，尤其是那些身处波士顿的同行，毕竟那里是基金行业的诞生地，但是目前基金行业的现有商业模式所面临的挑战是十分严峻的。当然，先锋模式并不是唯一的方式。但是无论别人选择哪种方式，我相信我们都要遵守一条核心法则，而这条法则一直指引着我度过这么多年的职业生涯。毋庸置疑，刚开始时我全凭借着好运气，所有的故事都开始于刊登在《财富》杂志上的那篇文章——《在波士顿赚大钱》，它启发着我完成了我的毕业论文。最后，我想表达的意思与引用的亚当·斯密于1776年说过的话相类似，即“投资公司的核心作用应当是为其股东服务”。将来，这条法则应当成为我们基金行业的基本信条。

最了解博格的人对他的评价

◎伯纳德·劳恩医生[①]

有时我们应当回头看一看。42年前，当我们第一次见面时，根据我的专业经验，像你这样的心脏，你生命剩下的时间只能用月来计算，甚至你可能连40岁的生日都挺不到。

你不仅顽强地活了下来，还拓展了生命的深度和广度。几年前，《时代周刊》称赞你是“领袖和革命家，建设者和巨人”，是世界上最有影响力的人物之一。几周前，《纽约时报》在寻找“道德权威方面的智者”时，也把你视为“在这个混乱的年代中，仅有的几位愿意发出理智和诚实声音的人之一”。

几十年过去了，你依然在无所畏惧地大声疾呼，就像远古时代的希伯来预言家一样，揭露那些有损于“资本主义精神”的行为和做法。你强烈反对华尔街很多企业不道德的做法。你认为那些只顾自己赚钱、不择手段的企业必将倒闭，这是检验成功的唯一方式。你没有仅仅大声反对贪婪的风气，你还推出了一种全新的投资方式。你让“共同基金”真正变成“共同”所有，而且继续专注于遏制市场上狭隘的利己主义风气。

你是如何用这颗下一次不确定能否跳动、下一次收缩都不确定的心脏取得了这么多的成就呢？我对你钢铁般的意志和果敢的行为表示惊叹。医学的发展当然有助于延长你的生命。但是，光靠医学是无法帮助你实现约翰·博格的奇迹的。

① 伯纳德·劳恩（Bernard Lown）医生世界著名心脏病专家，除颤仪的发明者，社会责任医生组织（Physicians for Social Responsibility）创始人，国际防止核战争医生组织（International Physicians for the Prevention of Nuclear War，IPPNW）的共同创始人。

你教会了我一个深刻的道理：克服千难万险活下来需要一些无法用科学衡量的无形力量，即定义了人类自我意识的伟大力量。它包括服务他人的奉献精神、无所畏惧的先锋精神以及在改变世界过程中的快乐。这样的自我认知会让你把忠诚的家人和密友团结在一起，把自己与未来紧密地联系在一起，哪怕成功的可能性也许非常小。因此，你实现了有价值的人生。

你还教会我有道德的生活可以影响那些有缺点的人。你把这当作治疗人类对无常感到恐惧的药。所以，谢谢你。虽然我很荣幸成为你的主治医生，但是你能成为我的人生导师，这是我更大的荣幸。

祝福你在接下来的岁月中的生活更加充实。

2009 年 5 月

The Man in the Arena

Vanguard Founder John C. Bogle and His Lifelong Battle to Serve Investors First

第三部分

约翰·博格对指数基金的愿景

对很多投资者来说，约翰·博格与指数基金就是同义词。在本书的第三部分，晨星公司 CEO 乔·曼索托（Joe Mansueto）会用题为《指数基金革命》（*The Index Fund Revolution*）的文章简单介绍一下指数基金，随后指数基金行业内的众多领军人物将参与讨论。曼索托重点讲述了指数基金的发端、挣扎以及最终占据市场主导地位的全过程。他的结论很简单："指数基金是杰克掀起的一场革命"。

然后是博格于 2004 年在华盛顿州立大学的盖瑞·布林森杰出名人演讲大会（The Gary M.Brinson Distinguished Lecture）上发表的一次题为《随着指数基金由异端变成信条……我们还需要知道什么》（*As The Index Fund Moves from Heresy to Dogma...What More Do We Need To Know*）。他首先回顾了指数化投资策略在早年间的"革命"以及行业领导者最初对其的不屑一顾，包括被人指责为"非美国式的"。博格还对积极管理这个"好主意"作了评价，他的结论毫不令人惊奇：它根本就没有什么好主意。

最后，我们从《指数期刊》（*Journal of Indexes*）近期的专刊中摘录了一些文章。该期刊的编辑吉姆·韦恩德（Jim Wiandt）用这些文章表达了他对"了不起的、非常诚恳且睿智非凡的约翰·博格"的赞美之情。众多业内名人纷纷对博格的贡献作出了公正且客观的评价，并回答了以下问题："你认为约翰·博格哪里做错了？"普林斯顿大学教授波顿·马尔基尔、先锋集团的格斯·索特、晨星公司的唐·菲利普斯（Don Phillips）、作家和理财顾问威廉•伯恩斯坦（William Bernstein）、投资经理泰德•阿伦森（Ted Aronson）等人举行了圆桌讨论会。最后发言的是标准普尔公司的大卫•布力策（David Blitzer），他称赞博格“让普通投资者投资于整个市场的梦想变成了现实”。

指数基金革命

◎乔•曼索托，晨星公司创始人和 CEO

约翰•博格取得了诸多伟大的成就，例如创建了世界上规模最大的共同基金公司、亲身示范资产管理公司的管理职责，以及让普通投资者也可以拥有迄今为止成本最低的基金产品。在所有成就中，也许最伟大的成就就是将指数基金引入市场。

请注意，对博格来说，将指数基金引入市场需要一些耐心。指数基金并不是一夜成名。先锋 500 指数基金是世界上第一只指数基金，在推出五年后，它依然是世界上第一只且唯一一只指数基金。又过了五年，市面上才开始零星地出现了其他几只指数基金产品。虽然这几只成立时间较短的基金的资产规模很快就增长至 100 亿美元，但是已经运营十年之久的先锋指数基金却依然步履蹒跚，还在尝试突破 10 亿美元的大关。

先锋 500 指数基金又花了整整十年，直到 20 世纪 90 年代中期才终于突破了 100 亿美元的关口，成为美国规模最大的基金产品之一。但是即使到了那时，所有的指数基金加在一起的资产总和也仅占行业总资产规模的 1% 左右。指数基金依然是小众产品，只有几家基金公司在做，一小群投资者在交易。它们就像是小众化的“邪典电影”（cult film）。

再来看看现在。市场上共有 1 000 多只指数基金，美国国内几乎每一家主要的基金公司都在为投资者提供指数基金产品。指数基金管理的资产总规模达到了 1.5 万亿美元，占美国共同基金市场总资产规模的 15%。而且，指数基金的存在还促使人们发明了 ETF。过去十年，ETF 非常火爆。在指数基金中，目前美国的 ETF 市场规模为 1.1 万亿美元。

第三部分

约翰·博格对指数基金的愿景

指数化运动开始在全球范围内蔓延。作为一种彻头彻尾的美国发明，指数化投资策略在国际市场上的传播速度甚至比在美国国内还要慢。不过，这种投资策略在美国国内市场的大获成功开始吸引跨国基金公司和国际投资者的注意。共同基金以及后来出现的 ETF 突然随处可见了。

在非美国共同基金市场中，指数基金管理的资产规模约为 2 500 亿美元，大概占这个市场总资产规模的 2%。虽然这个比例比较低，但是想想看，20 世纪 90 年代时美国国内指数基金所占的市场份额仅为 1%，前者至少是后者的两倍。海外 ETF 又贡献了 6 500 亿美元的资产，于是全球范围内的指数基金的总资产规模（包括传统的指数基金和 ETF）达到了 3.5 万亿美元。换句话说，美国的每个男人、女人和孩子，人均对全球指数基金的投资额超过了 10 000 美元。

约翰·博格就是开启这一切的人。说实话，博格成年后的所有时间都在为这一刻做准备。作为普林斯顿大学的学生，他在准备毕业论文时认真研究了共同基金。令导师惊讶的是，博格发现大多数由专业人士管理的基金的收益率竟然低于未经过任何“管理”的指数——标准普尔 500 指数。

这个发现并没有直接导向指数基金这个新概念，但是已为它做好了铺垫。在接下来的 15 年中，金融专业人士和机构投资者都看到了博格收集整理的数据，他们得出了一个理论：股票市场并不像专业投资管理公司所描述的那样，是个狩猎场，而是一个残酷无情的竞技场（用他们的话来说，这是个有效市场），众多卖家与买家聚在一起，收集几十亿份数据和信息并加以分析，最终确定一个接近于客观“正确的”成交价。

如果这个理论反映的就是现实，那么买入能跑赢市场的基金产品就成了傻瓜的游戏。一些基金过去取得的业绩完全是因为运气好，不多也不少。让 1 000 个人每人掷五次骰子，其中某个人可能会掷出五个骰子点数都一样的情况。这并不能说明这个人特别擅长掷骰子，只能说是碰巧罢了。同样，按照有效市场理论，基金的收益率高于市场的平均收益率也是碰巧而已。

从这个逻辑出发，我们找到了支持指数基金的论据。如果基金管理公司只是运气好而不是能力高，而且能力的高低也无从判断，那么基金投资者应当转而寻找那些可由自己控制的要素，即成本和多样化。我们要选择这样的基金产品：成本低廉，投资组合包含整个市场，而非一部分市场，从而使基金实现最大可能的分散化，而且不会错过最热门的股票。也就是说，我们要选择指数基金。

约翰•博格准备好了。在普林斯顿大学上学时，他就发现没有理由相信投资组合经理的平均收益率会比市场平均收益率更高。由于投资组合经理的平均收益率没有扣除基金的运营费用，因此扣除基金的官方费用和非官方的交易成本后，最终的净收益率必然要明显低于市场的平均收益率。因此，当博格在 20 世纪 70 年代看到第一篇讨论指数基金的文章时，结论对他来说已经再明显不过了。

然而，对于投资行业内的其他人来说，结论似乎没有那么明显。除了博格以外，很少有人会关注这个新理论。支持指数基金的论文总是充斥着大量的数学公式，而且看上去很难让投资经理在实际操作中有所借鉴。而且，哪个头脑正常的人会满足于不做任何进一步的研究就把整个市场上的证券都买下来呢？

约翰•博格就是愿意这样做的人。他需要的只是机会而已。1974 年，他终于等到了机会。那一年，博格获得了对一家新基金公司——先锋集团的控制权。很快，他提交了文件，准备发行世界上第一只指数型共同基金，该基金最终于 1976 年年初正式公开发行。第一指数投资信托（于 1980 年更名为先锋 500 指数基金）发行时，市场上已经有与指数挂钩的投资产品向机构投资者出售了，但是还没有面向普通投资者的共同基金产品。

从初次亮相开始，这只基金就不太顺利。它不仅被别人批评说是“非美国式的”，而且它发布的时机实在太糟糕了，没办法好好地向公众展示它的投资策略。几乎就在这只基金刚开始运营的时候，小公司的股价开始快速飙升，轻易打败了很多大公司的股价上涨幅度。很多共同基金持有了这些小公司的股票。不过，先锋集团的指数基金却没有。批评家们嘲笑说指数基金落后于绝大多数的竞争对手。

然而，这些人的幸灾乐祸没能持续太久。到了 20 世纪 80 年代初，大公司的股票涨幅开始追赶上小公司，先锋 500 指数基金开始显露出它的独特优势。1984 年，该基金的表现超过了大多数的竞争对手。随后，在 1985 年、1986 年、1987 年、1988 年、1989 年、1990 年、1991 年和 1992 年，先锋 500 指数基金始终是业内的佼佼者。连续九年超过行业的平均收益率足以让市场的风向发生彻底的转变。

指数基金的收益虽然不惊人，但是很稳定，原本它追求的就是获得合理的收益以及可持续的优势，而非一举成名、一飞冲天。指数基金就是赌场的庄家。坐在赌桌另一侧的人也有赢钱的时候，他们享受着快感。没有什么能比得上以小概率获得成功的兴奋感。但残酷的现实是，保持低成本的基金总能获得成功。庄家的优势就在于赢钱是必然的。

数据能说明一切。近期，指数基金的表现与其他基金非常相似。例如，最近，与其他同行相比，低成本指数基金[①]上个月的平均收益率排在第 47 个百分位。在过去一年中，指数基金的平均收益率上升至第 43 个百分位。在过去十年中，指数基金的平均收益率在存活下来的基金中排在第 37 个百分位。如果考虑到被收购或者被清盘的基金，指数基金已经排到了所有基金的前 25%。

博格自己公司的基金表现得更加出色。近期晨星公司的一项研究再次证明学术界长期以来支持的观点是正确的：成本是预测共同基金未来业绩最强有力、最可靠的因素。由于先锋集团的指数基金的费率一直都是行业内最低的，因此随着指数基金行业的发展，该公司的指数基金产品的表现一直很突出。

事实证明，1976 年发行的先锋 500 指数基金最终获得的成就应当被分为三部分：先锋集团的成功、投资者的成功以及约翰·博格的传奇。在漫长的 37 年后，美国国内指数基金的资产规模已经达到了 2.6 万亿美元，而全球市场上指数基金的资产规模已达到了 3.5 亿美元。现在，指数基金在美国基金市场（包括 ETF）上所占的份额已经超过了 20%。指数基金是杰克掀起的一场革命。

---

① 低成本指数基金被定义为年费率低于 0.50% 的指数基金。

第 8 章

The Man in the Arena

Vanguard Founder John C. Bogle and His Lifelong Battle to Serve Investors First

随着指数基金由异端变成信条，我们还需要知道什么[①]

2005 年 12 月，世界上第一只指数基金就诞生 30 周年了。这只基金——最初被命名为第一指数投资信托，现在改名为先锋 500 指数基金——是全球规模最大的权益型共同基金之一。[②]不过，这只是指数化投资策略取得成功的一个案例。指数化投资策略原本被视为异端邪说，这是消极的投资组合管理理念对一直占主导地位的积极管理策略发起的攻击；而现在，它已经成了人们的信条，甚至被编入教科书，会在全球各大高校的财经课程和商学院被提及，而且它也经常出现在投资者的日常交流中。

指数化策略获得了成功，证据是十分确凿的。在共同基金行业中，权益型指数基金的总资产在 1990 年时只有 10 亿美元，然而现在已经增长至 1.9 万亿美元，几乎相当于所有权益型基金总资产的 30%。虽然自 1975 年第一只指数基金诞生后，直到 1984 年第二只指数基金才出现，但是时至今日，市面上共有 1 100 只权益型指数基金和 200 多只债券指数基金。在养老金行业中，相

① 本章节选自 2004 年 4 月 13 日博格在华盛顿州立大学盖瑞•布林森杰出名人演讲大会上发表的演讲。演讲稿经编辑后被收录于《投资先锋：基金教父的资本市场沉思录》一书中。

② 另一只规模与其不相上下的基金是先锋全球国际股票市场指数基金（Vanguard Total International Stock Index Fund，VGTSX）。

比基金行业，指数化投资策略早在几年前就占据了主导地位，企业、州以及地方政府的退休计划所拥有的指数化资产在 1990 年时为 9 000 亿美元，现在将近 2 万亿美元。

共同基金以及退休计划持有的与指数（美国和全球股票或者债券指数）挂钩的资产如今已经超过 6 万亿美元。事实上，美国三家最大的资产管理公司（黑石、道富全球投资顾问公司以及先锋集团，它们旗下各自管理的资产规模均在 2 万亿 ~3.5 万亿美元）由于专注于指数化投资策略，已成为了站在行业顶峰的佼佼者。

但是指数化策略的影响远远不止单纯基于指数化策略的几万亿美元资产。例如，密切追踪标准普尔 500 指数的指数基金现在很流行，它们在实际操作时会试图通过适度调整指数样本股来实现增值，同时确保自己的投资组合与市场指数的波动具有较高的相关性，以此来加强风险控制。作为买方，信奉积极管理策略的投资管理公司总是试图实现"基准风险"的最小化，却没能将投资组合中各资产项目的投资比重与市场指数挂钩，这样的情况现在已经比较少见了。华尔街的卖方分析师是指数化投资策略这块大蛋糕上的"糖霜"，他们也不再做"买入、卖出或者持有"这样的推荐了。如今，投资组合内某只股票的比重应当"大于、小于或等于"市场指数编制时该股票的计算比重已经成为了分析师行业的"艺术"，其实这就是一种近似于指数化投资策略的方法。

指数化投资策略简单而且充分分散化，大市值的股票投资比重高，而且费用低，投资组合的换手率也较低。毫无疑问，这种策略已经改变了金融市场的整个面貌，并帮助我们建立了对投资公司进行评估和享受投资收益的新标准。是的，我们的注意力已经由绝对收益转向了相对业绩，即打败或者达不到指数基准。当然，绝对收益是投资者实际能拿回多少钱，但显而易见的是，相对业绩最出色的基金必然同时也是绝对收益的冠军。

指数化策略的理论基础

虽然指数化策略的成功并没有令金融市场上那些老谋深算的观察家们感到吃惊，不过很少有评论员知道消极型投资策略的理论基础是两个独特的学术理念。学者和学生们都相信有效市场假说，该假说认为股票的市场价格反映了投资者在充分掌握信息后给出的估值，因此得到了合理的市场估值。

不过，我们不需要为了接受指数化投资策略而去接受有效市场假说。这是因为指数化策略的成功还有另外一个原因，而且这个原因不仅令人信服，而且无可辩驳地“放之四海而皆准”。我称其为成本重要假说（thc Cost Matters Hypothesis，CMH），它不仅能说明为什么指数化策略一定能而且确实获得了成功，而且事实上它还能帮助我们准确量化这种策略到底有多大作用。无论市场是否有效，成本重要假说一直具有强大的阐释力。

在距今一个多世纪以前的1900年，在索邦大学（the Sorbonne）读书的路易斯•巴契里耶（Louis Bachelier）在自己的博士毕业论文中写道：“过去、现在甚至是未来事件的影响都已经反映在市场价格上。”巴契里耶提出该观点后又过了半个世纪左右，诺贝尔经济学奖获奖者保罗•萨缪尔森发现了这篇早已被遗忘的论文，他承认自己“很犹豫，不知道（这个观点）到底是没多大用处，还是非常全面的”。从本质上看，巴契里耶的论述是正确的：“投机者的数学期望值为零。”1965年，芝加哥大学教授尤金•法玛（Eugene Fama）使用大量的股票价格数据进行了充分的研究和分析，终于证实了随机游走（random walk）假说，并将其重新命名为有效市场假说。目前，几乎不存在反对有效市场假说的证据。如果你认为所有股票在所有时间点的价格都是有效的，这种想法未免太过于极端；而拒绝承认大多数股票在绝大多数时间点的价格都是有效的，这样的观点也同样太过于极端。

但是，无论人们多么认同有效市场假说，我还是发现每一位严谨的学者、专业的投资经理、训练有素的证券分析师或者明智的个人投资者都会赞成有效市场假说，他们相信，股票市场本身是一位要求极其苛刻的“监工”。这种假说设置了很高的障碍，只有极少一部分投资者能够越过这个障碍。新的所谓“行为理论”的倡导者提供了大量证据证明，人们经常会做出一些非理性的财务决策，而这些决策是否会导致可预测的错误还需要时间来检验。这些错误会产生系统性错误，使理性的投资者能够轻而易举地获利。

投机者的数学期望值并不等于零

虽然有效市场假说的准确有效性尚待确定，但是成本重要假说的正确性是无可辩驳的。用萨缪尔森博士的话来说，这个假说的结论“既没有多大用处又非常全面”，它证明巴契里耶的论证还应再向前一步。投机者的数学期望值并不等于零，而是等于由于支付交易成本而发生的损失额。

所以，长期投资者的数学期望值也要在金融市场收益的基础上减掉一个抵扣值。事实上，这个抵扣值正好等于金融中介体系的运行成本，即顾问费、营销费用、销售费用、经纪人的佣金、交易成本、托管和法律顾问费以及证券过户手续费的总和。在美国股票市场上，中介的成本总额每年约为 2 500 亿美元。假设如今总市值为 13 万亿美元的股票市场的年收益率为 7%（约 9 100 亿美元），那么中介成本要占到总收益的 1/4 以上，投资者只能拿到余下的不足 3/4 的收益，而这些投资者提供了 100% 的资本。我们不需要用有效市场假说来解释投资者跑赢市场的概率有多低，只需要用成本重要假说就足够了。无论市场是有效的还是无效的，作为一个群体，投资者的实际收益总是低于市场收益，两者之差就是投资者的投资成本。

名义货币和实际货币

现在我们要谈一谈真正的坏消息。每年，投资者是按照当时的名义币值来支付投资成本的，但是他们却在用实际币值计算长期的投资收益率。显然，通货膨胀肯定会使货币的实际价值缩水。金融中介机构故意向投资者展示股票的名义长期投资收益率为 10%，然而如果以实际货币计算，真实的收益率只有 6.5%。大家都知道，在共同基金行业，中介费用每年至少是 2.5 个百分点，这相当于“没收”了股票实际收益的 40% 左右。当我们减去税负，结果实际收益被“没收”的比例达到了75%。在接下来的十年中，股票投资收益将会大大低于历史数据，我们必须用一种苛刻的新眼光来审视潜在的投资积累。

学术界和金融机构使用大量人力和财力去研究股票的历史收益、回归分析法、现代资产组合理论（Modern Portfolio Theory，MPT）、行为学派以及有效市场假说。现在是时候让我们把眼光转向成本重要假说了。我们需要知道整个金融中介体系花费了多少成本，需要知道高换手率会在多大程度上减少投资收益，需要搞清楚理财经理到底给投资者赚到了多高的实际净收益。

指数化策略的两大学派：计量学派与实用学派

多年以后，有效市场假说和成本重要假说殊途同归，它们共同见证了指数化投资策略的发展过程。计量学派主要由著名的数学家组成，领军人物有哈里·马科维茨（Harry Markowitz）、威廉·福斯（William Fouse）、约翰·麦奎恩（John McQuown）、尤金·法玛以及威廉·夏普（William Sharpe），他们使用极其复杂的等式对金融市场进行了彻底研究，结果得到了有效市场假说这一结论。从本质上看，计量学派提出的现代投资组合理论表明，拥有一个充分分散化、不需要管理的股票投资组合是通往成功的必然之路，这个结论直接催生了世界上第一个采用指数化策略的养老金账户[①]，它是富国银行于1971年推出的。这个规模只有600万美元的小账户按照相同的权重投资于纽约股票交易所的所有股票。事实证明，这种做法是行不通的，所以到了1976年，该账户改为投资以市值作为权重的标准普尔500普通股价格指数。直到今天，这个指数依然是养老金计划账户进行指数化投资的主要参考标准。

虽然计量学派提出了很多艰深的理论，但是在我看来，实用学派只看证据。1974年，《投资组合管理期刊》刊登了萨缪尔森博士的一篇题为《对判断力的挑战》的文章。文中提到学术界一直没有找到一家能够始终保持高收益率的投资管理公司，他们向那些对找出“赤裸裸的反面证据”持反对意

① 即新秀丽公司（Samsonite）的养老金计划账户。

见的人提出了挑战，并且呼吁市场建立指数基金。一年后，查尔斯・埃利斯（Charles Ellis）在一篇题为《失败者的游戏》(*The Loser's Game*)[①]的文章中指出，由于费用和交易成本，85% 的养老金账户的投资业绩不如股票市场。"如果你无法跑赢市场，那么就应当考虑参与其中，"埃利斯总结说，"指数基金就是一条出路。"[②]

好好算一算

1975 年年中，我并不知道计量学派的这些学术成果，却被萨缪尔森和埃利斯的实用主义深深激励。那时我刚刚创立一家名叫先锋的小公司，并下定决心要成立第一只指数型共同基金。我把自己每年攒的维森博格投资公司报告（*Weisenberger Investment Companies*）全拿出来，手动计算了一下过去三十年来权益型共同基金的年平均收益率，然后将结果与标准普尔 500 指数的年收益率相比较。结果，我发现在 1945 年至 1975 年间，标准普尔 500 指数的年收益率为 10.1%，而权益型共同基金的年平均收益率为 8.7%。

为什么是这样的结果呢？冥思苦想之后，我终于得出了一个很明显的答案：指数基金没有任何成本，年平均收益率高出 1.4% 的优势其实就大致等于基金的全部成本，即费率加上投资组合换手所带来的隐性成本。为了说明这么一点差别会带来的巨大影响，我假设 1945 年的初始投资额为 1 000 000 美元，到了 1975 年，如果按照标准普尔 500 指数的年收益率计算，这 1 000 000 美元会增长至 18 000 000 美元，而如果按照基金的平均收益率计算，则会增

① 这篇文章发表于《金融分析师》杂志 1975 年 7/8 月号。

② 我还应提到一本最早呼吁采用指数化策略的书籍，虽然我在多年后才读到此书。这本书就是普林斯顿大学教授波顿・马尔基尔的《漫步华尔街》(*A Random Walk Down Wall Street*)。马尔基尔博士认为："一种新型的投资工具，即不收取销售费用、管理费最小化的共同基金，只是买入构成市场平均指数的多只股票，然后一直持有并不交易……基金公司发言人迅速指出，'你无法买下整个市场。'现在到了公众能这样做的时候了。"他催促纽约股票交易所尽快发起这样的基金，并且采用非营利的方式运营，但是如果"交易所不愿意这样做，那么我希望有其他机构会愿意做这件事"。1977 年，就在这篇文章发表的四年后，波顿・马尔基尔博士加入了第一指数投资信托以及先锋集团其他基金的董事会。从此以后，他一直表现出色。

长至 12 000 000 美元。1975 年 9 月，利用这些数据以及萨缪尔森和埃利斯的文章，我催促半信半疑的先锋集团董事会尽快批准我们成立第一只指数型共同基金。他们终于同意了。

先锋集团如何开始成立第一只指数型共同基金

对我来说，指数基金这个理念似乎像个诅咒。回想 1951 年，那时我正在普林斯顿大学写毕业论文，为此我收集了很多关于共同基金行业的数据和资料，这些数据和资料提醒我防范“期待基金管理公司能创造奇迹”的错误想法，并让我得出了最终的结论：基金公司不能声称具有高于市场的平均收益的优势。1975 年 5 月，新成立的先锋集团刚刚开始运营，我已经实现了自己建立第一家真正“共同所有制”共同基金公司的梦想，于是成立指数基金就成了我接下来最重要的任务。

为什么会这样呢？虽然指数基金这个理念很难吸引那些高成本的基金管理公司（因为它们的经营模式都是建立在错误的理念基础上的，比如过去的业绩很出色，因此相信自己未来依然可以跑赢市场），但是对我们来说，指数化投资是太正常不过的事。先锋集团是一家真正由投资者共同所有的共同基金公司，低成本就是我们的最高宗旨。因此，虽然我们的竞争对手同样有机会成立世界上第一只指数基金，但只有先锋集团，就像犯罪调查中的头号嫌疑犯一样，既有机会，又有动机。

我们推出的第一指数投资信托成了整个投资行业的嘲笑对象。它被称为“博格的蠢事”，被描述为“非美国式的”，人们还在大街小巷贴满了海报，上面画着山姆大叔号召全世界“帮我们赶走指数基金”（如图 8–1 所示）。富达集团主席爱德华•约翰逊是怀疑派的领袖，他告诉全世界，富达集团无意追随先锋集团的脚步，他说：“我无法相信大多数投资者竟然可以满足于只获得平均收益率。这场游戏的名称应当是‘争取做到最好’。”（如今，富达集团掌管着大约 1 250 亿美元的与指数挂钩的资产。）

图 8–1　指数基金的海报

面对竞争对手的嘲讽和打击，投资者对这个追踪标准普尔 500 指数且不需要管理的指数基金的热情也开始慢慢消退了。1976 年夏天，第一指数投资信托首次公开募资，结果只募集到可怜的 1 100 万美元，而且它初期的增长一直较为缓慢。直到六年后，第一指数投资信托的资产规模才达到 1 亿美元（1980 年，该基金更名为先锋 500 指数基金），而它只是因为我们将另一只先锋基金（积极管理型）与第一指数投资信托进行合并而成立的一只基金。1982 年年中开始的大牛市终于让指数基金大展宏图。1986 年，基金的资产规模突破了 5 亿美元。

从一开始，我就知道先锋 500 指数基金的收益率将会非常接近但不会正好等于股票市场的平均收益率。这是因为标准普尔 500 指数的样本股都是大市值股票，不包括中等市值和小市值股票，因此先锋 500 指数基金也只持有大市值股票。所以，我们于 1987 年推出了名为拓展市场基金（Extended Market Fund）的一只基金，专门与小企业的指数挂钩。如果将其与先锋 500 指数基金配合使用，我们就能实现全市场投资配置。到当年年底，这两只基金的总资产规模接近 10 亿美元。1990 年，我们又推出了一只新基金，它是专门为养老金计划设计的机构 500 基金；1991 年，追踪威尔逊 5 000 全（美国）市场指数的全股票市场指数基金横空出世，使先锋集团全市场指数基金的总资产规模达到了 60 亿美元。

高收益导致资产增长速度加快

1994 年至 1999 年间，由于牛市的持续，我们的指数基金的表现超越了 80% 的积极管理型基金公司，而且资产增长速度也在加快：1993 年，我们的指数基金的资产规模为 160 亿美元，1996 年达到 600 亿美元，1999 年快速增长至 2 270 亿美元。正如我在提醒持有先锋指数基金产品的投资者时所说的那样，大部分的成功“决不要求可重复或者可持续”。确实是这样的。即使在熊市中，指数基金的表现依然优于多半数的积极管理型基金，而且还在稳步增长。如今，我们的四只全市场指数基金的总资产规模为 5 600 亿美元，再加上其余 69 只指数基金，先锋集团与指数挂钩的资产已经高达 1.3 万亿美元。[①]

所以，指数化策略获得了巨大的商业成功，它帮助先锋集团吸引了大量资金，也帮助其他基金管理公司和养老金基金吸引了大量资产。之所以能获得这样的成功，不仅是因为指数化投资策略拥有可靠且实用的基础，还因为在长达 30 多年的时间中，它一直很有效地帮助投资者获得了丰厚的投资回报。也就是说，指数化策略并不仅是商业成功，它还称得上是一次艺术上的成就。指数化策略确实管用！

无可辩驳的事实

指数化投资策略是如何起作用的呢？ 30 年前，在《对判断力的挑战》一文中，萨缪尔森博士这样写道：“调查者试图寻找到始终能够获得出色投资业绩的少数几家机构，他们基本上不可能找得到……放松条件后的‘有效市

① 这一数值包括先锋集团的专项指数基金（小市值基金、成长型基金、价值型基金、欧洲基金、太平洋基金等），以及一系列债券指数基金和增强型指数基金。不过，这些基金的成立和发展留待以后再说。

场假说’或者‘随机游走假说’符合现实……负责审视证据的陪审团只能拿出这样的判决结果：业绩出众，但未经事实证明。”于是，他提出了质疑，他说：“现在轮到那些怀疑随机游走假说的人来发言了。面对这些赤裸裸、活生生的事实，他们只有一种应对之法，那就是用与之截然相反的、无可辩驳的事实来反击。”

于是 30 年后的今天，让我们来审视一下这些无可辩驳的证据。让我们回到萨缪尔森发表那篇文章的年代，看一下我们会从共同基金管理公司提供的那些可以证明它们有能力跑赢市场平均收益率的证据中获得哪些教训。1970 年，市场上共有 355 只权益型基金，如今我们可以评估它们这 30 多年的业绩。首先，我们要直面一个令人吃惊却非常重要的事实，那就是 30 多年后，只有 147 只基金依然存续，余下的 208 只基金已经消失无踪，失败率高达 60%，这着实令人吃惊。

然后，我们再来看一看这些幸存者的业绩。毫无疑问，这些存续下来的基金必然是这个群体中的佼佼者。然而，其中 104 只基金的投资收益率低于标准普尔 500 指数 11.3% 的年平均收益率。只有 43 只基金的收益率高于指数的收益率。如果基金的收益率高于或者低于市场平均收益率 1 个百分点就被视为统计噪声，那么 52 只幸存下来的基金的收益率会近似等于市场的收益率。另外 72 只基金则是彻头彻尾的失败者（即它们的收益率比市场收益率不止低 1 个百分点），最后剩下的 23 只基金才是真正的胜利者。

1970 年—2000 年：只有 2% 的基金打败了指数

如果我们把统计噪声放大为两个百分点，那么就会发现只有 50 只基金被排除在统计范围之外，其中 43 只基金的收益率不如市场平均收益率，只有 7 只基金胜出，这意味着 355 只基金只有 2% 的基金胜出，这就是萨缪尔森博士想要的“无可辩驳的事实”。结论已经不证自明了。陪审团给出了决议，不过这一次他们的结论不再是“未经事实证明”了，而是“有罪”。所有基金管理公司都应承担起未能给股东增加价值的“罪责”。

不过，我认为前面这种评估方法高估了那 7 只成功基金的实际业绩。这些看上去很可靠的数据是否真的可靠呢？我不确定。这些胜出的基金拥有很多共同点。第一，每只基金都在（这段观察期的）期初默默无闻（投资者的购买量较低），它们的资产规模很小，其中资产规模最少的仅有 190 万美元，中间的有 980 万美元，规模最大的基金有 5 900 万美元。第二，在这 30 多年中，它们的最佳收益率均出现在头十年，这就使它们实现了资产的快速增长，从期初时小得可怜的资产规模迅速增长至最顶峰时期的 50 亿美元左右，随后它们的业绩开始变差。（其中一只基金的资产规模在最鼎盛时期竟然高达 1 050 亿美元！）第三，虽然这几只基金头十年的业绩非常出众，然而在过去的十年中，它们的收益率基本上低于市场的平均收益率，甚至有时差距较大。在这 7 只基金中，5 只基金的模式一直非常稳定：在 20 世纪 90 年代初，它们的业绩达到顶峰，但在接下来的十年中，年平均收益率要比市场的平均收益率低 3 个百分点，例如标准普尔 500 指数的收益率为 +12%，这些基金的收益率为 +9%。

对于基金管理公司来说，似乎没有失败就意味着成功，而这种老套的说法反过来就是一事成功百事顺。投资的恶性循环（过往的出色业绩吸引了大量的资金流入，然而管理大量的资金却让实现好业绩的最关键要素被扭曲了）几乎是每一只胜出基金不可避免的命运。所以，即使投资者足够聪明或者足够幸运地在一开始就选中了这 7 只基金中的一只，那么最终的结果也很可能是“无法跑赢市场”。无论如何，过去 30 年的事实强有力地证明，选中一只能跑赢市场的基金简直就像大海捞针一样困难。投资者只需要通过投资于指数基金来投资于整个市场，自然就能获得更好的收益，而市场本身就是那片大海。

更多无可辩驳的事实

在投资管理行业，过去的业绩表现根本没什么用。过去并不会预示未来，因为基金的投资表现几乎没有持续性。最近的一项研究在分析了 1983 年至 2003 年间权益型共同基金经风险调整的收益情况后发现，基金的投资业绩呈现出几乎完美的随机状态。对比第一个十年中基金前五年的业绩与后五年的业绩、第二个十年中基金的前五年业绩与后五年的业绩以及第一个十年的业绩与第二个十年的业绩，结论变得很清晰。这三个平均值表明，前五年业绩排名前25%的基金，在后五年有25%的概率继续排在前25%，这恰好等于通过概率理论推导出来的结果。同时，前五年业绩排名前25%的基金，在后五年有约23%的概率跌落到最差的25%中，这又是一个近似于随机分布的结果。再来看看那些在第一个五年中业绩最差的25%的基金，到了第二个五年，有28%的基金依然留在这个行列中，而一小部分，约29%的基金实现了咸鱼翻身，一跃进入排名前25%。

最了解博格的人对他的评价

◎威廉·夏普[①]

这就像是昨天才发生的事。是的，今天你正在庆祝你进入共同基金行业从业50周年！你知道的，我几乎是从你的职业生涯一开始就在关注你。它一直是那样波澜壮阔，现在依然如此。

正如以前我在很多场合曾经说过的那样，你是我崇拜的投资偶像之一（而能被列入这个名单的人并不多）。到底谁才为个人投资者真正提供了帮助，一说起这个话题，你的名字立即浮现在我的眼前。

我把自己看作你的学生，同时也是最仰慕你的人之一。与从前一样，你现在的研究和著作仍然深刻又浅显，令人激动又切中要害，令那些安于现状的人感到不安。我期待着在未来，你能带给我们同样的惊喜。

2001年4月

完美的随机性让这些基金在接下来的时间段里随机分布于每个25%分段——16个部分，进入每个部分的概率均为25%。正如这个矩阵显示的一样，

① 威廉·夏普，诺贝尔经济学奖获奖者，斯坦福大学商学院金融学STANCO 25教授。

现实情况与这个矩阵十分接近。低于 20% 的可持续或者高于 29% 的可持续都是不可能的。简单地说，选择历史业绩最佳的基金并不是一个成功的投资策略。而且，即使某些基金的业绩超越了它们的同行，可是想要追上股票市场指数基金的收益率，它们还有很长的一段路要走。

高收益率吸引大量资金流入

无论是投资者，还是他们的经纪人或者投资顾问都坚信他们一定能够找到可以跑赢市场的基金管理者。普遍的做法是使用晨星评级服务提供的星级评分来挑选。事实上，在过去十年中，在流入晨星投资风格箱九个网格的权益类基金的资金中，有 98%（这么多！）的资金选择的是拥有五星或四星评级的基金产品，这已经是晨星公司给出的最高的两个评级了。（这种评级方法赋予基金绝对业绩非常高的权重，因此我们很难要求晨星公司对这些巨额资金的流入负责。不管晨星公司给这些基金多高的星级，高收益率必然会吸引大量的资金跟风。）

但是正如晨星公司一开始就承认的那样，它给出的星级评价基本上没有什么预测价值。事实证明，晨星公司的谨慎是正确的。学术界的研究表明，四星级与五星级的基金在没有得到星级评价前，其风险调整后的收益率（即 α）为正；然而在拿到星级评价后，它们在风险调整后的收益率变成了负数，而且这与星级评价有较高的关联度。《赫伯特金融摘要》（*Hulbert's Financial Digest*）提供的数据支持了这一结论。在被选中后，晨星评级系统中排名最靠前的基金的收益率通常会逐渐与股票市场的平均收益率拉开差距，并远远地落后。例如，在接下来的十年中，这些星级基金的年收益率将会变成 6.9%，而同期标准普尔 500 指数的年收益率为 11.0%，前者要比后者低整整 4.1 个百分点。更重要的是，伴随年收益率上相差 37% 而来的是基金的风险（标准差）却高出了 4%。即使对于专家来说，挑选稳赚不赔的基金也是一项很危险的工作。

积极管理策略的理论基础

我要总结一下指数化投资策略的理论基础：即使有效市场假说不成立，成本重要假说也是坚不可摧的，因为对于共同基金行业来说，成本是最重要的影响因素。有大量的证据表明，根本就找不出几只能够持续跑赢市场的明星基金，远远不止今天我提到的这几个例子。这种优势促进了个人成长，却促使业绩下滑，因为没有几位基金经理有勇气且足够自律地抵挡住诱惑，这样的恶性循环已经司空见惯了。基金投资组合经理的任职期限一般不超过五年，也就是说，这意味着长期投资者不仅要找到业绩出色的基金经理，还要赌一赌他能在这个位置上停留多少年。以目前的失败率来看，基金的失败率高得令人吃惊，这暗示着在接下来的十年中，基金的存活率只有 50%~55%，这简直就是在帮指数基金把蛋糕做大。

那么，积极管理策略的理论基础是什么呢？尽管我已经发现了一些能够表明基金管理公司提供的收益率在未扣除成本前确实高于股票市场的平均收益率的证据，但是我还从未看到能够证明在扣除服务成本后，作为一个群体的基金管理公司的收益率能够高于市场的平均收益率的证据。无论什么类型的投资管理公司（比如共同基金管理公司）都无法做到这一点。那么，积极管理策略的支持者到底想支持谁呢？答案就是他们自己！“我们能做得更好。”“我们做得更好。”“直接来买我们推荐的基金吧（它们的表现绝对出色）。”然而事实证明，积极管理策略根本就不是一个好主意。它的支持者只列举了几个以前不错的案例就已经开始兴奋地承诺未来了。

不存在任何矛盾的主意才是真正的好主意。成本是唯一一个在统计意义上与基金未来的投资业绩紧密相关的要素。成本越高，则收益越低。权益型基金的费率与其收益之间的相关系数为 –0.61。在基金行业，你获得的永远没有付出的多，得到的也并不是当初自己付钱想要的。

如果我们将所有的基金划分为四个部分，那么我们马上就能看出它们之间的关联。截至 2013 年 3 月 31 日的十年中，在高市值基金中，成本最低的

25% 的基金的年平均收益率为 8.74%；成本第二低的 25% 的基金的年平均收益率为 8.53%；成本第二高的 25% 的基金的年平均收益率为 8.28%；而成本最高的 25% 的基金的年平均收益率仅有 8.10%。成本最低的基金与成本最高的基金之间存在着 64 个基点的收益差，这相当于年平均收益率实现了 8% 的增长幅度！无论选择哪个时间段观察，无论基金管理公司的风格或市值大小，结论都是一样的。不过，迄今为止，指数基金一直是行业内成本最低的基金，因此使用积极管理策略的基金公司很难改进成本与价值之间的关系。

变化的时代与环境

这些都是清晰的历史记录，它们不仅能帮助我们了解现在，而且还能让我们清醒地意识到哪怕是今天获得成功的基金公司，其未来的投资业绩也是无法预测的。这种对事实的认知让指数基金声名鹊起，并且实现了快速发展。但是不要以为我在休息，并且陶醉于指数基金眼前的现状，我要求自己承担的使命是成为指数策略的布道者，这不仅因为志得意满并不是一个很健康的人生态度，躺在桂冠上止步不前往往就是失败的前兆，而且还基于以下三个原因。第一，指数化策略还没有充分实现它的承诺；第二，我们已经彻底颠覆了指数化投资策略的内涵，作为长期投资的完美工具（“基本指数化策略”），它的功能得到了延伸，同时还增加了一项新功能，即短期投机工具（“外围指数化策略”）；第三，还有一些个人投资者没有意识到指数化投资策略的巨大价值所在。

1976 年 6 月，《财富》杂志在一篇文章中首次提出了指数化投资策略的未来前景，当时正值我们的第一指数投资信托的发售期。这篇文章的作者是记者 A. F. 艾尔巴（A. F. Ehrbar），题目为《指数基金：它的时代即将到来》（*Index Funds——An Idea Whose Time Is Coming*），文章的结论是“指数基金将会改变整个资产管理行业”。然而近 30 年过去了，虽然指数基金的影响力已非常大，但是它却没能改变整个行业。这种失败在共同基金行业显得尤为可悲，因为信奉积极管理策略的基金公司几乎彻底忘记了它们本应从指数化投资策略的成功中学到的教训。

“简化”的本质

指数化投资策略之所以能获得成功，原因在于其简化的本质：（1）最大程度的分散化投资，通常会包括整个美国的股票市场；（2）注重长期投资，投资组合的名义换手率实现最小化（比如年换手率为 3%~5%）；（3）极低的成本，既没有顾问费，也没有销售费用，而且运营成本也被控制在最低。可是，大多数基金公司没有模仿这些有助于成功的优秀品质，反而背道而驰。

想想看，在当前市场上的 3 700 只权益型基金中，大约只有 500 只基金实现了高度分散化投资并投资于整个市场，而且它们采用了买入后一直持有的策略。余下的 3 200 只基金聚焦的是相对狭窄的领域，或者特定的市场板块，或者国际市场，或者某个国家，它们在买入股票后，说不定哪天就将这些股票卖掉了，而且投资组合的换手率已经由 1975 年第一只指数基金发行时的 37% 达到了今时今日的 100% 左右。

对于那些希望资产增值的投资者来说，基金成本反映的正是成功与失败的差别。基金的成本在不断上涨，而指数基金的费用却在不断下降。先锋集团的先锋 500 指数基金刚开始时的费率为 0.43%，同期权益型基金的平均费率为 1.4%。如今，这只基金的费率仅为 0.17% 甚至更低，可是权益型基金的平均费率却上涨至 1.43%。再加上换手成本和销售佣金，权益类基金的平均成本至少有 2.5%，这意味着指数基金未来每年至少能获得 2.3% 的成本优势。

先锋集团的积极管理型基金遵循的是指数化投资原则

不过，我要指出一点，先锋集团的积极管理型基金已经从指数基金的成功中学到了很多。事实上，《投资组合管理期刊》刊登的一篇文章[①]表明，由于先锋集团的这些积极管理型基金向外部基金经理支付的顾问费比较少，投

① 由肯尼斯·瑞恩克（Kenneth Reinker）与爱德华·托尔（Edward Tower）共同撰写的《再谈指数化投资主义》（*Index Fundamentalism Reisited*），发表于 2004 年夏季的《投资组合管理期刊》。

资组合的换手率相对较低，而且基金经理的人选配置合理（有时甚至有点奇怪），因此在刚刚成立时，这些基金的表现是优于指数基金的。（不过，如果计算税后收益，或者研究的基期是1989年而非1976年，那么指数基金的业绩将会更好。）虽然我不赞成文章作者的建议，即相对于指数基金，积极管理型基金应当能给我带来“更多欢乐”，但是我们的指数基金以及积极管理型基金大获成功的背后所蕴藏的投资原理能够被普遍认可并接受，这肯定能给我带来更多的快乐。

伟大的想法却背离了正道

指数基金持有美国整个股票市场，而且是低成本的持有，并且一直持有下去。然而坦率地说，我的第二个担忧是最初的这个想法也许慢慢走反了方向。长期投资智慧的核心理念已经被短期投机的愚蠢做法慢慢侵蚀了，而且指数基金成了加快这种侵蚀过程的主要工具之一。为什么会这样说呢？因为指数基金这个词就像对冲基金一样，它现在的含义早已远远超出我们最初想表达的意思。

如今，除了有116只指数基金与几个涵盖范围较广的市场指数（标准普尔500指数、威尔逊5 000指数、罗素3 000指数）挂钩，还有1 239只指数基金是与涵盖范围较窄的市场指数（小市值/成长型股票、技术股，甚至韩国股票）挂钩的，这样的基金看上去不会长期持有自己买入的股票。（我承认，我自己也参与了这种市场细分指数基金的创建，比如成长型、价值型和小市值等。但是，如今的细分市场指数基金在投资范围上要比当初窄得多。）

指数基金市场的扩张主要归功于ETF，这种基金的特点是可以接在股票市场上进行交易，一般可以多个交易日甚至每分钟连续交易。如今，ETF的资产已经达到了8 850亿美元，而指数基金的总资产约为1.05万亿美元，这意味着ETF的资产约占指数基金总资产的85%。就现状来说，这种基金似乎很满足积极管理型细分市场基金的要求，而且1 082只细分市场基金选择了ETF模式，资产规模已达到约600亿美元。但是，令我吃惊和失望的是，在ETF市场上，占据主导地位的并不是这些投资范围比较窄的细分市场基金，而是一些投资范围较广的指数基金，其中包括追踪标准普尔500指数的Spiders和iShares基金、追踪纳斯达克（NASDAQ）的Qubes基金以及追踪道琼斯指数的Diamonds基金。上述ETF在这个市场中占据了主导地位，目前共持有资产900亿美元左右。指数基金原本的投资手法是买入资产后一直持有，而不是买入后很快卖出。

“买入就是为了卖出”，这种说法并不夸张。ETF的换手率高的简直超出我想象。每天，大约有80亿美元的Spiders或者Qubes换手，投资组合的年换手率高达3 000%，这意味着资产的平均持有时间仅为12天！（如今，股东交易共同基金的换手率将近40%，这也显示出投机交易的影响。）ETF如此高的换手率并不令人惊讶。Spiders基金的发起人经常这样宣传这种基金产品：“现在，你可以一整天实时交易标准普尔500指数。”（对此，我想问一句，什么样的傻瓜会这样做啊？）

于是，“妈妈，他们怎么把我的歌弄成这样了？”[①]昔日，追踪大市场指数的指数基金被我视为人类有史以来创造的最伟大的长期投资工具，然而这些指数基金现在却被人用于短期投机。更重要的是，现在市面上分散化严重不足的指数基金越来越多，显然它们都是用来进行快速投机交易的。请不要再让我这样认为：ETF是一种高效的投机工具，它在整个市场或细分市场中奉行着机会主义的交易策略，使用这种工具投机的风险肯定比直接对个股进行短期投机交易的风险更小一些。然而，成本高、税负高而且经常无法达到预期目的的投机几乎肯定是“失败者的游戏”，那么这样做意义何在？请记住我的话，我绝对相信长期投资才是能获得成功的完美策略。

前面我提到的那首歌的歌词是这样结尾的：“他们把它装进塑料袋，然后把它倒着放，妈妈。他们就是这样对待我的歌。”指数化投资策略的待遇要比这个结尾描述的要悲惨得多，然而传统的指数化投资策略依然在不断发展，

① 这是一首歌曲的名字。——译者注

并且更有效、更经济地为投资者提供服务。但是，请大家注意这首歌所传递的信息，最好能确保指数化投资策略不会发生这样的事。

我们还需要知道什么

我的第三个担忧是尽管指数化投资策略的攻势如此强烈，但是相对于其具有的极高投资价值，这种策略实际取得的成就却只是九牛一毛而已。如果异端已经变成了信条，为什么这种策略依然没能成为金融业更重要的组成部分呢？是的，指数基金的资产规模已经突破了1.9万亿美元，占整个权益型基金总资产的30%左右。是的，投资者在过去五年中向指数基金投入了6 500亿美元，与此同时，积极管理型的权益类基金的资金净流出为4 000亿美元，这1万亿美元资金的转移表明了投资者的偏好。

不，现在美国家庭共持有约10万亿美元的股票，这意味着其中将近8万亿美元都没有实现指数化。指数化投资策略在个人股票投资领域所占的比例远远低于其在养老金投资领域的比例。与定价较高的基金产品和价位相似的养老金产品相比，指数化投资策略的成本优势相对于前者更加突出。如果整个美国对个人退休账户和储蓄计划的依赖程度要远远高于对企业养老金计划和社会保障的依赖程度，那么公民个人的退休储蓄还远远称不上健康。为了帮助大家接受指数基金确实具有先进性而被人们广泛认可，我们还需要知道一些什么呢？

我认为，我们并不需要获得新的信息。但是问题没那么容易解决。与保险行业一样，基金行业也是一个靠营销做生意的行业，对这两个行业来说，高昂的营销成本吞噬了投资者应得的净收益。正如我经常观察到的那样，低成本、不收取销售费用的指数基金所面临的问题是“（几乎）所有的钱都发给投资者了”。分给投资者的钱越多，那么基金经理、市场营销人员、经纪人、广告商以及推动整个金融中介体系运转的市场营销体系能分到的钱就越少。因此，我们需要日复一日的努力，将指数化投资策略的相关信息传递给投资者。说句实话，投资者是最需要钱的群体。

最了解博格的人对他的评价

◎马里奥·库莫 [①]

我与你是多年的密友，我深知在生命的这个阶段，你花了很多时间回顾自己多年来的工作成果。很少有人会都带着某种满足感（这种满足感是你应得的）和失落陷入对过往的迷思。

半个多世纪以来，没有人愿意多做一些事来保护股东、企业和美国这个国家避免因贪婪且粗心大意的 CEO、董事、财务总监和政客的粗暴行为而遭受损失。没有人提醒我们前方的危险，指导我们如何避开这些危险。

对你来说，意识到自己是多么正确，而我们的领导人的目光是多么短浅，这一定很痛苦。不过，你也得到了安慰。前面还有很长的一段路要走，也许震撼全球金融体系的经济危机最终必将让人们意识到你提出的理念是如此的宝贵。

祝你 80 岁生日快乐！不要花太多时间来庆祝，因为你还有很多工作要做。

2009 年 5 月

不要忘记奥卡姆剃刀原理

今天我们讨论的话题有很多经验教训需要总结。总的来说，我认为虽然创新总是与好运气有关，但是它也不能脱离理论基础和判断。我相信，简单的理念会守住自己的阵地，不会输给那些复杂的概念。在商业社会，奥卡姆剃刀原理（即“当一个问题有多种解决方案时，要选择最简单的方案”）值得我们一直牢记在心。

我希望大家不仅能够注意到，有时候大家对这种创新的赞誉过于粉饰（就此而言，投资于整个市场的指数化投资策略确实是非常完美的，无须粉

① 马里奥·库莫（Mario Cuomo），美国纽约州第 52 任州长，威尔基·法尔–加拉格尔律师事务所合伙人。

饰），而且还要意识到指数化投资策略的强大威力，不要在它赚钱的效应尚未显现之前就过早地停止使用。指数化投资策略的拥护者的唯一武器就是挑出一些过去在全盛时期业绩比较出众的基金，并暗示说这种好业绩将会一直持续下去（现在你知道，这样的事是很少见的）。当然，最重要的是，我希望我不仅阐述了指数化投资策略的数学逻辑，即总收益减去中介成本就等于净收益，而且还提供了无法辩驳的有利证据。这些证据应当能够说服怀疑情绪最重的投资者，让他们搞清楚指数化策略作为一种投资策略的价值所在。

现在，我再从个人角度谈一下这个问题。如果你自己的退休计划选择了投资指数基金，那么比如 40 年后，情况将会有什么不同呢？我们假设股票未来的长期投资年平均收益率为 8%。如果我们假设共同基金的成本率始终保持在当前水平，即年均至少 2.5%，那么共同基金的年平均收益率就等于 5.5%。在这 40 年中，你每年向退休账户投资 3 000 美元，考虑到这段时间内税负递延所带来的复利效应，那么 40 年后股票市场中的投资会增长至约 840 000 美元，市场指数基金与之相差不大。可是，如果你选择的是积极管理型的共同基金，那么 40 年后你得到的约 430 000 美元仅相当于前者的一半略多一点。

投资者只拿到了全部收益的 52%，这公平吗

从另外一个角度看，在未扣除成本的前提下，你的退休计划已经赚到 840 000 美元了，不过你将其中的 410 000 美元捐给了共同基金行业，余下的 430 000 美元留给了自己。金融体系消耗了 48% 的投资收益，而投资者只拿到了全部收益的 52%。但是，投资者提供了 100% 的原始资金，而中介机构一分钱也没有出。从这个角度看，明智的投资者还会认为这样的利润分配是公平合理的吗？显然，这个问题的答案只能是“不”。

因此，当投资者为 40 年或 50 年后的退休储蓄设计投资方案时，我总是厚着脸皮建议他们选择全市场指数基金作为投资的主要构成部分，因为这种基金成本越低，投资收益越高。正如萨缪尔森博士在那篇文章中所写的那样，

如果你这样做了，那么你将成为“那些见识不广的邻居所嫉妒的对象，与此同时，无论遇到什么事，你每晚都能睡得香”。

最后，我要对那些准备进入投资管理行业的新人说几句话。请不要被跑赢市场的微小概率所吓倒。相反，就像少数几位基金经理曾经做过的那样，要从指数基金的成功中吸取教训。过去，指数基金获得成功的关键要素是注重长期投资、充分分散化以及低成本；积极管理型基金的基金经理如果能信赖有效市场假说和成本重要假说，并据此总结经验教训，那么他们将来很有可能会在这场“失败者的游戏”中获得胜利，或者未来至少能为他们的投资者提供相当不错的长期投资回报。因此，无论你们入行后做什么工作（事实上，你们的努力将会决定人们对你们的评价），绝不要忘记把客户摆在第一位。在为自己服务之前，先要服务于客户，这不仅是成功最基本的组成部分，而且还是美满人生的黄金法则。

第 9 章

The Man in the Arena

Vanguard Founder John C. Bogle and His Lifelong Battle to Serve Investors First

《指数期刊》推出的“博格号”

为了庆祝约翰·博格在共同基金行业内从业 60 年整，《指数期刊》（*Journal of Indexes*）在 2012 年的春季刊上发布了“博格特刊”（Bogle Issue）。开篇，编辑吉姆·韦恩德毫不吝啬地献上了赞美之词，随后是他和马特·霍根（Matt Hougan）对博格进行的一系列访谈，高度赞扬博格是金融领域最有思想的伟大人物之一。

编辑致辞：向博格先生表示敬意[①]

如果说我们这本期刊能够存续要归功于某个人的努力的话，那么这个人就是约翰·博格。是的，指数已经存在了一个多世纪，但是直到博格先生推出先锋 500 指数基金，这才算是真正打开了指数化投资的大门，让人们意识到指数并不仅仅是衡量市场的工具而已。因此，在第一只指数基金诞生 35 年后，我们非常有必要向这位开启了指数基金新时代的功臣表达我们的敬意。

首先呈现给大家的是我们近期对博格先生的专访：约翰·博格对目前的投资环境、税收、政治及其个人成就有何看法。接下来是一场圆桌讨论会，我们要请了博格的多位朋友和同事，共同探讨博格对他们个人以及整个投资

① 本文写于 2012 年 3 月或 4 月。

行业的影响。格斯•索特、波顿•马尔基尔、威廉•伯恩斯坦、罗博•阿诺特、唐•菲利普斯、大卫•布利策（David Blitzer）以及其他人将会奉上他们的感受和思考。

让我们共同举杯，祝福伟大的、无比忠诚的、充满激情而又理智的约翰•博格先生！

先锋集团创始人约翰•博格对当前市场环境的看法

《指数期刊》的两位编辑——指数世界公司（Index Universe）创始人和CEO吉姆•韦恩德以及指数世界公司ETF分析部门总裁马特•霍根（Matt Hougan）与先锋集团创始人约翰•博格坐在一起，畅谈了博格的长期职业生涯以及他对当前市场环境的看法。

马特•霍根： 一些投资者对当前的市场状况表示担忧，您对他们有何建议？根据您的经验，您会告诉他们怎样做？

博格： 我是一个乐观的保守派，所以我比较小心。在我看来，对股票收益的合理预期约为7%；对债券收益的合理预期约为3.5%。这里我们考虑了更长的期限以及更高的比重，原本企业债券在债券市场指数中所占的比重仅为25%。

这意味着如果这些预期都实现了，那么再过十年，你投入股市的钱将会翻倍，而且在债券上也能赚50%。虽然现在外面风声鹤唳，但我不会放弃投资股票。但要提醒大家的是，股票投资确实风险比较大。每个人都应当充分意识到这一点。股票应当至少持有十年。

那些买了股票以后整天思考明年会怎样的人都是傻瓜，虽然我这样说有点太直接了。买股票并且持有它是一辈子的事。正如巴菲特先生所说的那样，他“最偏爱的持有期是‘永远’”，我认为这种说法尤其适合指数基金。

霍根：你是否认为传统的广泛基础债券指数已经赋予公司债券足够高的权重？

博格：我并不这样认为。显然，对所有投资者来说，现在的权重已经够高了，因为这是债券市场。所有这些债券都被美国投资者持有。目前在债券市场上，国债、机构债券、财政部提供担保的抵押贷款债券大概占 70%，公司债券占 30%。这与 1986 年我开始做债券指数基金时的市场状况相差不大。如今，公司债券的占比有所降低，但幅度不大，这有点令我吃惊。

按照某些人的说法，如今国债的信用评价为 AA 级。顺便说一句，我不相信。但是即便如此，收益率也有些偏低：国债与公司债券之间的利差为 2~2.5 个百分点。我很难相信国债与公司债券的违约率会那么高。因此，只要违约率低于这个标准，公司债券就是更好的选择。

我认为，在利率极低的环境下，我们应当更多的考虑公司债券，而非整个债券市场。我很热爱全债券市场指数基金，它是我一手打造的。但是，它并不一定适合每个人。如果投资者想获得更高的收益率，那么我建议他们提高公司债券指数基金的投资比重。

吉姆·韦恩德：波顿·马尔基尔认为目前美国的债券市场环境非常糟糕，尤其是国债市场。他认为，人们在债券市场上获得的收益率甚至会低于通货膨胀率，而这正是目前政府想要达到的目的。您对此有何看法？

博格：在债券市场上，当前的收益率是对未来十年收益率的最佳预测值。当然，十年期的国债看上去不太值得投资，不过一旦出现全球性危机，那么它就会变成比较好的选择。到那时，它将成为人们疯狂抢购的投资产品。不过，这种情况不会永远持续下去。

在一定程度上，我同意马尔基尔的看法。高收益的股票也许能给你带来 3.5% 的收益率，但是高度分散化的债券市场组合也能让你得到 3.5% 的收益率。

（高收益率股票）是不是一个更好的选择？只有时间能告诉我们答案。但是如果大家都这么做，那就要小心一点了。

这不是愚蠢的选择。但是我还是不愿意放弃债券而选择股票，即使股票的收益率更高。

韦恩德：波顿·马尔基尔的评价很有趣，因为他说我们应当好好看看市场，债券不仅是无处可去，而且就收益率而言，它们可能会倒退。传统的资产配置理论告诉我们，债券的投资比例应当等于你的年龄。所以当你65岁时，你的投资组合中应当有65%的债券，以此类推。马尔基尔的意思是说你应当适度调整，因为目前债券的市场环境实在是太糟糕了。

博格：我认为这样的分析很正确。可是我们大家都不知道。我敢肯定，他对自己的判断很有信心。但是我们也可以从这个角度思考：如果你的资产组合中包括6%的政府债券和8%的公司债券，那么公司债券的比重比国债高出33%；如果你的资产组合中包含2%的政府债券以及4%的公司债券，那么公司债券的比重比国债高出为100%。这种差距一般不会随时间的流逝而发生太大的变化。我只是非常谨慎，想告诉大家不要轻易冒太大的风险。

我想我不需要和波顿争论这个问题，因为我们之间也许有一个人是正确的，但不会比对方正确多少；也许有一个人是错误的，但也未必错的多离谱。

霍根：您是否认为国际债券已经逐渐成为每一位投资者都应当持有的核心投资工具？

博格：我认为对于普通投资者来说，并不一定要买这种债券。如果你回头看一看国际债券的历史收益率，我认为并没有什么值得大说特说的。我不喜欢信用风险，也不喜欢货币风险。

韦恩德：您不喜欢希腊的债券市场吗？

博格：我不喜欢希腊的债券市场。我不喜欢意大利的债券市场。我不喜欢巴西的债券市场。我不喜欢葡萄牙的债券市场。我不喜欢爱尔兰的债券市场。我还需要继续说下去吗？我甚至对法国的债券市场也不太确定。我比较喜欢德国的债券市场。不过，猜测有什么意义呢？收益率也许已经把所有的因素都考虑进去了。债券市场是相对有效的，或者说至少过去是相对有效的，而且我相信未来，这个市场将会继续有效。现在与未来之间存在着巨大的套利空间。

也许你也知道我对国际股票市场的看法。如果它们被合理地定了价，我不明白为什么将来它们能给投资者带来比现在更高的收益。

现在我要谈一谈什么是更好的分散化投资。对于坏人们来说，更好的分散投资是他们最后的一根救命稻草。我不记得我们五年前都谈到了哪些有助于分散风险的资产，但是肯定没有谈到黄金。当黄金价格涨势喜人时，当然黄金的价格肯定会上涨的，有人跳出来说黄金是很不错的风险分散工具。当国际债券相对于美国国内债券有了一点优势时（不是之前，而是以后），又会有人跳出来说它是很不错的风险分散工具。近期表现良好的所有投资工具都被视为不错的风险分散工具。

韦恩德：您对黄金有何看法？

博格：人们对黄金以及商品这些投资品不了解的原因是它们都没有内部收益率（Internal Rate of Return，IRR）。我可以告诉你，股票本身有 2% 的收益率，而且随着经济的发展，股票还会赚得更多，假设经济的名义增长率为 5%，那么股票的内部收益率为 7%。我也可以告诉你目前债券的息票利率为 3.5%，而且收益相当于债券未来全部收益的约 91%。但是说到商品，它没有息票，没有股息，没有任何盈利。

我们买入黄金是因为我们认为，将来可以以更高的价格把它卖给其他人。如果这都不算投机，我不知道还有什么算投机。这也许是不错的投机机会，虽然我并不赞成这一点，而且我对此表示十分怀疑。

霍根：您说过，大多数美国投资者不需要投资国外的股票，然而美国一些股票对应的上市公司都是跨国企业，有 50% 的收入来自于海外。

博格：这是我最不喜欢的另一个话题。如果你把每个发达国家都好好研究了一遍，然后会把最多的钱投给英国。可我认为英国面临的问题最棘手。每个人都知道英国正在实施高强度的紧缩政策，因为财政问题很严峻。我相信凯恩斯是对的，他认为应当想办法刺激经济，而不是采取紧缩政策。所以，如果你把自己 22% 的资金都投资给英国，那么就先要弄明白英国目前的形势。

下一个是日本，在你的投资组合中占比 21%。日本有什么优势呢？社会井然有序。过去，日本有很多创新。这种势头还将继续吗？我不知道。

接下来是法国。不管你信不信，对法国的投资排在第三位。法国人似乎不太努力工作。再接下来是瑞士、澳大利亚和德国，它们看上去都不错。

投资比重最高的前三个国家加在一起几乎占到了海外投资的一半左右，然而这些国家都面临着比较严重的问题。不过，当你把它们笼统地放在“外国股票”这个篮子里时，你根本不会去细想。其实你应当仔细地想一想。

霍根：您对美国的未来有何看法？也会像看待英国、意大利与法国那样悲观吗？或者您是否认为美国的情况会有所不同？

博格：我们正走向灾难，除非我们能做点什么改变这种命运。我们必须要把某些观念输入那些在任官员的脑袋，否则美国将不再是曾经的美国。不过，这需要选民自己先掌握一些常识。我们要选出我们想要的政客。我们希望能有更好的政客为这个国家服务，至少要好过每天晚上在电视上看到的那些政客。

我为美国的政治体系感到深深的担忧。我担心我们的政治体系奉行的是金钱至上原则。我担心“联合公民案”以及最高法庭所作出的不光彩裁决。

霍根：什么能增强您的信心？您认为目前哪一件事是我们最需要修正或者控制的？我们应当怎样调整方向？

博格：这并不容易。各州重新划定选区的行为堪称“胆大妄为”，竟然连埃尔布里奇·格里（Elbridge Gerry）[①]都被衬托得像是个胆小鬼了。这种局面真的不太好，竞选席位都被锁定了，而且对整个国家也很不利，因为极端主义政党得到了保护。对我来说，这些政党轻率而鲁莽。

对一个文明国家，尤其是那些到处都有政治行动委员会的国家来说，金钱简直就是耻辱。

我们必须找到一种更好的方法，在不侵犯美国宪法第一修正案的前提下，把大笔资金抽离出这个政治体系。我们都知道公司不是自然人。例如，我们知道公司不能犯罪，而且也无法坐牢。所以，我们需要动员精英力量来努力修正这个体系。无论国会是否愿意，它都必须采取一些行动来解决预算赤字问题。

总统很重视对富人征税，可是我认为总统这样做也许有点偏离了目标。这听上去有点不那么“美国”，我指的是形象方面。如果能有人告诉总统可以按照收入来源的不同而征税该多好啊。想象一下，有些人坐在家里就能以低税率获得资本收益，而另一群人每天早上就得出门工作，整天辛苦劳作，汗水湿透全身，筋疲力尽后才能回家。这样的社会简直太疯狂了。整个社会都出问题了，这是经济上的问题。

我认为，资本收益适用的税率至少应当与工资性收入的税率相等。股息适用的税率也至少应当与工资性收入的税率相等。

人们总在谈论股息收入的双重征税问题。70% 的股票被机构投资者持有，而且在很大程度上是免税的，因此我们可以从不同的角度来看待这个问题。

我想说，可以对基于退休储蓄目的的投资者（我这样说只是为了便于论证）每年获得的头 25 000 美元的股息收益和资本收益免征税赋。我认为这没有什么大不了。

---

① “不公正划分选区”（gerrymander）一词正是源于埃尔布里奇·格里的名字。

然后，我还想说，资本利得税的税率应当至少达到一般收入所得税的税率水平。也许某一天我们能列出一些例外的情况，并且把能获得资本收益的人分成两类：一类是刚刚开始经营企业的人，他们在为社会创造价值；另一类是在股票市场上玩赌博游戏，从社会攫取价值的人。我认为我们有能力将纳税人分成这两类，在对那些浪费社会资源的人征税的同时，让那些为社会做出贡献的人享受更优惠的税率。

韦恩德：即使是在指数化投资行业，我们也有一些人不愿意谈论政治。我的心态是适可而止。为什么我们不能为了整个国家的利益而努力工作呢？

博格：我很愿意提出一些建议。比如我刚刚提到的征税建议。我非常关注这件事。我还参与了“联合公民案”的斗争。我向美国证券交易委员会建议，每家公司应当提供一份决议，要求其向股东表态：“本公司承诺，除非得到75%的股东的许可，否则绝不提供政治献金。”为什么在没有得到大多数股东许可的条件下，企业竟然可以把钱拿出去捐赠？而且对我来说，得到大多数股东的许可还不够。事实上，特拉华州一项不再生效的法律曾经要求，除非所有股东同意，否则企业不能将资产捐赠给他人。

对投资者来说，最急需的就是要有人勇敢地站出来并负起责任，不要让企业为了维护自己代理人的利益而胡作非为。高管的薪酬更是个问题。企业合并是为了扩大规模，或者走出财务困境，或者其他各种理由，比如只是为了让公司的规模变得更大或者让高管有理由索取更高的年薪。对于类似的重大事件，股东应当进行投票表决。

韦恩德：某些人可能会说指数化投资也要为这种糟糕的局面承担部分责任，因为按照指数化投资的定义，你买入了市场，因此指数化市场上有很多规模非常庞大的机构投资者，它们对自己投资的企业根本不负责任，因为只是把标准普尔500指数（或者其他指数）包含的500家企业的名字读一遍就是一项很庞大的工程了。您对此有何回应？

博格：所谓的“华尔街规则”说的是如果你不喜欢某家公司的管理者，那就卖掉公司的股票。指数基金无法卖掉某只股票，所以规则应当是如果不喜欢这家公司的管理者，那就想办法把他们换掉吧。指数基金确实有责任站出来并负起责任。

（问题是）人们没有意识到自己身为基金股东的权利。人们成立共同基金，只是因为他们将来可以卖掉它们。我们可以从历史记录清楚地发现，过去这个行业是生产什么就出售什么，而如今变成了将来打算出售什么，我们就生产什么。要想说明这一点，再也没有比 ETF 更好的例子了。

霍根：您已经明确地表达了自己对 ETF 的担忧。这是因为它们已经成为了热门、新鲜或题材概念的泛滥之地吗？ ETF 出问题了吗？我们是否可以正确地使用 ETF 呢？

博格：如果正确使用，ETF 没有任何问题。首先我们用追踪标准普尔 500 指数的 SPDR 基金来说明。我在自己的书中讲过一个故事。那一天，ETF 梦想家纳特•莫斯特（Nate Most）闯进了我的办公室，他努力地向我兜售这个概念。我发现了其中的不足，然后我说即使他能弥补这些不足，这种产品也不适合先锋集团。指数基金是专门为长期投资者设计的，不适合短期投机者。

因此，我们与 ETF 没有什么关系。纳特完善了 ETF，然后向道富银行（State Street）去推销，最终成功了。SPY 基金本身没什么问题，只不过去年它的换手率高达 7 700%。它是一只交易基金，大多数的交易是在机构投资者之间进行的。从这个角度来看，它并没有实现自己的承诺。

投资者想买入并持有追踪广泛市场指数的指数基金是无可厚非的。这是参与市场的一种可靠方式。

不过，现在的营销活动可真多。我认为智慧树投资公司（WisdomTree Investments）的杰里米•西格尔（Jeremy Siegel）与锐联资产管理公司（Research Affiliates）的罗博•阿诺特（Rob Arnott）曾提出过一些非常合理的见解，他们说指数基金对个股的投资比例略微（注意，只是略微）与常见的以市值为权重的指数有所区别。这些所谓的“基准价值产品”似乎表现并不好，自成立以来的平均收益率（现在该产品已经进入第五个年头了）与全市场指数大致相同，尽管阿诺特的那只基金波动率要高一些。

杰里米·西格尔提出的按照股息来确定权重的想法不错，因为我明白他的意思。但是你看看智慧树投资公司，它们的总资产为 250 亿美元，但是股息基金的规模只有 3 亿美元。没有人想买这样的基金。投资者想买的是卢布、泰铢、日元和人民币产品。只有上帝知道智慧树投资公司应当提供哪种货币产品。

对我来说，ETF 的主要问题在于过于细分了市场，这就使它看起来像是在选股。看看今年年末的《华尔街日报》，一整版上面用密密麻麻的小字列出了 1 617 只 ETF，可这仅为市场上所有 ETF 的 1/3。这就像是在选股，实在是太可笑了。风险正在单个国家、单个行业、子行业甚至孙行业积聚。仅仅是投机市场的涨或跌已经远远不够了，现在你有了三倍杠杆。这将伤害投资者的利益。

指数基金原先的投资模式是买入整个股票市场，然后永远持有。然而，目前只有 1% 的 ETF 是这样做的；或者也许只有 5%~10% 的 ETF 还在使用这种模式。

迄今为止，ETF 当然是 21 世纪最伟大的市场营销创新之一。但是，它是否是最伟大的投资创新，或者对股东来说是最佳创新，这非常值得怀疑。

我一直不明白的是，为什么 ETF 对于积极管理型基金来说是一种很有吸引力的工具。每分钟都在猜测指数是上涨还是下跌，这种感觉简直太糟糕了。对我来说，每分钟都在猜测基金经理是比市场做得好还是做得差，这样的事简直太疯狂了。

霍根：过去几年以来，大批投资者抛弃了积极管理型基金，转而投入指数基金的怀抱。这是因为投资者已经清醒过来了吗？您认为这种趋势还将持续吗？或者您会认为这是一个短期现象吗？未来，积极管理型基金必将卷土重来吗？

博格：这只不过是指数化投资模式大展神威的开始。如今，指数基金已经占据了权益型基金资产的25%。随着以退休基金为目标的基金的加入，指数基金的市场份额还将进一步扩大。债券指数基金的规模也将继续扩大。从我们掌握的数据来看，在过去五年中，权益型基金的资金净流入额为3 490亿美元，其中指数基金的资金流入额为5 640亿美元，而积极管理型的权益类基金的资金净流出额为2 140亿美元。这是非常戏剧化的一种变化。

积极管理型基金公司的数据也不太好看。我认为人们开始觉醒了。已经有多少个比尔•米勒（Bill Miller）[①]倒下了？有多少个布鲁斯•伯科威茨（Bruce Berkowitze）[②]也倒下了？

基金管理公司的平均存续时间为6年左右。每10年，大概有50%的基金公司会从市场上消失。如果你选择的基金无法长期存续，那么投资者还奢望做什么长期投资呢？某些人说新成立的基金管理公司的业绩更棒；有些人说新公司的业绩不好。我的直觉是如果你仔细研究整个行业的话，你会发现新成立的基金管理公司与老公司没什么区别。

股票交易是在我们之间进行的。既然交易只在我们之间进行，那么是谁赢了呢？肯定不是投资者。华尔街的大庄家才是赢家。有没有什么方法能改变这种局面？有吗？我知道没有。

韦恩德：您对当前全球市场的状况有何看法？投资者应当如何看待市场？

博格：我的规则就是不要偷看。市场上的噪音太多，波动性太高，如果你受此迷惑，你的思维方式将会变得和投机者一样，你就不再是一位投资者

① 比尔•米勒是莱格梅森价值基金公司（Legg Mason Value Fund）的掌门人。

② 布鲁斯•伯科威茨是费尔霍姆基金公司（Fairholme Fund）的掌门人。

了。你要做的就是准备好。在余生中，你可以每个月存 500 美元，也许随着你收入的增加，每个月可以存得更多。每 5 年，预计市场会下跌 20% 左右，有时甚至更多。我们知道这必将发生，但是我们不知道究竟何时发生。事情往往是这样发展的：投资者在崩盘前把钱投入基金，因为共同基金的业绩数据是非常透明的；然后等到市场到达底部时，卖掉基金份额套现。20 世纪 90 年代后期，我们成立了大量技术基金。那是什么时候的事情呢？就是当科技股的泡沫达到最顶峰的时候。

我们不应当过分关注营销，而应当把工作重点转移到管理方面。相比于愚蠢的短期投机，我把这称为长期投资智慧。这是数学公式告诉我们的，并不是我的观点。

假设标准普尔 500 指数的每家样本股公司都有一半的股票被从不进行交易的长期投资者持有，另一半股票由短期投机者持有。我们知道，作为一个整体，这些长期投资者的收益率正好等于标准普尔 500 指数的收益率。我们也知道，投机型交易者也能获得同样的收益率，因为他们持有同样的股票。但是由于频繁交易，这些投机者的业绩会不如市场，而差额正好是他们的交易成本。

因此，单纯从数学的角度看，投机是失败者的游戏。是的，他们败给了市场。而单纯从数学的角度来看，投资是胜利者的游戏，因为他们拿到了市场收益率，或者说拿到了几乎 100% 的市场收益率。

韦恩德：您对您的哪一项成就最骄傲？

博格：现在思考这个问题还有些为时尚早。但是有目共睹的是，每个人都叫喊着已经成立了指数基金，但是只有我们实实在在地做到了。我们还创造了一种共有制结构，这种结构在整个行业内被模仿。我们为不收费基金市场做出了贡献。所有这些，包括先锋集团的成立、指数基金、不收取销售费用的决定以及第一个多层次的债券基金，都可以证明我们为基金投资者创造了一个更美好的世界。

博格的影响力

在漫长的职业生涯中，约翰·博格影响了无数的金融专业人士和投资者。《指数期刊》访问了博格最知名的同事、竞争对手和朋友，请他们介绍博格的主张对他们有何影响，以及这些主张是如何长期影响着美国人的投资方式的。

乔伊：作为一位投资者和金融专业人士，约翰·博格对您有何影响？

格斯·索特[①]**：**我刚刚进入投资行业时，对投资的看法还是偏理论性的，是杰克帮助我了解了这个行业的实践层面。指数化投资策略确实有用，并不是因为市场是有效的，而是因为它不像积极管理策略那样有高昂的成本负担。

乔伊：您对长期市场有何展望？您是否认为传统的买入并持有的指数化投资模式依然会在未来的市场上占据一席之地？

索特：未来，什么事情都有可能发生，但是股票市场有合理的估值，因此从长期来看，历史收益率也有可能再次变为现实。债券收益率已经极低了，因此我对债券的长期观点是其收益率有可能会低于历史收益率。

乔伊：您认为约翰·博格有什么观点是错误的？

索特：杰克和我对很多事情的观点是一致的，但是我们也在某些问题上存在着分歧，其中就包括ETF。我相信，对于很多投资顾问和直接投资者来说，ETF是一种非常高效的投资工具，它能帮助人们以较低的成本获得指数化的市场风险敞口。但是杰克不赞成我的这种观点。

乔伊：您认为约翰·博格对投资行业以及投资者会有哪些长期影响？

索特：杰克不仅成立了一家只服务于投资者利益的企业，而且他还为共同基金行业创造了指数化投资这种模式。杰克的贡献让非常多的投资者获利颇丰。

① 格斯·索特是先锋集团的首席投资官。

第 9 章

《指数期刊》推出的“博格号”

乔伊：作为一位投资者与金融专业人士，约翰 • 博格对您有何影响？

威廉 • 伯恩斯坦[①]**：**有两方面的影响。第一，他让我懂得了组织的结构与文化是多么重要。

他虽然说得并不多，但是他的话很有力量，而且他用自己的所作所为让我明白了这一点。他最大的壮举当然是把先锋集团献给了（无法用其他词语代替）基金的投资者。这就像福特或宝洁公司把股份赠送给购买汽车或者肥皂的顾客、比尔 • 盖茨把微软公司的股份送给每一个购买 Windows 操作系统的顾客一样。因此，先锋集团的文化与那些大型企业，尤其是大型金融企业的文化截然不同。一般的银行、证券经纪公司或者共同基金总是让你相信，你的最佳利益与公司的最佳利益是相同的。如果说我们能从最近的金融危机中学到什么的话，那就是那些话完全是谎言。

第二，他用实际行动告诉我永远不要停止前进，永远不要停止努力。很多到了他那个位置的人早就把大部分时间用于海滩度假或者搞慈善活动了，可是他依然在学习，依然在努力地让世界变得更美好，依然想发挥作用，依然凭借着超人般的旺盛精力，孜孜不倦地帮助他人。

乔伊：您对长期市场有何展望？您是否认为传统的买入并持有的指数化投资模式依然会在未来的市场上占据一席之地？

伯恩斯坦：我只知道博格教过我的，被我称为“博格对戈登公式的修正”：长期收益就等于博格所谓的“基本收益”（即股息支付与股息增长之和）与“投机性收益”（它反映了股息或市盈率的变化情况）之和。这就告诉我，股票的预期收益率可能为 7%~8%，假设当时股票的估值是合理的。

① 威廉 • 伯恩斯坦是效率前缘顾问公司（Efficient Frontier Advisors）创始人。

当市场形势不妙时，人们总是嚷嚷着“买入并持有的策略已经完蛋了”。他们忘记了并不是“买入并持有”，而应当是“买入、持有与再平衡”。最后一个步骤要求投资者应当在1987年、1990年、2000年至2002年、2007年至2009年的危机爆发后买入一些股票，然后等到市场重新反弹至高位时再把这些股票卖掉。额外的好处是长期收益肯定会高于平均水平，而且按照更广泛的市场指数配置股票资产的风险也较小。为什么有好好的路不走，非要去追捧那些去年业绩最好的积极管理型基金公司，或者听它们吹嘘今年将会多么幸运呢？

乔伊：您认为约翰·博格有什么观点是错误的？

伯恩斯坦：我对这个问题的答案不太确定，因为我只知道我们有不同意见，而且我也许才是不对的那一方。看看杰克的辉煌纪录，很有可能我是错的。我们的分歧主要集中于价值和小额溢价的存在以及股票溢价与估值的可变性。事实上，杰克比大多数人都更早地意识到了估值的重要性。我们的分歧主要体现在具体做法上：我的看法是当估值发生巨大变化时，应当小幅增加或减少股票的投资比重；而博格的看法是什么也不做。我还认为美国的投资者应当多配置一些国外资产，而博格不建议这样做。

乔伊：您认为约翰·博格对投资行业以及投资者有哪些长期影响？

伯恩斯坦：某天晚上我和一位朋友共进晚餐。和其他有钱人一样，他也雇用了股票经纪人。此外，他还投资了以指数化投资策略为主的低成本的401（k）计划。当股票经纪人听说我这位朋友已经退休了，就问朋友是否愿意把401（k）计划转入他所在的股票经纪公司。我的朋友大声地对我说：“我为什么要这样做？我这份员工退休计划的成本仅相当于股票经纪公司类似产品的1/4。”

我不敢肯定他是否听说过杰克，但是我很肯定他从未读过杰克写的书，不过他明白哪种选择是最佳的。这就是杰克送给我们的宝贵财富：很多普通投资者第一次认真地考虑了投资成本问题。这是一个非常了不起的进步。

乔伊：作为一位投资者与金融专业人士，约翰·博格对您有何影响？

波顿·马尔基尔[①]**：**早在市场上还没有这么多指数基金产品的时候，我就相信指数化投资策略是一条正确之路。如今，能向投资大众推荐这种特殊的投资工具，我感到很高兴。杰克让这一切变成了可能。

乔伊：您对长期市场有何展望？您是否认为传统的买入并持有的指数化投资模式依然会在未来的市场上占据一席之地？

马尔基尔：我们可能要经历一段时间的市场低谷期，就像第二次世界大战结束后的那段时间一样。利率被人为压制得很低，高质量的债券投资组合无法创造出实际收益。但是，尽管所有资产类别的投资收益率都很低，但是我相信确实存在着较为明显的股票风险溢价。我相信，高度分散化的股票投资组合（其中包括快速发展的新兴市场的股票）能在长期内给投资者带来满意的回报。我不相信所谓的“市场时机”。没有人能永远选对时机，而且每当我们尝试这样做时，个人投资者也好，专业人士也好，错误的概率要大于正确的概率，因为我们的情感总是倾向于打败理智。买入并持有的指数化投资策略依然是最佳选择。但是，像成本平均策略、再平衡策略这样的交易策略也有助于降低风险。

乔伊：您认为约翰·博格有什么观点是错误的？

马尔基尔：杰克对 ETF 太悲观了。当然，他批评说这种基金总是被用于投机而非投资，这的确是事实。但是与此同时，ETF 是比共同基金成本还低的投资工具（而且它们还拥有潜在的税收优惠），因此对于长期投资者来说，它是非常有价值的投资工具。上午十一点买入 ETF，到了下午两点就卖掉，

① 波顿·马尔基尔是化学银行（Chemical Bank）主席聘请的荣誉经济学家以及普林斯顿大学经济学家。

这绝对是投机而非投资。但是有些人就想这样做，无论这么做是多么愚蠢。对长期投资于基金的交易者来说，频繁的买入和卖出只会导致较高的交易成本。

乔伊：您认为约翰•博格对投资行业以及投资者有哪些长期影响？

马尔基尔：约翰•博格已经做出了两个影响深远的巨大贡献。第一，博格创造了独一无二的共同基金企业——先锋集团。这家公司完全由基金投资者所有，并且向社会大众提供低成本的投资工具。先锋集团是一家真正“共同所有”的投资服务公司。

第二，博格成立了美国国内第一只面向公众发售的股票型指数基金，随后他又推出了涵盖多种投资市场的指数基金产品。他的这些举动让指数化革命成为了现实。

乔伊：作为一位投资者与金融专业人士，约翰•博格对您有何影响？

唐•菲利普斯[①]**：**杰克就是榜样。他顽强拼搏的意志力、将个人利益与投资者利益紧密联系在一起是企业家精神与道德行为的完美体现。他是我在基金行业中最仰慕的人。

乔伊：你对长期市场有何展望？你是否认为传统的买入并持有的指数化投资模式依然会在未来的市场上占据一席之地？

菲利普斯：我认为在下一个十年，股票市场能获得不错的回报，而债券市场的收益率会比较低。我认为，面对这样的市场环境，买入并持有的指数化投资策略非常有意义，或者说这种策略无论何时都适用。但要记住，再平

① 唐•菲利普斯是晨星公司共同基金研究主管。

衡是买入并持有策略的一个重要组成部分。考虑到债券在过去十年中的投资收益非常好，而股票的收益率很差，很多投资者需要对自己的资产组合进行调整才能让一切重回正轨。

乔伊：您认为约翰•博格有什么观点是错误的？

菲利普斯：并不多。他有时可能高估了先锋集团的收益情况。可我们所有人不都是这样？但是从大方向上看，他的业绩着实令人吃惊。时间会证明他的观点是正确的。

乔伊：您认为约翰•博格对投资行业以及投资者有哪些长期影响？

菲利普斯：从现在开始再过五十年，即使当今所有基金公司的管理者和CEO都被世人遗忘了，约翰•博格还是会被人铭记。他让整个基金行业迈上了一个新台阶，而且让投资者获得了更高的收益。整个行业的费用成本都因为他而普遍下降了。投资者的要求变得更高，而且将来肯定会更高，因为杰克已经让他们学会了正确的投资方式。

乔伊：作为一位投资者与金融专业人士，约翰•博格对您有何影响？

罗博•阿诺特[①]**：**我们都需要精神导师或英雄的激励，方能成就伟大事业。杰克就是我的英雄，除了他以外，彼得•伯恩斯坦、马蒂•莱博维茨（Marty Leibowitz）、鲍勃•洛弗尔（Bob Lovell）和哈里•马克维茨都是我心目中的英雄。我能在快50岁时成立锐联资产管理公司，正是因为我受到了博格的影响，因为他也是在快50岁时创建了先锋集团。他热情地宣传基于市值分配权重的指数化投资策略，激励着我也付出极大的热忱去做基本面指数（Fundamental Index）这种新产品。他不仅一心一意地帮助终端客户赚钱（对

① 罗博•阿诺特是锐联资产管理公司的创始人和主席。

他来说，就是把策略执行产生的偏差和成本降至最低），而且还提醒我们大家，“做好事”才是我们要做的事。对我而言，低成本要比低定价更重要。不过公平地说，我们都不喜欢费用高、可收益却随机的产品。

乔伊：你对长期市场有何展望？你是否认为传统的买入并持有的指数化投资模式依然会在未来的市场上占据一席之地？

阿诺特：真正的买入并持有的投资策略就像神话，消极的指数化投资策略也是如此。在这个星球上，哪位投资者从来没有进行过交易，从来没有对自己的投资组合进行过调整，或者重新构建自己的指数化投资组合，以便反映公司的变化？当然没有。但是，买入并持有的指数化投资策略的理论基础在投资学殿堂中占据着重要地位：没有什么证据证明这一理论基础是错误的，因此它应当是我们的默认选择。

我认为，我对未来的看法要比杰克的更加悲观，或者说比大多数投资界同仁的都更悲观。我相信，低收益率的市场环境意味着未来的投资收益前景会更加黯淡。人口老龄化意味着 GDP 增速会放缓。发达国家人群沉迷于借钱消费的癖好将会对私人部门资本市场产生挤出效应，最终不可避免地会将健康的资本主义制度弄得分崩离析。

我认为股票与其他任何一种投资产品一样：当股价便宜时买入，那么用不了多久就能获得丰厚的回报；不过如果是在股价较高的时候买入，那么就要得等很久才能获得令人满意的收益。

简而言之，我相信分布于较广范围、多个市场的高分散化投资策略一般能带来更高的收益，胜过传统的 60/40 买入并持有的策略。虽然我赞成指数化投资策略，但是我不太赞成以下做法：传统的基于市值分配权重的指数化投资模式将大多数鸡蛋都放入了价格最昂贵的篮子，这并不是获得较高的长期收益的理想方式。

乔伊：您认为约翰·博格有什么观点是错误的？

阿诺特：与很多有远见的领袖一样，杰克对他人的观点有些苛刻。他出于本能地厌恶 ETF，他用“给纵火犯递上汽油”形容这类产品。可是他忽略了一个事实，那就是投资者每天买卖共同基金份额会经常犯下大错，那么同样的，他们如此对待 ETF 也会有同样的结局。晨星公司共同基金研究员拉塞尔·金奈尔（Russel Kinnel）在其名为《注意缺口》（*Mind the Gap*）的研究中证明，共同基金的时间加权收益率每年要比货币加权收益率高出 2.5 个百分点。杰克对基本面指数基金的批评忽视了一个事实，那就是与大多数积极管理型的基金管理公司和基金产品相比，我们都站在了道义的一方，即收费非常低廉，换手率非常低，投资高度分散化，投资量非常大。

有一件事让我很欣赏杰克，那就是即使我们即使存在分歧，但我们依然是朋友。我们都认为重要的事情，有 80% 我们意见是相同的。他有点像一位既睿智又脾气古怪的叔叔，他的话经常是对的，而且永远那么有见地；偶尔我们会有不同意见，这会令叔叔吃惊，但如果不假思索地就直接忽视叔叔的真知灼见，那么我们就是彻头彻尾的傻瓜了。

乔伊：您认为约翰·博格对投资行业以及投资者有哪些长期影响？

阿诺特：杰克是对指数投资领域贡献最大的人。他把终端客户的福祉直接放在了食物链的顶端，也就是说除非客户已经拿到了丰厚的回报，否则职业投资人就拿不到。说的更宽泛一点，他挑战了“积极管理策略不仅仅是零和游戏”这种传统思维。事实上，杰克说的对，由于存在净成本，这其实是一场负和游戏。如果从基于市值分配权重的指数化投资策略出发，我们就会发现只有当自己的交易对手甘心情愿地认输时，我们才能成为赢家。我们确实要想一想，谁在输钱，而且为什么他们愿意输。这种思考能帮助我们做得更好。如果这个问题没有令人满意的答案，我们就不应当偏离杰克为我们指明的买入并持有的指数化投资道路。

乔伊：作为一位投资者与金融专业人士，约翰·博格对您有何影响？

史蒂夫·加尔布雷斯（Steve Galbraith）[①]：我们俩的关系就像哈洛和慕德[②]的关系一样。杰克是我在商界最好的朋友，尽管他是我父亲的同行，而且我（就像他的儿子）执行的是积极管理策略。

乔伊：您对长期市场有何展望？你是否认为传统的买入并持有的指数化投资模式依然会在未来的市场上占据一席之地？

加尔布雷斯：事实上，我并没有认为指数化投资策略与买入并持有策略是完全相同的。对我来说，两者更多的是费用结构的不同（我亲眼见证了指数型 ETF 的疯狂交易）。至于市场，过去三十年中，股票的相对预期收益率并没有更高。当然，鉴于几乎没有其他更好的投资选择，所以也算勉勉强强过关了。但是熬过 13 年的零收益之后，股票市场现在再度风起云涌。

乔伊：您认为约翰·博格有什么观点是错误的？

加尔布雷斯：耶鲁大学和塔夫茨大学（Tufts University）显然要比普林斯顿大学更好一些，不过它们之间的差距不算太大。

乔伊：您认为约翰·博格对投资行业以及投资者有哪些长期影响？

加尔布雷斯：他让投资变得更加普及。毫无疑问，他是近 100 年来最重要的投资名人之一。

乔伊：作为一位投资者与金融专业人士，约翰·博格对您有何影响？

① 史蒂夫·加尔布雷斯是摩根·士丹利前任市场策略分析师以及 Herring Creek Capital 公司创始人。
② 哈洛和慕德是电影《哈洛和慕德》（*Harold and Maude*）的两位主人公。——译者注

泰德·阿隆森（Ted Aronson）[①]**：**约翰·博格仅凭一己之力实现了投资的大众化，他让所有投资者都能分享到资本市场的收益。他对投资行业的影响不容低估。

杰克的其他影响就是他总能发出理性的声音，他提倡的是平衡、审慎、明智的投资模式。他将成为现代金融领域的伟大“建筑师”之一。

成功的投资取决于三个条件，即明智地承担风险、分散化投资以及将成本控制在最低水平。杰克创建的先锋集团提供了同时满足这三个条件的机会。就这样，他摒弃了华尔街自私自利、肆意提高成本的旧模式。

乔伊：你对长期市场有何展望？您是否认为传统的买入并持有的指数化投资模式依然会在未来的市场上占据一席之地？

阿隆森：目前，我对长期投资前景的看法是要从新兴市场获得超额收益，因为如今，发达国家的股票市场的收益率低于历史水平，而且长期国债的收益率简直是太低了。

买入并持有的指数化投资策略在所有市场环境下都能占据优势地位。

乔伊：您认为约翰·博格有什么观点是错误的？

阿隆森：我对约翰·博格的投资理念只有一个不同意见，那就是他一直对国际分散化投资有偏见。与杰克有不同意见是很危险的，但是对于这个问题，我愿意更多地向国际市场配置资产。（我们只不过对配置程度有分歧。）

乔伊：作为一为投资者与金融专业人士，约翰·博格对您有何影响？

① 泰德·阿隆森是阿隆森－约翰逊－奥尔蒂斯公司（Aronson Johnson Ortiz）的管理负责人。

史蒂芬·戴维斯（Stephen Davis）[①]**：**虽然我自己也是投资者，不过事实上我更是一位公司治理方面的专家。此外，我同时还担任了伦敦爱马仕公司的非执行董事。

我认为，博格所做之事让整个世界从更加内部的视角看清了共同基金行业的实际运行模式。就像博格自己也认同的那样，从很多方面来说，整个行业正在为众多投资者的利益服务，可是这同时存在着其他风险和其他负面因素。在行业外，几乎没有人能如此敏锐、有洞察力以及见识广博，并且能够描绘出整个行业清晰的全貌。

乔伊：您对长期市场有何展望？您是否认为传统的买入并持有的指数化投资模式依然会在未来的市场上占据一席之地？

戴维斯：（市场展望）不是我擅长之事。我在耶鲁大学管理着一家公司治理研究中心，我不是管理投资的。（但是）我认为行业发展的路径越来越偏离我们对市场机构的预期，这里主要指的是治理和透明度两个方面。现在的情况是，除了一些业绩数据（这些数据也许是准确的，也许是不准确的）以外，大多数人对自己投资的共同基金一无所知。例如，他们对董事会、董事会成员几乎没什么了解。可是，董事会代表的是他们的利益，对应的正是共同基金管理公司的股东。投资者根本不知道这一切。他们偶尔会参加董事会的投票，但是极少关注哪些人在董事会中任职、董事会到底需要做些什么。董事会应当如何代表这些普通投资者来行使权力呢？我认为这是个问题。

从系统性风险的角度来看，共同基金的所有者都是一些不愿意有所担当的投资者。首先，他们总是喜欢快速地转换自己持有的基金份额。于是，这些基金份额的持有时间都不太长。当他们这样做时，作为资产的所有者，他们几乎是在对“管理”施加反作用力。如今，投票也不像以前那样是公开进行的了。但是，他们还应当多做一些事。他们不仅需要证明自己是负责任的

① 史蒂芬·戴维斯是耶鲁大学管理学院米尔斯坦公司治理与绩效研究中心执行董事。

所有者，他们的所有权责任确实与广大投资者的切身利益完全一致，而且还需要证明投票是投资过程中不可缺少的环节之一，并不只是机械的合规性操作。

人们投资共同基金的期限没有巴菲特的那么长。但是，其中大多数人都是长期投资者。问题在于共同基金管理者的行为就好像这些人都是非常短期的投资者一样。这说明最终受益者或最终投资者与共同基金管理者在投资期限的认知上存在着明显的分歧。

乔伊：您认为约翰·博格有什么观点是错误的？

戴维斯：这个问题很难回答，因为我认为我的看法几乎都与他一致。并不是说他的不对，不过我认为他的看法（应当明确受托责任标准）需要很长时间才能实现。我并不完全知道为什么会这样，但是我认为如果能将这个标准更加具体化，如果能够找到一种方法真正激励全美国的“草根”股东（负起责任），那么这肯定会使广大投资者受益。谈到动员“草根”投资者，博格做得比谁都多，因此我很不愿意在这方面提出所谓的“批评”。不过，有时候我们会面临这样的情况，几千万美国人会投资股票市场，其中很多人是通过投资共同基金来间接投资股票的，而且他们往往不是政治势力。于是，等到问题被提交给国会或者监管机构审议时，他们必输无疑。

这并不是对博格所做之事的批评，这其实上是对所有赞成博格观点的人提出的一个疑问与挑战。

乔伊：您认为约翰·博格对投资行业以及投资者有哪些长期影响？

戴维斯：几乎没有人能像约翰·博格一样对共同基金行业给出如此清晰、独立的评价和判断。我相信，他让很多人看到了这个领域存在的缺陷，我想这具有长远的影响。如果不是他勇敢地站出来揭露一些事实，那么我想很多人都不会睁开他们的眼睛，而且他们会损失更多。

乔伊：作为一位投资者与金融专业人士，约翰·博格对您有何影响？

埃德·霍尔德曼（Ed Haldeman）[①]：杰克在很多方面影响了我。作为一位投资者，他让我更加明白了费用和交易成本对长期业绩的重要影响。此外，他还提供了一个简单且有用的框架，我可以使用这个框架估算出股票的长期预期收益（收益率加上预期每股盈利增长率，再加上市盈率的变化率）。但是更重要的是，杰克让我意识到，作为受托人和资产管理公司的所有者，两种角色之间存在着内在冲突。最终，他通过他的《博格长赢投资之道》一书又促使我重新评估了我的个人价值观。

乔伊：你对长期市场有何展望？您是否认为传统的买入并持有的指数化投资模式依然会在未来的市场上占据一席之地？

霍尔德曼：我对长期市场的看法是美国股票市场的年平均收益率为7%，非美国股票市场的年平均收益率为8%~9%，分散化的债券投资组合年收益率为4%。我绝对相信，传统的买入并持有策略应当在任意一个投资组合中都扮演着重要的角色。某些人可能认为，在过去五年中那些极高的波动率和低收益率意味着买入并持有的策略不再有效了。我不同意这种观点。找到合适的择时交易机会和成功地进行择时交易之间是有区别的。我们都知道，如此之高的市场波动率为我们提供了巨大的择时机会，但是这并不意味着所有进行择时交易的投资者都能获得高于买入并持有这种策略的投资收益。

乔伊：您认为约翰·博格有什么观点是错误的？

霍尔德曼：我不敢说博格什么看法是错误的。我和博格在三个方面有不同的意见，我对他的看法提出了挑战。第一，我质疑的是博格对长期持有策略的观点，他认为非美国股票应当在美国投资者的投资组合中占很小的比重。

① 埃德·霍尔德曼是普特南管理公司的前任CEO以及房地美CEO。

对我来说，如果非美国股票的持有比重低于市值比重，那么这种做法在逻辑上是矛盾的。这就好比标准普尔 500 指数基金持有的金融股比重低于市值比重。

第二，我并不认为想要跑赢市场的追求在道德上有何过错。也许跑赢市场的概率确实比较低，但是如果投资者在选择基金管理公司时希望自己选中的公司正是少数“胜利者”之一，那么无论是投资者还是基金管理公司，我并不认为它们这样想有任何道德层面的问题。有时，杰克的言辞似乎表现出他认为这存在道德问题。

第三，我要问杰克的是为什么他只对费用如此关注。因为我相信基金的收益与基金广大投资者的平均收益之间的差距才是让投资者最难过的。费率差每年使投资者损失 75 个基点。但是，基金公司的一些行为会使投资者在不适宜的时间点买入基金，同时又在不适宜的时间点赎回基金，仅是这一点每年就会使投资者损失 300~500 个基点。

乔伊：您认为约翰•博格对投资行业以及投资者有哪些长期影响？

霍尔德曼：毋庸讳言，约翰•博格会对很多方面产生长远影响。当然，先锋集团专注于低成本与消极管理策略而给投资者带来好处也将具有长远的影响。但是，博格的个人影响力远远超过了先锋集团的影响力。如果没有约翰•博格，消极管理型基金会占据多少市场份额呢？如果没有约翰•博格，积极管理型的基金公司的平均费率会是多少呢？想想看吧，指数基金的流行，以及指数基金对积极管理型基金收费标准的压力能帮我们节省多少净收益。约翰•博格的贡献将会继续造福成百上千万的投资者。

乔伊：金融经济学（Financial Economics）是从什么时候开始发展起来的？

大卫·布利策[①]**：**从本质上看，它开始于1952年哈里·马科维茨发表于《金融期刊》（*Journal of Finance*）的一篇题为《投资组合选择》（*Portfolio Selection*）的文章。投资实践主要借鉴了学术期刊上发表的那些理论性进展。而学者用得到进一步拓展的可用于解释金融市场运行机理的理念作为回报。但是，有时候，投资实践过于热衷使用各种复杂的数学公式以及花里胡哨的东西，以至于把最基础的原理都抛在了身后。

乔伊：约翰·博格对现代金融的发展有何贡献？

布利策：20世纪60年代，投资整个市场的理论开始吸引公众的注意，但是直到1975年约翰·博格推出第一只指数基金，才让投资者投资整个市场的梦想成为了现实。在他对现代投资作出的诸多贡献中，还有一个值得特别提起的是先锋集团的成立。仅是这两项成就，就足以让他进入过去五十年来最优秀投资者的行列。

乔伊：有效市场假说适合什么市场情况？

布利策：很多人都在孜孜不倦地挖掘金融理论和经济学理论，期待从中找到闪光的投资理念。在这个过程中，约翰·博格以及其他少数几人始终脚踏实地，他们回避了近期很多疯狂的做法。有效市场假说是股票估值、股票定价和股票交易的理论基础。很多信奉指数化投资策略的投资者都认为，有效市场假设说明了指数化投资策略能够奏效的原因。近来，熊市让这个理论遭受了很多质疑和争议，有些人说价格并不总是像有效市场假说陈述的那样，是随机或无法预测的。不过，正如约翰·博格指出的那样，指数化投资策略的成功并不依赖于有效市场假说，而且依赖于他自己提出的另一个假说，即成本重要假说。简单地说，成本重要假说认为指数化策略成本低廉，而且投资者实际拿到的钱要比选择积极管理型基金的投资者更多。证据就是在博格的领导下，低成本的指数基金一直是市场上的佼佼者。

乔伊：指数基金如何与审慎投资策略相结合？

① 大卫·布利策是标准普尔指数委员会（S&P Index Committee）的常务董事和主席。

布利策：将投资成本控制在低位不是只有指数化投资这一种办法。跟风使用最新的“完美”策略，而放弃以前“肯定好用”的策略，这样做的结果只会是花更多的钱用于交易和纳税（如果获得了投资收益还需要纳税），而自己得到的却非常少。博格建议大家买入全市场型的指数基金，而且不要卖掉。这种方法应当可以压低投资的交易成本。

乔伊：您对认为买入并持有策略已经过时的观点有何看法？

布利策：没有人承诺过指数化投资就一定能获得超高收益，甚至连得到正收益都没承诺过。事实上，人们支持指数化投资策略的唯一原因就是这样做成本可能比较低，而且通过指数化投资策略实现的分散化要比只买入预期会上涨的股票高一些。作为一种投资策略，指数化投资策略背后隐含的理念是长期投资，股市会随着经济的发展而上涨，而且参与经济发展的成本也不高。买入并持有的策略会永远有效吗？不。没有哪一种投资策略是永远有效的。尽管很多投资策略能被复制，而且复制出的策略的表现要优于买入并持有策略，但是新策略几乎都没有成功。在投资领域（以及其他很多领域），根本没有“一定能行”的事。

乔伊：杰克的发明对标准普尔公司有何影响？

布利策：我首先要感谢约翰·博格开发出了指数基金，以及将标准普尔 500 指数作为基金投资基础的大胆想法。自 1957 年我们开始编制标准普尔 500 指数以来，它已经成了很多金融创新的组成部分，包括指数基金、ETF、指数期货以及指数期权。在投资与金融史上，先锋基金是将金融理论转化为实践的第一个、同时也是最成功的例子。

第四部分

约翰·博格对公司治理的愿景

博格对共同基金股东的持续重点关注不可避免地使他一直将公司股东（主要是共同基金本身）权益以及公司治理问题放在首位。本部分一开始是公司治理专家内尔·米诺（Nell Minow）撰写的文章。他先是谈及博格对公司财务主管人员的坦率评价，随后介绍了博格对股东以及公司治理问题的四个主要观点。

米诺的文章结束后，博格分两个部分透彻地阐述了相关主题。首先，在第 10 章中，他讨论了共同基金公司似乎总是不愿意在代理投票时代表其股东的权益，以及这样做（指的是代表股东权益）如此重要的原因。对于第一点，他接受了一位匿名的基金经理的观点：只有两类客户我们不敢冒犯——现实中的客户与潜在的客户。至于第二点，博格重点强调了一句话，那就是公司治理领域的资深专家罗伯特·芒克斯（Robert Monks）曾说过的"没有所有者的资本主义必将失败"。或者用博格自己的话来说："只有当企业的管理者集中精力为所有者创造长期价值的时候……美国大大小小的企业才能成为这个国家兴旺发展的主要推动力。"

然后，在题为《美国企业出了什么问题》(*What Went Wrong in Corporate America*）这篇文章中，博格通过评价资本主义制度的几项基本原则，进一步分析了美国的商界与金融行业。他指出了近年来商界或金融企业一些做法的不足之处，还分析了私人部门与公共部门多家企业破产的原因。随后，他又用一些证据证明我们已经取得了一定的进展，并且找到了针对某些弊端的解决方案。他坚信，我们能够在21世纪修正资本主义制度的缺陷。支撑他这种信念的是“资本主义的守护神”亚当•斯密以及19世纪美国的伟大观察家亚历西斯•德•托克维尔（Alexis de Tocqueville）说过的话。

约翰•博格在股东以及公司治理方面的四个主要观点

◎内尔•米诺[1]

约翰•博格彻底改变了金融服务行业的运营模式，很多人对他的商业远见既羡慕又嫉妒。但是，他几乎是在无意之中创造了一个新的行业，因为他首先意识到的是金融服务企业理应更好地对待个人投资者。

博格是第一个意识到个人投资者应当有机会投资指数基金的人。相对于积极管理型基金，指数基金能够在长期内为投资者创造更高的价值，同时风险水平更低。对上市公司资本结构问题的持续关注使博格对公司治理的重要性有着深刻的理解。在博格之前，大家都知道个人股东和机构股东都要遵守华尔街法则：如果你不喜欢某家公司的管理者，那就卖掉该公司的股票。博格发现，指数基金却没有这项特权。即使投资者对基金管理公司的业绩不满意，他们也只能眼睁睁地看着基金的收益率排在指数之后，却一点办法也没有。

他毫不畏惧地使用强烈的字眼来描述金融服务行业中的同行们，说他们把投资者的收益窃取为基金管理公司的收益，这种行为简直就是“背叛”。在《资本主义的灵魂之战》（*The Battle for the Soul of Capitalism*）一书中，博格这样写道：

> 过去20年中，商界领袖、投资银行家、理财经理的行为与价值观已经被严重腐蚀了……过去一个世纪，所有者至上的资本主义精神——将投资所得的大部分收益交给敢于投资、用自己的资金来冒险的投资者——慢慢地发生了变化，最终竟然变成了截然相反的另一个版本——管理者至上的资本主义精神，高到不成比例的投资

[1] 内尔•米诺曾发表过200多篇以公司治理为主题的文章。

收益都进了管理者的腰包，我们原本是信任他们才把企业交给他们管理的，但是他们却把自己的利益摆在了第一位。

博格提出了四个主要观点，尤其谈到了股东的地位。这几个主要观点不仅对于了解公司治理的重要性以及具体操作方法十分重要，而且还能保护资本主义体系不被某些人为了自身的短期利益而故意扭曲或颠覆。

投资者拥有不可剥夺的代理参与权

现在，股东们应当站出来好好聊一聊“严重偏离公平竞争”与“以损害所有者利益为代价却为管理者带来好处的资本主义优势”了。

博格建议投资者应当履行自身作为企业所有者的责任，深思熟虑后再投票，并经常与企业管理者以及董事有建设性地沟通各自的看法。但是他们需要做得更多。博格支持赋予投资者“代理参与权”[①]，提名他们看中的董事会候选人，并提交关于某些事项的建议书，比如对董事薪酬的意见等。

理财经理没能按照最符合客户利益的方式行事

理财经理在代理股东行使权利时没能按照最符合客户利益的方式行事，导致了难以治理的利益冲突问题。首当其冲的是商业关系中不正当的激励机制。理财经理（包括指数基金经理）不想在参与投票时冒犯到大客户——这些大客户都是资产管理公司的高管，他们能直接决定理财经理是否可以拿到401（k）计划或其他养老金投资项目。于是，正如博格常说的那样：“只有两类客户我们不敢冒犯——现实中的客户与潜在的客户。”

第二个冲突是只持有少量股份的个人股东的集体选择难题。即使是规模最大的机构投资者，对任意一家公司的持股比例也很少会超过 1%。因此，即

① 后金融危机时代推出的《多德－弗兰克法案》中包含了“代理参与”。（提示：尽管《多德－弗兰克法案》确实有一个条款要求证券交易委员会公布代理参与的细则，证券交易委员会也确实公布了细则，但是哥伦比亚地区巡回上诉法院以经济分析支撑力不足为由否决了这一条款。）

使投资者花费额外的资源去研究——更不用说反对了——企业的提案，或者提交他 / 她自己的建议，其结果也无非是自己付出了 100% 的成本，却只能按照持有比例拿到收益。

高管的薪酬过高

利益冲突的一个关键问题是高管的薪酬过高。博格指出，很多高管薪酬总是与极易被“操纵”的指标挂钩，可是更重要的业绩评价指标（比如资本成本）却很少成为评价高管业绩的指标。而且，“如今很明显的情况是 CEO 的薪酬本应包含一些待定的项目，而且这个组成部分应当长期存在”[①]。如果高管的行为有损于企业的长期可持续发展，只要薪酬激励机制对这样的行为不加惩罚，反而奖励，那么高管就不会为了实现投资者的最佳利益而行事。

“联合公民案”赋予公司股东责任

“联合公民案”的判决引发了最严重的利益冲突与潜在的判例滥用，我真心希望有关部门能增强责任心并提高透明度。博格在《纽约时报》上发文称：

> 尽管有很多缺陷，但是“联合公民案”的判决结果支持竞选献金法案制定更为详细的信息披露规则，我原本以为充分的披露也许会制约企业的政治献金行为。不过事实上，企业可以利用非营利性组织所适用的法律条款，在不披露任何信息的情况下进行大额的政治献金活动。这意味着现金流入美国的政治体系变得更加容易了。因此，在企业的层面上，我们必须尽快采取一些措施来限制政治献金行为，这个要求十分紧迫。

① 出自《投资还是投机：资本市场的沉沦与角逐》一书。除了那些已经被《2002 年萨班斯 – 奥克斯利法案》修正的缺陷以外，博格在此书中还提到了其他一些不足之处。他指出，法律没有对公司绩效提出要求，而只是界定了何为“行为失当”。即使是行为失当，“美国证券交易委员会还在寻找单一案例”。

> 事实上，高等法院把限制企业政治献金行为的责任交给了股东。在法官安东尼·肯尼迪（Anthony Kennedy）看来，美国宪法第一修正案赋予了股东自由言论的权利，这确保股东的言论能够反映他们的真实想法，从而避免企业的资产被高管为了实现自身利益而滥用。他建议股东应当“通过企业的民主制度”来纠正类似的滥用行为。

博格再一次号召机构投资者行动起来。他说：“美国的机构投资者必须站出来抗议高等法院这种有误导性的判决，要在公司治理框架内引入民主制度，及时分辨企业与金融体系之间错综复杂的利益链条所引发的冲突，率先采取措施来逐渐弱化金钱在美国政治体系中占据的主导地位。”

博格之所以能在基金行业内独树一帜，是因为他的成功来源于他总是在思考什么对个人投资者最有利，而不是对整个行业或者高管人员最有利。正是由于他总是坚持不懈地以“哪种选择对普通投资者最佳”作为考量的基础，因此他成了为普通投资者大声疾呼的代表人物。

第 10 章

The Man in the Arena

Vanguard Founder John C. Bogle and His Lifelong Battle to Serve Investors First

基金的沉默：为什么共同基金必须大胆地讲出自己对美国公司治理问题的看法①

好牧人为羊舍命。被雇来的帮手不是羊群的主人，因此当狼进攻时，他会丢下羊群逃跑。狼抓住了羊，把它们撕得粉碎。帮手会逃跑是因为他只是被雇来放羊的，他并不关心羊群的命运。

约翰 10：11-13

只有两类客户我们不敢得罪：现实中的客户与潜在客户。

一位匿名的理财经理

1951 年，我写的那篇毕业论文还探讨了公司治理对共同基金的影响。很久以前，基金公司总是犹犹豫豫地不想用投票的方式来作决策。最常见的说法是："如果你不喜欢某家公司的管理者，那就卖掉该公司的股票。"不过，我可以举出很多个例子，证明在这样的情况下，基金公司依然可以有所作为。最值得关注的就是 1949 年蒙哥马利 • 沃德公司（the Montgomery Ward）的例子。当时，共同基金公司和其他股东们一起努力，把时任公司董事会主席的

① 节选自《投资还是投机：资本市场的沉沦与角逐》一书。

史威尔•艾弗瑞（Sewell Avery）赶下了台。艾弗瑞这个人颇具争议——几年前，就在1944年，一群士兵把他从办公室带走，当时他正坐在办公椅上，一张很有名的照片让这一刻被永久地保存下来。共同基金公司投反对票的原因是艾弗瑞总是不愿意为了公司的未来发展而花钱，总是担心第二次世界大战结束后美国经济会陷入衰退，然而事实上，衰退并未到来。

共同基金作为企业公民的职责

我的论文反映出那个时候——和现在一样——的我有些理想主义。我以为这只不过是时间问题，将来终有一天，共同基金会积极地履行作为企业所有者的职责的。

> ……共同基金的投资是以企业为基础的，并不是投机……对公司的政策施加影响力，通常是以决定性的方式来达到这一目的，以投资公司股东的最大利益为首要目标。既然共同基金不仅比普通股东更了解企业的财务与管理状况，而且还掌握着可以对企业施加影响的金融工具，因此共同基金似乎“命中注定”要去履行这一至关重要的经济角色。

我的话与美国证券交易委员会的立场是一致的。在1940年提交给国会的报告中，证券交易委员会号召基金“代表最广大的个人投资者对（被投资的）企业履行管理职能，因为普通投资者总是不善言辞，而且效率低下”。1951年，我在自己的毕业论文中引用了这句话。共同基金持有了美国企业不足3%的股份，我希望它们的声音越来越响亮，“肌肉”也越来越健硕。

对基金有所作为的预判存在瑕疵

唉，可惜我错了，美国证券交易委员会也错了。如今60多年过去了，共同基金已经成为美国股票市场上规模最大的投资群体，持有所有上市公司30%的股份。而共同基金管理公司（为养老金计划以及其他机构提供投资管理服务）名下打理的股票资产占整个股票市场的60%以上。因此，这些专业的投资管理机构绝对是美国商界最强的势力，而且它们的力量是高度集中化的——仅是规模最大的25家基金管理公司就持有6万亿美元的美国企业股票，占所有机构投资者持股总量的3/4。但是，我原本期望听到的是强有力的声音，可实际上只是轻轻的耳边细语罢了。这简直是把“心有余而力不足”这句俗语彻底颠倒过来了：共同基金的肉体是强壮有力的，但是心里却极不情愿的。基金的沉默是（自己捂着耳朵说）听不见。

在我看来，虽然大多数大型基金集团旗下的基金管理公司也在考虑委托投票的问题，但基本上它们总是对企业高管提出的建议投赞成票，鲜有例外。在参加投票时，它们通常是按照企业高管的吩咐去做，它们总是支持管理层提出的各种建议。这种做法不仅严重偏离了行动主义和我们倡导的做法，而且还严重违背了公司治理的核心内容。大多数共同基金公司并没有真正负担起“企业公民”应尽的责任。

幸亏国会与证券交易委员会及时出手，它们正在尝试着让股票持有人通过某种形式参加委托投票。在2012年的“投票季”（通常是在春季），股东提出的各种提案涉及公司治理的各个领域，包括高管薪酬、企业的政治献金等问题。这些提案被越来越多地纳入企业的委托投票流程中。如今，掌握着企业界绝对控股权的金融机构应当勇敢地站出来担负起责任，当然，除非它们主动放弃。

为什么共同基金不积极参与公司治理

机构投资者的表现如此不积极，背后的原因其实并不难理解。首先，基金一般是股票的短期持有人，它们已经由投资者慢慢转变为投机者。就像我常说的那样，共同基金这个行业已经由“持有股票”的行业变成“租用股票”的行业了。简单地说，租客很少像财物的所有者一样精心地呵护被租来的财物[①]。正如近来哥伦比亚法学院教授路易斯•罗文斯坦（Louis Lowenstein）说

① 正如美国前财政部长劳伦斯•萨默斯（Lawrence Summers）曾经略带哀伤地提问道：“人们上一次给租来的车做清洁是什么时候的事？”

过的那句话："基金管理公司总是在持续关注股票价格的短时波动，根本没有留意企业治理的细微之处。"大多数基金管理公司虽然表现得很关心公司治理，可实际上从来没有积极地参与过委托投票程序。

阻止共同基金采取积极行动的第二个障碍是共同基金业务的商业本质。目前，共同基金行业已经变成了一个以营销为主的行业，而非以管理为主的行业，即销售人员逐渐占据了主要的管理岗位。面对具有争议的投票议题，基金管理公司并不想公开表明自己的立场，因为这种"引人注目"正是它想避免的。看上去保持低调，规避抛头露面的风险才是更明智的选择。也许更重要的是，那些大型基金管理公司正在寻找大公司客户，希望能抢到大公司退休计划账户的委托管理业务，因为这样的账户资金量非常庞大，能给基金管理公司带来丰厚的回报。

自从20世纪90年代开始，企业的401（k）退休计划便开始成为共同基金新增资产规模不断攀升的主要推动力之一。企业的养老金——不需要对子账户进行既复杂又费钱的会计操作——也被基金管理公司看作"香饽饽"。为了吸引企业客户，基金管理公司不愿意积极介入有争议的公司治理话题，以避免得罪潜在客户。这种情形虽然令人沮丧，但并不令人感到意外。某家基金管理公司一针见血地指出："只有两类客户我们不敢得罪：现实中的客户与潜在的客户。"

第三个障碍或者说这是基金行业声称自己所面临的一个障碍就是基金管理公司对企业采取行动的成本非常高昂。在某种程度上，事实的确如此。但是，名下掌管着约5 000亿美元资产的TIAA-CREF公司在整个行业中却独树一帜，积极地承担起对企业的监督管理职责。几年前，据说该公司每年会花200多万美元去履行公司治理职责，[①]这项任务既伟大又富有成效。不过，这笔支出仅相当于目前该公司所投资资产的0.003%。可是，对TIAA-CREF公司的学术圈人士来说，它所产生的收益远远超过了花费的成本。

① TIAA-CREF公司并不管理企业的退休账户，因此它们不担心得罪这样的客户，这也许是一个重要的影响因素。

昙花一现的长期投资者联盟

虽然小型的基金管理公司不太可能花费这么多资源去做这么大的项目，但是它们至少应当要求自己的股票分析师对本基金重仓持有的企业的治理情况作出严谨的分析与评估。没有什么能阻止基金管理公司团结起来通力合作。鉴于基金行业目前的持股总额高达6.3万亿美元，如果全行业都行动起来，积极地参与公司治理，那么假设产生的成本相当于基金资产的0.001%，那么每年该项目的预算仅为6 000万美元，这已经远远超过了项目本身所需的经费。

不过，即使是6 000万美元，听上去也确实很“多”，但是如果与今时今日基金动辄每年约1 000亿美元的业务管理、投资管理、营销以及运营费用相比，这简直就是九牛一毛而已。2002年，我曾试图建立“长期投资者联盟”。沃伦•巴菲特也很赞同我的做法，他提出如果有其他大型的基金管理公司愿意加入，他也想贡献自己的力量。可是，我的提议最终失败了，因为在这10家最大的基金管理公司中，只有一家愿意加入，我提议的联盟自然也无法组建了。①

第四个也是最后一个障碍也许可以被描述为“住在玻璃屋里的人”综合征。共同基金自身的治理体系一直遭受“当之无愧”的严厉批评。原因在于它让按照合同拿钱的外部管理者从根本上控制了雇用他们的共同基金行业的运营事务。这些资本规模相对较小（比如10亿美元）的企业实际上控制了资本量极其庞大的共同基金（比如1 000亿美元），而按照合同，前者是应当为后者提供服务的。②

---

① 重要的是，这个联盟本应当体现出共同基金股票持有量60%左右的参与度，本应当肩负起解决“免费搭车”问题的责任，即如果基金只持有某公司1%的股票份额，却自己花费各种资源去发起投票提案，那么所得的好处却要被毫未出力的99%的股东所分享。

② 例如，骏利资产管理集团（Janus Capital Group）管理的基金资产约为890亿美元，但是它本身的市值仅为16亿美元，两者的市值比超过了55 ∶ 1。

公司的空壳——共同基金

为什么会这样？主要是因为基金管理公司掌握了基金的控制权，通常要一力承担几乎所有的管理、会计、股东记录、法律、投资管理、营销以及分销等事务，以确保共同基金正常运营。一般由基金管理公司任命基金的管理人员，而且在挑选基金董事的过程中，基金管理公司也有着巨大的影响力。是的，基金管理公司要负责管理这么多事务，而基金本身只有一家公司的“壳子”而已。

在美国的商界，除了基金行业，还有哪个行业存在这样的事情：规模相对较小的外部企业（基金管理公司）实际控制着多个规模巨大的上市公司（共同基金本身）——两类公司的股东基本不重叠——而前者的主要业务是为后者提供正常运营所需的各种服务？在我看来，在商界，除了共同基金行业以外，其他领域再没有如此违反常理、违反直觉的现象。再来看看基金特有的组织结构，很难想象为什么会是这样。不过，虽然我们能够理解基金管理公司不愿意积极介入企业的治理过程、不愿意从自己的玻璃屋中向公司高管“扔石头”①的原因，却很难接受。

一位敢于“扔石头”的基金董事正是富达管理公司的 CEO。1994 年，在一次极其罕见的公开演讲中，时任富达管理公司的 CEO 并兼任富达受托管理的 280 只共同基金的 CEO 的爱德华•约翰逊三世公开要求公司（没有指名道姓）应当将股东（所有者）放在第一位。他谈到了富达公司持股的企业的董事应当承担哪些职责。

> 我们希望董事能帮我们管理好事务，确保管理层好好工作……他们最终要对股东负责。他们总是只考虑自己的利益或者首席执行官的利益……（管理者应当是）行业内最出色的人才。如果不是，（董事会）应当解雇、重新雇用其他的管理者……（董事会）应当谨慎地寻找管理者与股东之间存在哪些方面的利益冲突，然后努力

① 即提出异议。——译者注

> 去解决问题……（主席可以确定董事们的报酬），这会影响董事们对主席的忠诚度……可是，当股东的利益与管理者的利益存在分歧时，主席该如何投票呢？我们应当立法明确规定董事对股东承担的责任……（我们应当）构建一个表现更出色的董事会，他们要为股东的利益负责，而不是毫无主见，只唯主席之命是从。

约翰逊先生号召董事们去挑战他们的CEO，而且如果有必要，要直接炒掉表现不佳的高管。同样，我们也希望共同基金的董事能够勇于挑战他们的CEO，并解雇那些不称职的高管。可令人觉得讽刺的是，这些合理的期望与要求所面对的对象是大公司的董事，而这些公司大部分都是财富500强企业。约翰逊先生似乎忘了这个显而易见的事实，即这些要求还应当面向共同基金的独立董事，尤其是富达基金的独立董事。

不过，富达管理公司从来没有被这些董事炒过鱿鱼，它始终是每一只富达基金的受托管理者，即使其中一些基金的业绩非常糟糕，董事们也没有炒掉富达管理公司，甚至也没有再雇用一家新公司来管理这些表现较差的基金。麦哲伦基金的失败——它曾经一度是行业内规模最大的基金——就是一个活生生的例子。该基金早期的业绩十分骄人，但是到了20世纪90年代初，它的业绩一落千丈，逐渐沦为平庸之才。基金的股东陆陆续续离开，导致其资产规模缩水了90%左右——从顶峰时的1 030亿美元下降至150亿美元。但是，即便如此，富达公司依然在负责管理这只基金，并且赚取了高额的管理费。

而且，正如我们所知，约翰逊从未游说过国会通过“立法明确规定董事应当对股东承担的责任……构建一个为股东利益负责的董事会”。无论是企业的董事会，还是共同基金的董事会，上位的依然是那些唯唯诺诺、毫无主见的庸才，虽然从法律的角度来看，他们应履行的职责是相同的。这两类人都不应当逃避约翰逊在1994年指出的、应承担的庄严使命。但是迄今为止，这种沉默的局面依然没有被打破。

局面开始发生转变

共同基金对自己投资的公司总是奉行不积极干预的政策，不介入公司治理。这种沉默已经成为自 1924 年基金行业形成以来占据主导地位的行为标准。不过，直到 20 世纪 80 年代，整个基金行业掌握的资源还很有限，基金拥有的投票权只是今天的一个小零头，而且那时需要股东投票表决的议题也很少。难怪当时整个行业都表现得很“害羞”（我们前面提到的蒙哥马利 – 沃德公司的案例是很少见的例外）。

企业责任那些事

但是，与众多基金管理公司息息相关的公司政策问题开始凸显。自 20 世纪 80 年代中期开始，社会问题一一浮出水面，例如南非共和国的种族隔离政策。很多机构投资者——尤其是大学捐赠基金——要求在南非做生意的企业关闭工厂，尽快撤出。同一时期，其他一些所谓的“企业责任问题”也被摆上了台面，尤其是与军需品制造商、烟草制造商以及环境保护有关的问题。共同基金与其他股东一样，应当表明自己的立场，要么赞成，要么反对，要么弃权。但是，我们无从得知他们到底选择了什么，因为当时没有法律规定必须披露其代理投票的实际情况。

到了 20 世纪 90 年代中期，更多的实质性问题影响了企业的业绩：高管的薪酬水平，包括期权的发放问题；公司重组问题；股息政策；公司董事的挑选规则；类似于“毒丸策略”的反收购防御手段等。这些问题往往是由持股比例相对较小的股东提出来的，他们的影响力很微弱（比如工会），而那些持股比例很高、能使用大棒政策并可以最终将其意志强加给公司的大基金和养老金等机构投资者却没怎么做声。它们对企业提出的各种解决方案到底是投了赞成票还是反对票？我们一无所知。这些机构投资者行使自己控制的代理投票权到底投了什么票，以及到底有没有投票，民众对这些信息一概不知。它们真的是为基金股东的利益以及养老金受益人的利益而服务吗？同样，我们也无从得知。

代理投票披露制度出台

最后，美国证券交易委员会决定，共同基金的代理投票操作必须进行全面披露。不过，证券交易委员会并没有对养老金、工会基金、捐赠基金、信托公司以及保险公司的投票做出类似的要求，也许是因为只有对共同基金的披露要求是无可指责的，或者因为共同基金持股比例高，是占据主导地位的机构股东。无论如何，2002 年 9 月，证券交易委员会公布了一项草案，要求共同基金向股东报告其投票情况，而且基金投资的每一家公司的投票情况都需要报告。鉴于共同基金份额的持有人数量高达好几千万，这几乎就相当于要向社会公众公布投票的细节（如今，大家可以在证券交易委员会或者每家基金公司的官方网站上查到基金代理投票的相关信息）。

在我看来，证券交易委员会的立场绝对是正确的，代理人当然有责任向委托人报告相关情况。这也是公共政策的合理决策方式。只有这样，代理人才能服务与基金股东的利益和国家利益。我希望并且期待，代理投票披露制度能够促使基金重新审视其以往所采取的消极策略，更加积极地参与公司治理。唯一一个压倒一切的目标就是促使公开上市的大公司把自己股东的利益摆在第一位，企业管理者的利益不能高于股东的利益。在这项草案公布后不久，我马上表示拥护与支持。2002 年 12 月 14 日，我在《纽约时报》的专栏上阐述了我支持这项新政策的理由。

反对者很快就作出了回应。就在两个月后，2003 年 2 月 14 日，我在先锋集团的继任者、先锋集团的 CEO 约翰•布伦南、富达公司的 CEO 爱德华•约翰逊三世都在《华尔街日报》的专栏上公开表达了反对的立场。在《纽约时报》的专栏中，我写道："整个行业变成了我的对立面，而原本我也是这个行业中的一分子，整个职业生涯都在此度过。"我的立场很简单："在共同基金的董事看来，基金的管理者与员工都是其委托人（基金股东）雇用的代理人。"只代表股东的利益，这才是企业管理者的职责。因此，共同基金的股东本应当有权知道基金代为持有的企业股份所对应的投票权到底是如何履行的，这似乎是理所应当的事。股东对这些股票拥有部分所有权，不让他们了解相关的信息就相当于把常识性的委托–代理关系彻底颠倒了。

最了解博格的人对他的评价

◎乔纳森·克莱门茨[①]

五六年前，那时我还在《华尔街日报》任职，杰克打来电话说他在世界金融中心，正好有点空闲时间，问是否方便过来看看我。很快，他就穿过位于10楼的新闻编辑室，来到了我的面前。他微微弯着腰——有些像卡西乌斯的姿势——看上去“精瘦精瘦的，脸上带着饥饿的表情。他想得太多了：这样的人很危险”。

《华尔街日报》有时也会报道商界的一些新闻或消息，但是这样的报道持续时间都很短，以免因持续时间过长引发一些尴尬的问题。但杰克并不这样。他总是抢占一间小办公室，然后霸占一部电话，用不太长的时间听取来自四面八方的各种消息。我认为，他正是凭借这种魅力和原则才创立了伟大的先锋集团。

不过，某一天，我看到了杰克·博格的另一面。他就站在那里轻松地和一群普通人——我那被墨水弄脏了衣服的同事、一群总是怀疑一切的闲人、不太高兴的小孩子——聊天。这些普通人都相信自己正在为某件事付出巨大的努力，但是从来不敢承认这一点。这时杰克出现在他们面前。他就像是一位成功人士为了回报而前来拜访老邻居一样。这个人也许是一位成功的公司战略家，但是脱下这层外衣，他却具有新闻记者的敏锐直觉。就在这一刻，我终于明白了新闻记者都很喜欢杰克的原因。

2009年3月

在《华尔街日报》的专栏中，那些反对披露信息的人士是这样说的：“我们（应当对共同基金的股东负责）的受托责任促使我们两家企业联合起来，反对证券交易委员会公布的信息披露草案。如果证券交易委员会提交的

① 乔纳森·克莱门茨（Jonathan Clements）是《华尔街日报》前专栏作家，专栏名为“出发”。他还是金融向导公司、myFi公司的董事。

这项草案（要求披露投票的具体情况）正式生效，那么一类群体——只有这一类投资者群体——就会被单独挑选出来，并且被剥夺保密权，这就是共同基金。养老金、保险公司、基金会、银行的信托部门以及其他机构投资者都依然享有保密权。这将使共同基金成为每一个激进组织攻击的首要目标，这些组织将会通过施加政治或者社会压力的方式对美国的企业界产生不利影响。”

2003 年 1 月 23 日，证券交易委员会一致通过了代理投票信息披露规则（委员会的一位资深委员告诉我，《纽约时报》的专栏对他们的最终决定具有关键性的影响力）。于是，从 2004 年开始，基金必须要公开披露代理投票的具体情况，而且据我所知，也根本不存在什么“施加政治或者社会压力的激进组织”大规模提出抗议或者存在任何潜在威胁。

激励机构投资者

要求共同基金向其股东披露代理投票信息的新规定促使基金公司更加积极地行使自身作为“企业公民”应享有的权利。我们应当要求所有受托人向委托人详细披露代理投票的具体情况，其中包括传统的公司养老金计划；联邦政府、州政府以及地方政府的养老金计划；信托公司与保险公司以及捐赠基金会。当然，基金的股东有 1 个多亿，这种信息披露就相当于公开披露。但是，权利与义务是对等的，我们应当设定标准，让所有负有受托责任的机构——包括大学的捐赠基金，在投票时对过于偏重政治与经济因素的考量使其他因素被忽视——应当高标准地履行受托责任。

投票信息披露促使机构投资者能够正确地行使投票权利，同时机构投资者有权获得相应的工具，比如股东的代理投票委托书。但是，很多公司不太愿意提供这些工具或渠道。2003 年，证券交易委员会推出的新规定只是让原本彻底关闭的门变成半开了。这些规则本应允许大型机构的股东有权提名 1~3 位董事，具体的提名数量视董事会的规模大小而定。不过，这种提名只能在达到一些触发性的标准后才能进行，比如联合持有 5% 的股权至少三年以上。我认为，委员会本应当把那扇门彻底打开，给予投资者团体更多的行动自由。至少这些规则已经给机构投资者，打个比方来说，在桌子旁摆好了一把椅子，使机构投资者可以在公司董事的选举过程中有机会发挥作用。

证券交易委员会于2003年曾提议扩充投资者的可用渠道，并广泛征求了各界的意见。但是，我发现没有一家大型基金管理公司出声，要求获得更多的渠道。事实上，这些机构投资者不仅不要求获得更多的参与渠道，反而希望渠道越少越好。一些评论家想让这个本来就比较“狭窄”的草案变得更加“狭窄”，甚至建议将持股比例的门槛定得更高一些。我没看到任何呐喊或抗议，试图鼓励——甚至只是允许——受托人积极地行使所有者权利。

在我看来，基金行业中那些超大规模的企业——德莱弗斯公司（Dreyfus）、富达公司、骏利资产管理公司、马萨诸塞州金融服务公司、普特南公司以及先锋集团——对证券交易委员会的提议一点反应都没有。同样，花旗银行、高盛公司、美林证券或摩根斯坦利公司也没有作出回应，尽管它们控制着庞大的基金资产。其他机构，比如嘉信公司、保诚集团、北方信托公司以及摩根大通，都持有巨额的基金投资并拥有共同基金业务单元，但事实上，它们都对证券交易委员会试图提升企业民主程度①的做法表示反对。如果我们想回归真正的所有者资本主义制度，那么很显然，美国的投资界一直在拖后腿，而且争吵不休。

面对企业的强烈反对，再加上这些机构股东明显表现得不感兴趣，证券交易委员会的提议被搁置了（企业是有组织的，并且下定决心要取胜，而基金经理是毫无组织的，并且对这个问题不感兴趣，所以最终这个结果并不令人吃惊）。遗憾的是，从那时开始，实际上我们就一直在退步。2006年，美国第二巡回法庭裁决对代理参与的限制是不合法的，要求证券交易委员会修改

① 重要的是，除了富达与先锋这两家公司，其余每家公司要么是上市公司，要么被上市公司控股。事实上，一方面作为所有者，新提案对这些公司有影响作用；另一方面，从这些公司的所有者（即公司是被所有的资产）角度来看，新提案也对公司有影响作用。而且，这两种影响作用明显是相互冲突的。

提案，这相当于彻底关闭了股东的代理参与渠道。后来，证券交易委员会彻底放弃了改革的尝试。

2009 年，证券交易委员会再一次进行尝试，推出了新的提案，并于 2010 年正式实施新规则，赋予股东代理参与公司治理的权利。但是，商业圆桌会议（Business Roundtable）与美国商会到法庭表示反对，华盛顿特区巡回法庭驳回了证券交易委员会的新规则，声称证券交易委员会“行事反复无常、任性善变，又一次没能就新规则对经济的影响进行充分评估”。

法院的判决是基于国会要求对所有新规则都要进行成本–收益分析而作出的。正如前文所述，新规则的成本非常容易量化，能算出准确的数字，但收益大多是无形的和难以量化的。如何来衡量股东积极参与公司治理能给股东带来多少潜在价值？就像法庭说的那样，人们只赞同联邦政府应当“适度设计规则，让社会的负担最小化”，应当“实现公共利益……确保收益大于成本”。但是，如果人们只追求数字的精确，却忽视了最核心的原则，那么我们这个社会终将失败。无论如何，证券交易委员会决定不再去挑战法院执迷不悟的错误判决，于是这件事情就一直搁置到现在。

股东的权利与职责

司法部门没能赋予股票所有者以及这些所有者的代理人以充分的权限，使其可以行使与所有权相对应的所有权利。不过即便如此，作为机构投资者，基金管理公司还有很大的作为空间。首要任务是要求这些在投资界占据主导地位的金融中介机构把服务对象的利益摆在自身利益之上，拥有绝对的优先级。我们必须强化传统的诚信法律，因为现在各州对这些传统法律的监管十分松弛。我们应当为受托责任设定一个联邦标准，同时也要思考一下企业在联邦政府注册是否更明智。（1787 年制宪会议也围绕这个问题进行过辩论。）

多年以前，詹姆斯·麦迪逊（James Madison）认为新的联邦政府应当有权给企业颁发经营执照。但是，正如作家罗杰·罗文斯坦（Roger

Lowenstein）描述的那样："联邦执照有点像贵族的特权，于是联邦政府让州政府来制定规则。正是由于相关的监管规则非常宽松，特拉华州成为了很多企业的理想注册地，就如同那些非常注重保密的银行经常把注册地选在开曼群岛一样。直到今天，超过一半以上的美国大型企业竟然都是在全美面积第二小的州注册的。特拉华州的法律是如此的松懈，甚至不要求企业公布年报。"

最后，最根本的是所有者（即投资者）要求那些代表他们持有股票所有权的代理人遵守较高的受托人原则。在共同基金行业中，1 亿多的个人投资者没有什么力量，但是一旦团结起来，集体的力量大到惊人。这些基金投资者要弄清楚投资是怎么回事，委托关系是怎么回事，通过用脚投票逐渐对基金公司产生影响，促使基金公司将股东的利益摆在第一位。

受托责任的五个要点

至于退休计划，虽然还没有一个合适的机制来帮助储蓄计划的缴款人与养老金计划的受益人享受到同样的权利，但是法律界确实应当为他们发声。这些人将资金委托给专业的机构管理——这些钱是为退休后的生活准备的储蓄——因此，相关机构应当为资产受托人定好行为准则。州法律说得很清楚，退休计划的受托人有忠诚与谨慎的义务。如今，我们希望联邦法律能够更进一步，统一制定一部法律，清晰地阐述所有受托代管他人资产的金融机构应当对委托人——同时也是这些金融机构的服务对象——履行受托责任。所谓的"受托责任"涵盖面广，意义深远，应当包含以下五个要点：

- 所有受托机构必须以符合受益人长期利益的方式行事；
- 政府应主张实际股东参与所有上市公司的治理是符合国家利益的安排；
- 要求投资管理机构有义务且负责任地参与投票，以股东的利益为唯一目标；
- 承认股东有权提名董事，在一定的限制条件下提交代理提案；
- 要求基金管理公司的所有权结构必须消除利益冲突。

以上五点并不是我提出的，而是引用了罗伯特•芒克斯的话，他是一位作家，同时还是国际股东服务公司（International Shareholder Services）的创始人以及企业图书馆的共同创始人，曾在联邦政府负责国家养老金系统的管理工作。芒克斯与艾伦•赛克斯（Allen Sykes）合著了名为《不考虑所有者的资本主义制度必将失败》（*Capitalism without Owners Will Fail*）一本书，这个书名并没有夸大事实。公司的管理者应当着眼于为股东创造长期价值，而不是为了“租客”的利益，只盯住股票价格的短期波动。芒克斯满怀激情的言辞几乎无人能及。他把整个问题都阐述得很透彻，他说：“如今，美国的企业就像昔日的欧洲君主制一样：他们应遵守的规则出自他们自己之手，而且他们还直接控制着公共资源的分配。这就是对目前美国企业现状的简单概括。这些公司已经掌控了整个美国，包括司法、政治体系、国民财富等，然而它们在占据主导权的同时却没有承担相应的义务。”

事实就是如此，不考虑所有者利益的资本主义制度必将失败。只有当企业管理者着眼于为股东创造长期价值，而不是为了“租客”的利益，只盯住股票价格的短期波动时，美国的企业才能成为整个国家繁荣的主要引擎，成为创新与实验的主要来源。如果坐在“驾驶位”上的管理者不受约束，以股东利益为代价为自己谋利，那么“租入”（而非“买入”）股票的股东也会变得只关注股票价格的短期波动，如此一来，资本主义制度将无法繁荣兴旺。

在实现这个目标的过程中，美国投资界的大机构显然不愿意做“领头羊”。那么除了它们，还有谁愿意为之努力呢？这些受托管理资产的机构不仅掌控着美国70%多的股票，而且它们手下有众多的员工在仔细分析企业的财务报表，专业人士负责评估CEO的业绩、薪酬以及额外的奖金（现在监管部门要求共同基金的所有代理投票都要进行全面的信息披露），它们应当愿意按照受益人期望的方式去参加投票。随着它们慢慢脱离当前短期投机的行业氛围，重新回归传统的长期投资模式，这些机构的股东必然会团结起来，重新夺回对企业的控制权。对企业的控制权是与其股东地位相对应的、应享有的权利，同时也是股东愿意同时接受企业公民的权利及其对应义务的写照。

要想实现这些目标，我们应当讨论一下很少被提及的企业民主问题。是不是应当给予长期投资者（股东）更大的投票权？或者是设置一个特定的持有期门槛（比如三年），只有达到这个期限的投资者才享有投票权？只有长期投资者才有权获得新发行股票的股息？显然，只需发挥一点想象力，就会促使股票的持有人更关心企业的长期业绩，而不是像“租客”一样，只看股票的短期收益，而对长期表现漠不关心。

不过，迄今为止，资产管理公司似乎更加倾向于逃避这些权利与责任，而不是敞开胸怀去拥抱它们。如果说事实胜于雄辩，那么证券交易委员会要求共同基金披露代理投票详情的规定似乎并未对共同基金的投票操作带来多大的积极影响。到目前为止，我没有看到一篇讨论共同基金代理投票模式的文章。但是，美国州县市政雇员联合会（American Federation of State, County, and Municipal Employees，AFSCME）却已经花了很大的力气研究基金的投票模式，并在过去的五年中每年都发布相应的报告。

这个联合会本年度的报告截止日为2011年6月30日，主要分析的是各家基金投票背景的区别。这些基金公司是企业退休计划产品的主要提供者，整个子市场的总价值约为4万亿美元。美国州县市政雇员联合会的数据显示，四家规模最大的基金（富达、先锋、美国基金与黑石集团）“显示出与企业管理层最为友善的投票模式”，一般情况下，它们会支持董事的选举结果，对管理层提出的各项议案均表示同意，但对股东的提案均表示否决。美国州县市政雇员联合会一共分析了26家大型共同基金管理公司的投票案例，计算出基金管理公司对以下三类提案的赞成比例，由此才得出了上述结论。

- 标准普尔500的样本公司选举董事，有30%或以上的股票不赞同一位或多位董事的选举结果，原因大多与董事的薪酬有关，或者是股东代理公司特别建议对某些董事投反对票。
- 公司管理层的提案正是高管们搞出来的与薪酬相关的代理提案，例如股权报酬计划、颁发奖金的业绩标准、对高管薪酬水平的管理层投票，或者是“让股东决定薪酬”的提案以及发放股票期权。

- 主要与限制高管薪酬水平有关的股东提案。

这份报告对26家基金管理公司的投票情况按照“最支持将高管薪酬与公司业绩（随即反映为股东价值）挂钩”到“最不支持将高管薪酬与公司业绩挂钩”进行了排序。美国州县市政雇员联合会之所以会选出与高管薪酬有关的股东提案，是因为该联合会相信这最有可能提升股东价值。随后，它们把各家基金管理公司划分为“对控制高管薪酬的提案表现得最为支持”直到“对类似的提案表示支持的比例最低”的等级，最高级为“薪酬抑制者”，最低级为“薪酬促进者”。2011年的数据基本与前一年的数据趋势相同。该研究发现，在固定缴款型养老金计划的供应商中，规模最大的四家公司为富达公司、先锋集团、黑石公司与美国基金。这四家公司合计管理了这26家基金管理公司所发行的固定缴款养老金计划将近一半的资产。余下的资产则由其余的22家基金管理公司掌控。26家基金管理公司总共管理的固定缴款型养老金计划的总资产为3.1万亿美元。

对股东提案以及董事选举这两类议题，规模最大的固定缴款养老金计划供应商表现出对管理层最友善的投票模式。

尽管这几家大机构在审核管理层提案时的认真程度确实高于其他大多数基金管理公司，但是它们对股东提案的赞同比例却排在最后，这个类别中共包含五家基金管理公司。

这样宽泛的概括方式也许不太公平，他们把先锋集团单独挑出来，说它是对股东最不友善的基金管理公司——在这26家基金管理公司中，先锋集团排名第26——这让我很不爽。不过，美国州县市政雇员联合会提供的数据与先锋集团在公开报告中所使用的数据并无不符：94%的董事赞成票，89%的管理层提案赞成票，13%的股东提案赞成票。

我不清楚富达公司、黑石集团或美国基金公司是如何回应下面这个问题的：他们在代表基金股东进行代理投票时，其肩负的受托责任是否会妥协于企业管理者对更多收入、更多利润的追求，或者只是反映出它们想要主导这个庞大市场的竞争本能。先锋集团断然否定了这样的联想。在企业的代理投票政策声明中，先锋集团清楚地说明，实际的投票数量与“花了大量时间——不管是以书面、电话会议或面对面的交流等形式——与企业高管以及董事会成员研讨潜在的公司治理以及薪酬问题没有多大关系……有时候，公司高管对我们的关心表示感谢，并承诺采取相应的行动……（如果不是这样）我们就投了反对票”。

指数基金应当在投票决策中发挥作用

我从字面意思上理解了先锋集团的声明，而且我也并没有掌握能反驳其立场的信息。但是，让我吃惊的是——同时我必须得承认，这也让我很失望——在四大基金管理公司中，两家指数基金发行机构——先锋集团与黑石集团——对代理投票政策表现得尤为消极。毕竟，如果指数基金的持有人对公司的管理层感到不满意，它们也无法卖掉手中的股票。因此，按照正常的逻辑，它们应当努力换掉现有的企业管理者。2010年，先锋集团前任CEO约翰•布伦南在《华尔街日报》的专栏中似乎赞同指数基金应当在投票决策过程中表现得更加积极，他写道：“作为世界上规模最大的指数基金发行机构之一，先锋集团很少对公司治理采取消极策略。作为一家公司的永远股东，（我们）拥有长期价值最大化、短期目标得以实现的共同利益。”然而，根据美国州县市政雇员联合会的调查，空间基金管理公司（Dimensional Fund Advisors）[①]是表现最为积极的机构股东，排名第一，它对99%的股东提案都投了赞成票。

虽然投票数据和政策声明与事实相符，但问题在于固定缴款型养老金计划的管理者——大型的资产管理机构——应当切实履行其为股东利益服务的职责，而不是只考虑如何保住自己在公司养老金市场的主导地位，以及如何想方设法地从其他公司那里拿到更多的养老金业务。大家应当还记得那句话，基金公司既不想得罪现实中的客户，也不想得罪潜在的客户。也就是说，它

① 空间基金管理公司也是一家大型的指数基金管理公司。不过，其管理的固定缴款型养老金计划的资产规模相对较小，只有150亿美元。

们不敢得罪所有的大企业，无论这些企业选择的是固定缴款型养老金计划，还是固定收益型养老金计划。

只有时间能告诉我们，先锋集团与其他大型的资产管理机构——无论它们是否管理养老金计划——是否会在上市公司的治理过程中发挥更加积极主动的作用。也许它们认为应当与企业的管理层进行更多的讨论；也许它们支持股东更为友善的代理投票模式；甚至也许有一天，它们会提出自己的代理投票提案，要求企业管理者更多地关注股东各方面的利益。

然而，迄今为止，大多数代理提案都是由个人股东或小型机构股东提出的。几乎没有几个提案来自这些大型的机构投资者。股东提案的种类和数量繁多，近年来，提案越来越关注环境问题与社会问题，代理参与董事选举的呼声变得越来越高涨。2012 年，美国企业界的两大事件，即“股东决定薪酬”提案与企业的政治献金问题值得我们专门讨论一下。

高管的薪酬彻底失控

大型的资产管理企业 / 代理人似乎特别不愿意谈论高管薪酬话题。既然总是避而不谈，那么至少应当负起一部分责任，这才对得起 CEO 以及其他企业高管拿到的高得离谱的薪水、奖金、递延酬劳、股票期权以及其他报酬。近年来，高管的薪酬就像脱了缰的野马，在我看来，已经高到彻底失控了。

对 CEO 来说，他们的薪酬到底有多高呢？我们应当感谢《纽约时报》，它对收入超过 50 亿美元的 200 家企业的高管的年度薪酬水平进行了调查，并于 2012 年 4 月公布了调查报告。15 位薪酬最高的 CEO 拿到的薪酬的中位数是 3 000 万美元。

紧随其后的 15 位 CEO，其薪酬为 1 800 万 ~2 200 万美元。在薪酬最高的前 50 位 CEO 中，最低薪酬为 1 100 万美元。再看看薪酬由高到低排列的前 100 位 CEO，其薪酬的中位数为 1 440 万美元，而美国人的平均薪酬为 45 230 美元，前者相当于后者的 320 倍。最具讽刺意味的是，如果 CEO 通过限制工人们的最高薪酬来提高企业的利润，那么结果必然是他们获得了胜利，而成百上千万的企业员工——他们才是企业生产与销售的产品的真正制造者——却成了输家。

2011 年，CEO 的年薪与普通工人的年薪之比高达 320∶1，然而在 1980 年，这个比率还仅为 42∶1。30 年后，CEO 的年薪（用名义币值来测算）的增长速度几乎相当于普通员工的 16 倍，而普通员工的年薪只翻了一番而已。用 1980 年的实际币值测算，CEO 年薪的年均增长率为 6.5%，30 年间，实际增长幅度超过了 560%。与之形成鲜明对比的是，普通工人的年薪年均增长率仅为 0.7%，因此普通家庭生活标准的累积提高程度（经过 30 年的复利累积，实际增长率仅为 14%）并不太大。我认为这个对比太令人震惊了，而且很难解释。

现在，人们在解释 CEO 与普通工人的年薪差距时常用的理由是企业高管为股东“创造了价值”。但是，CEO 实际创造的价值真的与其薪酬水平的巨幅增长相匹配吗？当然，大多数 CEO 并没有做到。在过去 24 年中，企业原本设定的年均盈利增长率为 11.5%。然而，它们实际只实现了年均 6% 的增长率，这一数值仅相当于目标值的一半，甚至低于整个实体经济 6.2% 的名义增长率。如果换算为实际值，则企业利润的年均增长率仅为 2.9%，同期美国经济的实际年增长率（按照国内生产总值来核算）为 3.1%。为什么如此令人沮丧的业绩却能让 CEO 的平均薪酬由 2004 年的 980 万美元迅速攀升至 2010 年的 1 140 万美元呢？这简直是这个时代最反常的事情。

高管的股票期权——“正面我赢，背面你输”

企业高管拿到的高薪绝大部分是通过股票期权的本质——“正面我赢，背面你输”得来的。这种股票期权所带来的股权稀释效应通常被限制在看上去较为合理的区间内，即每年发出去的股票期权相当于企业已发行股票数的 2%~3%，企业一般会相应安排股票回购，回购的股票数量与发给高管的数量相等。但是，很少有人注意到这种做法持续多年后所带来的股权稀释效应——已经达到了令人震惊的程度——十年过后，累积发放的股票期权相当于企业已发行股票数的25%，甚至更高。然而，我找不到一篇谈及这种长期累积的稀释效应所具有的重大影响作用的调研报告或学术文章。

CEO的薪酬水平快速上涨的另一种解释是，这只不过是与明星运动员、娱乐明星以及电影明星差不多的高薪而已。这样的对比毫无相关性，而且十分荒唐可笑。那些明星拿到的报酬实质上是从他们的粉丝、球队老板或网络的钱包中掏出来的。但是，CEO的薪酬是由董事会支付的，不是董事们自掏腰包，而是用别人的钱来支付的。董事是股东的代理人，但是他们是否以股东的最佳利益为行事准则又是另一回事了。这种代理问题——另一种类型的代理问题——影响了公司治理领域的方方面面，要为CEO薪酬的快速增长负主要责任。

薪酬顾问与棘轮效应

高管薪酬顾问这个新兴行业也要对有明显缺陷的高管薪酬体系承担主要责任。想想看，那些专门为高管薪酬做咨询服务的顾问应当完成哪些工作：大量的分析，是的；美观的展示，是的；当然，还要有说服力。但是，最重要的是，如果你想在这个行业长久做下去的话，你绝不会给出较低的薪酬建议或更严格的高管薪酬标准。众所周知，顾问常用的分析方法，即将CEO分成若干个组群，然后用四分位数的方法来测量其薪酬水平，最终将不可避免地导致棘轮效应。

整个过程是这样的。董事会发现本公司CEO的薪酬竟然落到了倒数25%这个区间，那么就很有可能将他或她的薪酬调高，从而使其能够进入第二四分位数区间，即26%~50%这个区间（董事很少会让本公司CEO的薪酬一下跳到第一四分位数区间）。当然，这就会让其他公司的CEO“跌落”到第四四分位数区间（76%~100%）。最终，这位“被动”跌落的CEO也会被提到更高的薪酬区间。如此反复，多年以来，大家你争我赶地涨薪，董事会雇用的律师是鼓励这样做的，虽然这些律师表面上是公正客观的，然而实际上至少是与CEO心照不宣地达成了协议。因此，所谓的“CEO的薪酬水平是由自由市场确定的”说法是根本站不住脚的。相反，这是一个被薪酬顾问人为创造出来的、被控制了的市场。[①]

这样的分析方法存在本质上的缺陷，而且影响作用十分明显：这些分组的薪酬数据总是一路向上攀升，从来没有下降过。沃伦·巴菲特曾一针见血地用讽刺的语调形容那些薪酬顾问：“轮子转啊，转啊，搞定了！”这不由得让人们想起了彩票——当高管拿到股票期权就像得到了绝不会输钱的彩票：股票价格上涨，那就执行期权；股票价格下跌，那就先摆在一边。除非我们能根据企业的经营业绩而非同行业的平均水平向 CEO 支付薪酬，否则 CEO 的薪酬将会一直持续上涨，这几乎是必然的结果。[②]

我还要说的是，基金管理公司之所以总是不愿意对企业高管的高薪问题提出质疑或加以约束，其根本原因在于这些基金经理自己的薪酬也非常高。最终，大多数大型的资产管理公司反而被上市公司实际控制。（“如果我所在的这家资产管理公司的 CEO 已经拿到了如此高的年薪，那么我怎么好意思去投票反对资产组合内某公司的 CEO 拿高薪啊？”）这种循环往复的所有权结构存在着明显的利益冲突，面对未来十年即将出现的新问题，这应当成为优先解决对象。

关于高管薪酬，我们该何去何从

首先，CEO 的薪酬应当基于企业的长期价值与持久的内在价值确定，虽然内在价值无法准确测量，但它是真实存在的（这里出现了矛盾）。股票价格与企业的经营业绩存在着密切的关系，但是这种关系需要非常长的时间才能成立。短期内，股票价格与公司业绩之间的相关性充其量是随机的。简单地说，股票价格是评价企业业绩的指标，但它有缺陷。用凯恩斯的经典公式来

① 应当用一个词语来形容这种不正常的市场现象，不是垄断（monopoly），不是寡头（oligopoly），也许“顾问寡头（consultopoly）”（这个词是原作者造出来的——译者注）比较合适。

② 改进建议：要求 CEO 的薪酬所在的四分位数区间与其所在公司业绩的四分位数区间相一致（不能用股票价格的上涨情况来评价企业的业绩，应当用企业总资本的回报率来衡量）。也许这样的对比分析能够有助于高管薪酬这部“永动机”停下来。

表述，即股票价格既与企业有关——长期投资收益率，又与投机有关——对市场心态的赌博。我赞同60年前企业家精神确实取得了成功。如今，我还要继续选择具有企业家精神的企业领导者。

例如，在20世纪80年代至90年代间，标准普尔500指数的样本公司的年增长率为5.9%，远远低于20世纪60至70年代间7.7%的年增长率。然而，在这20年中，这些公司的股票价格却大涨特涨，原因是标准普尔500指数的市盈率乘数由原来的8倍飞升至32倍，这给股票价格带来了年均7.5%左右的投机收益。显然，这样的结果是不可复制的，而且直接导致企业盈利的实际增长率明显降低。也就是说，更高的股票市场估值推升了股价上涨，导致高管们都拿到了高薪。短期市场的疯狂情绪对股票期权的“彩票效应”有着重要的影响。我建议，至少期权的价格应当被调整为能反映股票总体价格的变化趋势，比如我们可以用标准普尔500指数来测量股价的总体变化趋势。

根据企业内在价值的增加来确定企业高管的薪酬，比基于企业可持续的长期业绩来确定高管应当拿到多少年薪的效果要好得多。例如，CEO的年薪应当基于企业的盈利增长率——或者更好的做法是基于企业的现金流来确定CEO的年薪，因为操纵现金流要难得多——以及股息增长率，或者企业的总资本回报率（不仅仅是权益资本）来确定，而且要将这两个指标与同行业其他企业相比较，并与多家企业构成的群体（比如标准普尔500指数）相比较。回报率或增长率的测定必须选择相对较长的观察期，而且必须扣除企业的资本成本。

然而，企业在制定薪酬方案时几乎很少考虑“资本回报率”这个概念。但是，这个指标不应当被忽视。企业应当在充分考虑资本成本的前提下设定一个最低可接受的比率值。即使资本回报率的最低标准相对不高（比如8%），只有当企业的实际资本回报率高于这一标准时，高管才能获得奖励。假设企业拥有10亿美元的资本，至少能获得8%的资本回报率，即8 000万美元的回报。除非企业真正实现这个目标，否则高管既没有奖金，也没有股票期权。

只有当企业的实际利润超过这一基准值时，企业高管才能获得相应的报酬。当然，确定这样的基准值很有挑战的意味，可是满足严苛的竞争标准原本就是真正的成功企业必须实现的目标。

大家都明白，CEO 的薪酬应当包含一些可变的组成部分，而且薪酬方案的有效期也比较长。奖励工资应当分散于多个年份，而股票期权也应当分阶段逐步引入。例如，50% 的期权应当在第一个执行日可执行，余下的 50% 期权在接下来的 5 年中，每年有 10% 的期权自动变成可执行的状态。期权被执行后买入的股份按照规定必须持有相当长的时间，也许该高管一直要等到离开公司才可以处置这些股票。此外，还应当设计“追回”条款，一旦企业的盈利数值（存在错误）被重新计算，则要追回已发放给高管的奖金（我知道《萨班斯 – 奥克斯利法案》的第 304 节就设计了有效的追回条款，当企业的盈利数值被重新计算时，允许企业追回已发放给高管的期权奖励。不过，这样的追回条款仅限于因“处理不当”所导致的盈利重算，而且证券交易委员会尚未处理过一起类似的案例）。

缓慢的改革进展

眼下，我们正在进行一个重要步骤。重要的是，这并不是资产管理机构主动要求的，而是国会的主张。《2010 年多德 – 弗兰克华尔街改革与消费者保护法案》（*The Dodd-Frank Wall Street Reform and Consumer Protection Act of 2010*）要求所有上市公司允许非绑定式的股东参与高管薪酬问题的投票。该法案的执行成本不高，会迫使机构股东更认真地考虑薪酬问题，这算是向前迈出了一大步。任何能促使机构股东更有责任心地扮演企业公民这一角色的事情必然能让整个社会都受益。

但是，尽管第一个委托书征集季于 2011 年春季开始，上市公司可借此机会进行所谓的“股东决定薪酬”投票，但实际情况却几乎没什么改变。同年 7 月，《华尔街日报》报道称，在 2 532 家上市公司中，只有 39 家公司的股东否决了公司提交的高管薪酬方案（代理顾问机构股东服务公司建议 298 家公司的股东投票反对高管的薪酬方案）。约71%的公司获得了至少90%的股东赞同票，同意它们提出的高管薪酬方案。

为什么赞同票的比例如此之高？表面上看有两个原因。第一，很多公司更加详细地披露了薪酬方案的讨论与分析过程，使股东能更加清楚地了解薪酬的确定原则以及度量指标，对整个问题有了更全面的认识；第二，很多公司积极与大股东展开对话，尽力理解机构股东会通过哪些要素评估高管的薪酬水平，然后努力让对方相信薪酬方案具有公平性。

不过，这种投票是否能够减缓企业高管薪酬的上涨速度，目前局势尚不明朗。罗伯特•芒克斯经常被引用的一句话就是“由股东决定薪酬的投票方式充其量是转移一下大家的注意力，最糟糕的情况是（企业只是用它来）欺骗。表面上看起来好像进行了改革，然而实际上只不过是残忍地愚弄了股东而已”。证券交易委员会前任首席会计师林恩•特纳（Lynn Turner）指出，共同基金总是在努力争取企业客户的401（k）项目，这中间存在明显的利益冲突，四家大型基金公司“除非实在是太过分了，否则绝不会投票反对企业管理层的薪酬方案”。[①]有趣的是，加利福尼亚州教师退休基金（Califonia State Teachers Retirement System，CalSTRS）没有明显的利益冲突，可投票反对高管薪酬的比例仍为23%。

企业的政治献金与有瑕疵的“联合公民案”判决

公司治理的另一主要问题与政治献金有关。高等法院于2011年对“公民联合团体”一案的判决尤其具有深远的影响作用，简直相当于允许我们的企业可以毫无限制地提供政治献金，这将成为2012年委托书征集季的热门话题之一。到目前为止，各家公司都自愿披露政治献金的详细信息，这是因为一方面，企业高管考虑到自身利益；另一方面，机构投资者要求必须强制性地披露相关信息。

① 2012年4月18日，花旗集团的股东投票反对集团高管的一揽子薪酬方案，这还是花旗集团这个曾濒临破产的巨头第一次遇到薪酬方案因被股东抵制而流产的情况。当时，大约55%的股东投票反对非捆绑式的薪酬计划。

可是，只是披露信息还不够。投资者应当提出质疑：没有获得股东的批准，企业是否可以进行政治献金。证券交易委员会已经于2011年初针对高管薪酬问题制定了相关标准，可是与高管薪酬问题不同的是，迄今为止，国会还没有开始尝试为政治献金投票情况的信息披露确定统一的规则。我相信，证券交易委员会应当迅速采取行动。

2011年11月，由多家资产管理公司与投资公司组成的联盟——该联盟一共掌管着6 900亿美元的资产——上书证券交易委员会，强烈支持证券交易委员会尽快公布规则，要求企业实现一定的政治透明度（然而，没有一家共同基金管理公司加入这个联盟）。由于各方对必须披露的政治献金项目类别存在严重分歧，因此，它们请求证券交易委员会尽快公布规则，要求所有上市公司必须对其政治献金进行全面的信息披露。机构投资者委员会（The Council for Institutional Investors）对这个提议表示支持。

> 股东有权知道他们投资的企业是如何出于政治目的而利用了公司资源。但是，现有的监管框架阻碍了此类信息的披露。要么是几家监管机构分别掌握着一些支离破碎的信息，要么是什么都不知道。这是因为企业可以通过独立组织进行政治献金，而且按照规定，可以不透露捐赠人信息。

正如某个州的财务主管所说的那样："很多企业为政治选举提供资金支持，然而这样的行为并未得到其股东的一致同意，甚至股东对此一无所知。"

尽管存在问题，但是"联合公民案"的判决支持关于竞选融资法案的信息披露要求。我本以为充分披露的规定也许会在一定程度上限制企业的政治献金行为，然而事实上，企业现在仍可以钻法律的空子，在不披露任何信息的前提下通过非营利机构进行政治献金。巨大的法律漏洞让企业能更加容易地将大把大把的资金——用于游说、制作攻击对手以及理论上与候选人的竞选活动并不太协调的宣传广告——投入我们的政治体系，这样做不仅破坏了整个政治体系，而且还损害了国家利益。因此，我们必须尽快采取行动，对企业的政治献金行为加以限制和约束，这个要求十分紧迫。

企业的民主程序

事实上，高等法院认为股东应担起控制企业政治献金行为的责任。法官安东尼•肯尼迪（Anthony Kennedy）在阐述自己对“联合公民案”的观点时指出，宪法第一修正案赋予公民言论自由的权利，可以用来确保企业的各种公开言论能反映股东的看法，而不是滥用企业的资产为高管谋利。他建议，股东可以“通过企业的民主程序”来纠正此类滥用行为。

企业的民主程序显然还不够完善。针对企业政治献金行为的关键战役却已经打响了。这是第一次，已经掌握了美国企业绝对控制权的金融机构——不仅是共同基金，还包括养老金以及其他大型机构投资者——不得不站出来承担责任。2012 年，很多公司都针对企业政治献金的强制信息披露以及企业的政治献金应得到股东的批准这两个事项进行了投票。它们已经通过了证券交易委员会的审查，因此，这些有实力的大型机构投资者将可以通过投票的形式来表达支持或反对意见。

对我来说，如果机构投资者投票反对企业的政治献金行为，那么就可能不得不掩饰机构自身的政治献金行为，这是合乎逻辑的。“用干净的双手”进行战斗似乎是强制性的要求。①

不过，鉴于大多数规模庞大的资产管理公司要么是公开上市企业，要么是被公开上市的金融集团控股，似乎要使劲地搓，才能把双手洗干净。这些代理人会把委托人的利益放在第一位吗？还是把它们自己的利益放在第一位？我们拭目以待。

从 2004 年起，证券交易委员会要求所有的共同基金公司必须打破沉默，向股东披露代理投票的详细信息。但是，所有的共同基金依然不是公司治理领域的积极参与者，它们在这方面依然保持沉默。同样，养老金及其管理机构也默不作声。对于高管薪酬和政治献金这类众人瞩目的热点事件，现在是

① 可是做起来却并不容易。作为规模最大的共同基金管理公司之一，富达公司最近披露称，2011 年，该公司通过下设机构提供的政治献金总额超过 500 万美元。

时候让基金管理公司出面了，它们应当勇敢地站出来，积极参与这些有争议的话题的讨论。它们必须打破长久以来的沉默，切实提出自己的建议，要求企业对这些建议和提案进行代理投票。我发现，一些大型的机构投资者 / 代理人已经开始代表股东 / 委托人积极地参与企业的公司治理环节，无论对于完善长期投资策略和现代资本制度还是保护整个国家的利益来说，这一点都是必不可少的。共同基金行业应当成为这次潮流的先锋。

第 11 章

美国的企业怎么了[①]

今晚我应邀在这里演讲，在座的各位对我十分尊敬，这让我觉得像是站在自己国家的领土上一样受人尊敬！我从这座雄伟的教堂走出去，在半个多世纪里，经常在诸多伟大牧师［比如大卫·沃特穆尔德（David Watermulder）与尤金·贝（Eugene Bay）］的带领下进行主日敬拜，他们帮助我变得更加明智，令我获得了更多的灵感与信念。[①]

尽管我的演讲主要探讨的是美国企业到底存在哪些问题，但是站在这神圣的殿堂中，我必须先援引神话大师约瑟夫·坎贝尔（Joseph Campbell）曾说过的几句话："在中世纪，当人们接近某座城市时，眼睛最先看到的便是大教堂。如今，人们最先看到的是摩天大楼。生意，生意，大家眼睛里看到的全都是生意。"[②]如今，我们的社会已经变成了坎贝尔所说的"只关注经济效益的社会"。不过我认为，现在的社会连计算效益的方法都是错误的：形式比实质更重要，名望比品德更重要，金钱比成就更重要，魅力比品格更重要，短暂比持久更重要。

---

① 2003 年 2 月 24 日，约翰·博格在宾夕法尼亚州布林莫尔基督教长老会教堂社区论坛名人系列演讲活动上做了发言。本章在演讲稿的基础上略做了修改。此外，演讲内容还被收录在《投资先锋：基金教父的资本市场沉思录》一书中。

② 节选自沃伦·本尼斯（Warren Bennis）于 2002 年 2 月 1 日发表在《哈佛商业评论》上的文章《我们能依靠遗产生活下去吗》（*Will the Legacy Live On*）。

我相信，约瑟夫•坎贝尔的比喻确实预测了未来的发展，大家都很赞同。如今，我们亲眼目睹了美国最令人骄傲的商业大厦——纽约世贸中心的倒塌；我们亲眼目睹了美国企业 7 万亿美元市值的灰飞烟灭——在 1929 至 1933 年的股灾中，美国企业的总市值由 17 万亿美元跌落至 10 万亿美元；我们还亲眼目睹了很多商业领袖由带领企业取得成功的雄狮慢慢变成了自私自利、不值得信任的企业高管，其中有些人如今仍在电视上“夸夸其谈”。

这个礼崩乐坏的社会应当受到惩罚。正如英国犹太教领袖拉比•乔纳森•萨克斯（Rabbi Jonathan Sacks）所说：“当所有有意义的东西都可以买卖；当承诺会被随意打破，只因它们不再对我们有利；当购物变成救赎；当广告标语成为我们的祷文；当用赚了多少钱、花了多少钱来衡量人的价值的时候，市场正在破坏最根本的美德，而这美德是市场长期赖以生存的基础。”①

让我们思考一下，资本主义制度到底出了什么问题，现在我们应当采取什么措施去纠正，作为企业的部分所有者，投资者能做些什么。无论你投资了普通股或共同基金，还是参加了私人企业发起的退休计划，改革都涉及你的个人利益。作为股东和这个国家的公民，我们每一个人都必须承担起责任，把美国的企业建设得更好。

资本主义发展简史

《韦伯国际词典（第三版）》（*Webster's Third International Dictionary*）告诉我们，资本主义就是“以资本投资并获得公司所有权为基础的经济制度，个人作出投资决策，价格、产量、商品与服务的分配则主要由自由市场来决定。”重要的是，我要加上一句：“这个体系的基础是诚实、尊重与信任。”而在资本主义制度的发展史中，这些美德也确实真真切切地存在过。

18 世纪到 19 世纪，随着全球由农业社会逐渐转变为工业社会，资本主义开始兴旺发达。地方团体变成全美国（乃至全世界）商贸市场的一个组成

① 节选自乔纳森•萨克斯于 1998 年在哈耶克讲座上发表的题为《道德与市场》（*Morals and Markets*）的演讲。

部分，交易规模越来越大，需要积累大量的资本去修建工厂、交通网络以及银行，因为这些是新型经济赖以生存的基础。令人惊讶的是，就像近期《福布斯》杂志 85 周年庆典专题的一篇文章[①]所指出的那样，贵格会教徒是取得这些发展成就的核心。在 18 世纪和 19 世纪初，也许是由于贵格会教徒的节俭，他们积累了大量的财富，这些财富变成了教徒们投资的资本，于是他们成了英国经济发展的主导力量，英国一半以上的钢铁厂归他们所有，而且很多大银行、消费产品的主要制造商以及横跨大西洋与美国做生意的贸易公司也在他们名下。他们强调可靠性、绝对的诚实、严谨的记录规则，这使得他们在进行交易时相互信任。其他善于观察的商人也开始意识到诚实守信与商业成功是分不开的。简单地说，自私自利是很少见的。

亚当·斯密的“看不见的手”

当然，这种进化正是伟大的苏格兰经济学家、哲学家亚当·斯密所期待看到的。在 1776 年出版的《国富论》中，他有这样一句名言：“每个人都在坚持不懈地努力，以求改善自己的境况，公共财富以及个人财富得以被创造的基本原理通常拥有强大的能量，足以促使事态朝着改善的方向自然进化……每个个体并没有试图提高公众利益，也不知道他能将公众利益提高多少……（但是）个体希望自己所在的行业所生产的产品能够实现最大价值，于是在一只看不见的手的驱使下，个体的行为最终使整个社会的福利水平提高，而这个结果并非出自个体的本意。”

《福布斯》刊登的这篇文章继续写道：“资本主义的进化一直朝着更信任、更透明、减少自私行为的方向发展。这并不是偶然的，这种进化促使生产率提高，经济得以发展。并不是因为资本家天生就是好人，（而是）因为信任的益处——信任他人与值得信任——潜力巨大，因为成功的市场体系教会人们意识到了这些益处……从而形成了一个良性循环：每一天信用水平的提高都在提升人们之间的信任程度。”这个体系是有效的！

① 节选自詹姆斯·索罗维基（James Surowiecki）于 2002 年 12 月 23 日发表在《福布斯》杂志上的《良性循环》（*A Virtuous Cycle*）一文。

至少它曾经是有效的，可是后来出了问题。这个体系发生了变化，《国际先驱论坛报》（*International Herald Tribune*）上的一篇文章用“资本主义的病理性突变”来形容这种变化。传统的资本主义制度——所有者资本主义——其基础是致力于为企业所有者的利益服务，要实现所有者资本性投资收益的最大化。然而，在新的资本主义制度下——所谓的“管理者资本主义”——“企业的经营目标是让管理者受益，而与会计师以及其他企业的管理者沆瀣一气”。为什么会这样呢？作者写道：“因为企业的所有权高度分散，没有一位负责任的股东。这在道德上是无法接受的，而且直接导致了资本主义制度的腐化堕落。”

为什么资本主义会由良性循环变成了恶性循环

为什么资本主义会由良性循环变成了恶性循环呢？我们可以轻而易举地说这是因为品德的败坏，傲慢与贪婪战胜了诚实与正直，甚至我们还可以把责任归结于那几个“坏苹果”（即坏家伙的意思）。尽管只有少数企业和金融机构的高管涉嫌有犯罪行为，可是我担心的是装苹果的“那个桶”本身——所有人都身在其中的市场体系——真的有问题。虽然听上去这是个很刺耳的控诉，不过我相信这样的说法是公正的。看一看路透社编辑马丁•豪威尔（Martin Howell）2003 年出版的《捕食者与利润》（*Predators and Profits*）一书。在书中，马丁一共列出了 176 个“危险信号”，每一个“信号”都说明了当前美国的商业、金融与投资行为存在的缺陷，我亲眼目睹了其中大多数的发生。

我们的资本主义制度已经遭遇到了深刻的挫败，导致挫败的根本原因有很多，而且这些原因彼此之间相关关联、相互强化：以为“我们进入了新时代”的情绪催生了股票市场狂热；以为我们的企业就像树木一样，不仅能长成参天大树，甚至还能直冲云霄；CEO 至高无上的观念开始兴起；守门人的失败——会计师、监管机构、立法机构以及董事会都忘记了自己该为谁效忠；金融机构由原来的股票所有者变成了股票交易者；华尔街股票“推销员”天花乱坠的宣传；媒体的过于兴奋；当然，还包括渴望成功、有时贪婪的投资民众在轻松赚到一大笔钱时的狂欢不已……有太多太多可指责的因素。不过，虽然这些因素推动了股票价格的不断上涨，但是所有利益相关者之间的“勾结”却让美国的商业标准日益堕落。是的，投资者在大牛市获利丰厚，成功的原因可以找出 1 000 个。然而，在大牛市后随之而来的大熊市中，投资者的失败却似乎找不到原因。

如果我们想给泡沫的“唯一一位父亲”取个名字，那根本不需要进行 DNA 检验。始作俑者就是企业高管的薪酬问题，执行价格固定的股票期权已经说明了一切。当企业高管因为本公司的股价上涨而非价值增加获得奖励时，不需要别人多说，他们自然知道该怎么做：追求强劲而稳定的盈利增长，然后让华尔街知道这一点。首先，通过公开声明以“指导性”目标的方式说出你的预期，然后再实现这个目标——按照这种方法坚持不懈地做下去。先按照老方法做，提高产量，削减成本，提高生产效率，引入新技术，开发新产品与服务。如果老老实实地干仍无法实现你的目标，那么接下来就要使用一些会计手段来“帮助”自己实现目标，让那些会计准则滚到一边去吧。如果这还不够，接下来只能靠欺骗了。我们都知道，太多太多的企业就是这么干的。

执行价格固定的股票期权宣称可以“把管理者的利益与股东的利益联系起来”。然而，事实证明这完全是谎言。企业的管理者执行期权买入股票后并不会持有，他们会立即卖掉。学术界的研究证明，只要把股票期权发放给企业高管，这些期权几乎就会被立即执行，高管拿到股票后会立即卖掉。事实上，“无现金行权”，即企业买入高管持有的股票，然后再卖掉，等拿到出售股票的钱款后，高管再将当初执行期权应付的股票购买款项支付给企业，这样的做法变得十分常见。企业高管可以拿到奖励，并不是因为企业的长期业绩突出，而是因为短期的市场预期好。

即使要求企业高管将股票多持有一段时间，股票期权这种奖励工具也存在根本性的缺陷。它们无法根据资本成本进行调整，而且还允许那些业绩很一般的高管轻轻松松搭便车。它们也没有考虑股息，因此其潜在动机是尽量避免支付股息。股票期权奖励的是股票的绝对表现，而非本公司股票相对于同行或股票市场指数的表现，因此高管拿到的期权报酬就像彩票一样。当牛市来临时，它会创造出很多亿万富翁（他们根本就不配）；而当熊市来临时，那些值得奖励的管理者却没拿到相应的回报。

尽管我们可以通过使用限制性股票、每年提高期权的价格以及将股票的表现与市场指数挂钩等方式来解决上述这些问题，可惜现实中我们几乎从未使用过这些手段。为什么呢？因为这些做法要求企业将期权的成本计入“费用”（这简直是天理不容啊）。执行价格固定的股票期权的成本从未出现在企业的费用表中。就像薪酬顾问常说的那样，这些股票期权是“免费的”。

将大量期权发放给企业高管，同时没有将期权成本计入费用，从而导致企业的利润被高估，其后果必然是高管拿到的薪酬飞涨到冲破屋顶的地步。20 世纪 80 年代初，CEO 的平均薪酬相当于普通劳动者薪酬的 42 倍；到了 2000 年，这一数值飙升至 531！有人说这是因为高管为股东“创造了财富”。但是，如果我们实实在在地计算一下美国企业到底创造了多少财富，那我们就会发现事实并非如此。在 20 年的时间中，尽管美国的企业曾预计盈利增长率可以达到年均 11.5%，然而实际增长率仅为每年 6%——仅相当于目标值的一半，甚至低于整个经济体年均 6.5% 的增长率。这么明显的落后，为什么反而将 CEO 的平均薪酬推高至 2001 年的 1 100 万美元呢？这简直是我们这个时代最令人费解的异常现象之一。

事实是企业高管在为自己“创造价值”，而不是为股东创造价值。等到股价冲高回落，他们早已把手上的股票卖掉了。以下是几个例子。

- 美国在线时代华纳公司（AOL Time Warner）。这是最具有信息时代特征、颇具有迷惑性的极端案例。2000 年伊始，随着美国由旧经济时代迈入新经济时代，时代华纳公司的股价快速上涨至史无前例的最高点，每股 90 美元。但是，当时美国在线的营收开始下滑，公告宣布损失高达 980 亿美元！然而，在最初的三年中，美国在线的创始人（兼被并购公司的董事会主席）几乎是在股价的最高点卖掉了自己所持有的价值约为 5 亿美元的公司股票。如今，该股票的市场价格跌到了每股 10 美元，与最高点相比，差不多跌了 90%。
- 斯普林特公司（Sprint）。1999 年 10 月，斯普林特公司同意与美国世界通信公司（WorldCom）合并。与此同时，斯普林特公司的董事会加快了高管所持的股票期权的执行速度。尽管合并方案很快流产了，但是两位高管已经迅速将自己执行期权所获得的股票卖了出去，均价约为每股 60 美元，所得收益为 2.9 亿美元。他们还向公司的审计师支付了 580 万美元以感谢对方提出了避税方案，使这些收益不用缴纳任何税款（但是，如今，美国国税局对这种避税手段提出了质疑）。现在，斯普林特公司的股价约为每股 13 美元，与最高点相比下跌了 83%。

- 通用电气公司。虽然这是一家老牌蓝筹公司，但是从 2000 年 8 月开始，该公司的股价已经由原来的每股 60 美元下跌至每股 23 美元，直接导致其市值缩水了 3 700 亿美元。越来越多的投资者对通用电气使用“创造性的”会计手段熨平报表利润的做法表示担忧。近年来，该公司总裁、一度被视为传奇人物的杰克·韦尔奇的脸色看上去不太好。1997 年至 2000 年间，韦尔奇累计获得的薪酬接近 5.5 亿美元，此外还要加上他出售行权买入的股票所得的 2 亿美元，部分股票的出售价格为每股 55 美元甚至更高。如今，韦尔奇已经退休了，但是他依然拿着高薪：每个月高达 357 000 美元的退休金，再加上 377 000 美元的顾问费，一共是 734 000 美元（他一定过着穷奢极欲的生活才会没攒下多少钱，这么说的原因是近期有报告称，他每个月的慈善捐款仅为 614 美元）。这就是当今美国企业界高管薪酬问题的一个缩影。

显然，所有者至上的资本主义制度已经被管理者至上的资本主义制度所取代，而后者让整个社会发生了扭曲。那些声名显赫的 CEO 拥有私人飞机，拿着额外津贴，享受着最佳的养老金方案，参加高大上的俱乐部，在公园大道有自己的公寓，可是他们似乎已经忘记了自己是公司所有者的雇员，而公司的所有者显然也忘记了这一点。但是，他们的行为被所有人看在眼里。如今，大众对他们的信任已经跌到了谷底。近期的一项调查显示，75% 的普通大众信任商店老板，73% 的民众信任军队，60% 的民众信任医生，而只有 25% 的民众信任企业高管，这仅比二手车交易商的信任度（23%）略高一点。

监管机构的失守

这是怎么了？为什么会这样？从本质上看，责任在于每一家监管机构。我们总是依赖这些监管机构来确保企业能诚实守信地经营，并为股东谋利。

独立审计师成为了企业管理者的商业伙伴。政府监管松懈，我们选举出来的官员不仅对此毫不关心，甚至还提供帮助，怂恿高管玩忽职守。那些被选出来的所有者的代表——董事会——只会粗心大意地看看会议记录，却对即将来临的风暴漫不经心。

让我们先来看看公共会计师。很明显，他们本应当筑起第一道防线，防止企业随意滥用会计手段，虽然有时候难以及时发现欺诈行为，但至少应当预先准备好防范措施。但是，会计准则慢慢变得漏洞百出。企业完成并购后会设计一个只有“饼干罐”大小的准备金账户；那些具有特殊目的、想摆脱财务报表的公司遍地开花，它们会把债务隐藏起来，让公众看不到，同时赋予“金融工程”全新的定义……当然，会计师们在压力之下不得不同意企业客户的做法，因为后者出钱购买了前者的服务。然而，在过去十年中，不可避免的利益冲突加剧了企业合伙人与客户之间的矛盾，于是会计师事务所向管理层提供咨询服务所获得的收入远远超过了审计业务的收入。比如 2000 年，美国企业向审计师支付了约 30 亿美元的审计服务费，仅相当于 60 亿美元的咨询服务费的 1/2 左右。

会计师的压力越来越大，迫使其不得不同意企业管理者的主张，于是企业高管承诺的季度盈利增长率变成了根本不可能实现的目标，企业财务报表上的数字要比企业的实际业务更重要，这与美国第一位会计师詹姆斯 • 安恩（James Anyon）在 1912 年给出的忠告是彻底矛盾的，当时詹姆斯 • 安恩是这样说的：“根据事实、真相与准则来思考行事，把数字只看作是反映这些事实、真相或准则的东西……然后努力前进，（你将成为）这片土地上最真实、最美好的行业中的一员。”[①]如今这些“创造性的会计处理方法”已经让我们大大偏离了数字只代表事实的正道。

至于监管部门与立法部门，这些“公仆”也被迫放松了对会计准则与信息披露的监管力度。当有人提出改革建议时——比如要求企业将股票期权

① 节选自大卫 • 波伊尔（David Boyle）2000 年所著的《数字的统治》（*The Tyranny of Numbers*）一书。

的成本真正计为高管薪酬的费用，或者禁止会计师向自己审计的企业提供咨询服务——企业的政治献金行为、商界与会计师行业狂轰滥炸的游说激起了（也许用这个词语最合适）立法机构的愤怒，使很多拖了很久的变革计划迟迟无法实施。有太多被我们选上台的政客应当为自己“付钱才干活”的道德观感到羞愧。两个世纪以前，托马斯·杰斐逊（Thomas Jefferson）曾经说过：“我希望有一天，我们能彻底消灭这些金钱至上的企业，它们竟然敢与政府进行较量，挑战政府的权威，拒不执行我们国家的法律。”当然，我们并没有做到。但是，在这个管理者至上的资本主义体系内，金钱至上的企业并没有公开蔑视法律，而是不惜以投资者的最高利益为代价，千方百计地阻挠有补救作用的法案被通过（这要容易得多）。

接下来再说一说董事会。董事会的职责是好好管理受托的企业财产。在中世纪的英国，“管理”这个词语的通用含义是使用公众资源忠诚地为上帝服务。对于企业来说，这个词语的意思就是使用企业的资源忠诚地为企业所有者服务。可是，如今整个体系都让我们很失望。董事会总是赋予企业管理者几乎毫无限制的权力，任由他们把自己的利益放在第一位，“管理”这个词语及其涵义早已经从美国企业的价值观中消失了。

董事就好像公司管理者的橡皮图章一样人云亦云，他们本应有责任好好审批已经过度发放的股票期权；对企业的财务报表进行审计，因为如今的审计师已不再是企业财务报表的独立评估人，而是成了企业管理者的合作伙伴；同样，某些企业合并案只是为了账面数字好看，根本无法促进企业的发展，这也需要董事会好好把关（根据《商业周刊》的统计，事实证明，63%的合并案反而损毁了企业的价值）。董事会还批准了一些伦理规章，其中“正直”“信任”与“远见”之类的词语早已司空见惯了，但是企业的实际行为却与这些规章大相径庭。例如，约 60% 的企业员工称他们曾在自己所在的企业中看到过违法或违反公司纪律的事情发生，而 300 名检举人中有 207 位最终丢掉了工作。

可是，我们这个社会依然把董事会奉若神明，就像我们总喜欢吹捧 CEO 一样。例如，2001 年初，《首席执行官》（*Chief Excutive*）杂志告诉我们：“公司治理领域激动人心的进步成果已经横扫了美国整个经济体系，（感谢）这些明智的 CEO 董事，他们主动接受并彻底贯彻了这些能促使董事会更加高效运作的变革。”尤其是，该杂志特别表扬了某家新经济企业，说该企业“董事会努力工作以跟上潮流……工作委员会肩负着功能性的职责，需要公正无私地进行监督”，该企业的最高原则是“沟通、尊重、杰出与诚信……我们不断提高对每一位员工的要求，因为对我们所有人来说，看看我们到底能做到多好是一件很有趣的事”。[①] 碰巧的是，如今我们真的知道这家企业到底能做到多好：这家企业表现得太出色了，以至于在 2000 年，其董事会在几千家企业的董事会中排名第三；然而如今，它破产了。该企业的高管拿到了几十亿美元的薪酬，然而它的员工丢掉了工作，还失去了退休储蓄。它的名声彻底败坏了，再也无法弥补。是的，我们说的这家企业正是安然公司。

董事会是企业的最终治理机构，而且董事作为大管家，有责任在长期发展过程中管理并建设好企业。然而，美国企业的董事不应当对管理层过于激进的“盈利预期”毫无知觉；不应当只关心股价的上涨，却不知道这会给企业价值带来多大的负面成本；不应当忽视“股息率越低，企业留下的资本金就越高”这个事实；管理者雇用了薪酬顾问，然后这些顾问向薪酬委员会建议给予企业高管——他们正是这些顾问的雇主——更高的薪酬，一年又一年不停地涨工资，即使企业的实际业绩毫无亮点，董事不应当没有任何反对意见。所以，企业的董事应当为美国企业现存的各种问题承担最终责任，这是很公平的说法。

他们应当承担最终责任吗？既然董事会并不拥有最终的决定权，那么为什么要让它来承担最终责任呢？当然，董事会的权限很大，但是为公司治理承担最终责任的应当是股东自己。随着投资市场日趋变得机构化，股东已经获得了实际上的——与“理论上的”相比——权力，他们可以按照自己的意愿行事。以前，企业所有者大多数是高度分散化的个人投资者，每个人的持股比例都不高，而如今持股比例却越发集中——不知道这是好是坏——一小

① 节选自罗伯特 • 李尔（Robert Lear）与鲍里斯 • 亚瑞兹（Boris Yaritz）于 2000 年 10 月在《首席执行官》杂志上发表的《经受考验的董事会》（*Boards on Trial*）一文。

部分机构投资者持有企业大部分的股票，于是这些机构的潜在能量变得非常惊人。光是规模排在前 100 名的大型养老金管理机构与共同基金所持有的股票就相当于美国整个股票市场市值的一半，它们对美国的企业拥有绝对控制力。这 100 家大型机构投资者如果联合起来，就像是一只重达 800 磅的大猩猩，在（与企业高管）开会时想怎样就怎样。

然而，机构投资者坐拥这么大的权力却对公司治理毫不感兴趣。潜在可能与现实之间存在着令人吃惊的割裂——手中拥有强大的权力，却几乎从不使用——这不禁让我想起一部名为《无敌大猩猩》（*Mighty Joe Young*）的老电影。这部电影的主角是一只凶猛异常的大猩猩，它把所到之处的所有东西都砸了个稀巴烂，但是每当听到《美丽梦中人》这首曲子时，它就会立即安静下来，变得很温顺。我们不要把话题扯得太远——尤其对于那些从未看过这部电影的人来说——我担心的是，每当机构投资者想要好好承担起企业公民的责任时，他们就会听到《美丽梦中人》的美妙旋律响起。

不过，共同基金管理公司不应当对美国企业发生的种种变化视而不见。即使在股票市场的泡沫破灭之前，这个行业中那些受过高等教育、严格培训、经验丰富的专业分析师和组合投资经理早就应当仔细研究过公司的财务报表，认真评估了公司的发展计划，还预测了企业长期目标的完成度，现金流与报表利润相比有多高，以及实际利润与不靠谱的“形式上的”报表利润值之间到底有多大偏差。然而，我们几乎没有听到什么声音。不为何故，这些机构投资者要么是不知道，要么是知道却故意忽视股票市场已经成了纸牌屋似的、一碰就倒的东西。我们只知道膜拜那些价格一飞冲天的“牛股”，却不知道这只是暂时的，从而忘记了公司的内在价值——未来现金流的贴现值——才是股价的永恒主宰者。

基金行业从“持有股票”的行业变成了“租入股票”的行业

今天这种局面的形成，我们是有责任的，因为基金行业已经变成了“租入股票”的行业，不再是“持有股票”的行业了，可是我们好像还不能接受这个事实。例如，2002 年权益型基金的平均换手率高达 110%——这意味着每只股票的平均持有期为 11 个月。等到公司召开下一次年会时，该公司的股票已经不在基金的投资组合里了，因此什么代理投票、负责任的企业公民，这些早已被基金管理公司抛诸脑后了。而且，基金管理公司总是想避免与公司高管发生正面冲突，因为即使是正当地参与公司治理，也有可能会使基金管理公司无法争取到该公司的养老金账户与 401（k）储蓄计划的资产托管业务，或者使基金管理公司的分析师获得企业信息的渠道受限。尽管存在确凿的反面证据，基金管理公司一般也不太会把股票价格与公司治理联系起来。但是，无论是什么原因，各种数据或记录都清楚地说明股票持有人自己，尤其是共同基金行业都很少关注公司治理问题。我们遇到了敌人，那就是我们自己。

正如艾萨克·牛顿所说的那样："每一个作用力都有一个大小相等、方向相反的反作用力。"股票市场暴涨与公司管理不当已经让我们感受到了反作用力。当然，牛市的第一个反作用力就是让我们直到今天还痛苦挣扎在熊市中。自 1997 年初开始，股票市场迅速上涨，2000 年 3 月达到顶峰，随后便开始下跌，2002 年 10 月中旬已经跌了一半。这些上涨下跌的百分比数字加在一起——上涨 100%，然后再下跌 50%——当然最终的净收益为零（好好想一想吧）。不过，暴跌过后股票市场略有反弹，股票价格仅比 1997 年初时高 10%。

对我来说，这样的暴跌让市场回归了估值的正常状态（或者至少朝着正常状态变化）。即使是出现了大熊市，1982 年至 2002 年间，股票市场的年平均收益率也有 13%，对于长期投资者来说，这么高的收益率很有吸引力，再加上复利的神奇力量，1982 年买入股票的投资者如果一直持有到 2002 年，那么股票的价值将会增长 10 倍多。因此，尽管股票市场总有暴涨暴跌的极端现象，但是坚持买入并持有策略的投资者一定能让自己承担的风险获得丰厚的补偿。对于这样的投资者，泡沫的来来去去——先是过度繁荣催生泡沫，随后泡沫破灭——根本没有什么影响。

企业家、企业高管和华尔街人士是胜利者

不过，这并不意味着乱世中没有胜利者与失败者，事实上，这两类人的数量都很多。简单地说，在那段苦苦挣扎的年代卖掉股票的投资者就是胜利

者，而买入股票的就是失败者。让我们先来看一看胜利者。被卖掉的大部分股票都来自企业高管，他们通过执行股票期权买入了本公司大量的股票，在华尔街投行的帮助下，这些所谓的“企业家”把企业打扮一新进行首次公开募集，成为新上市公司，而投行成了首次公开募集的承销商。然而，如今这些当年的“新贵”企业早已消失了。最近，《财富》杂志通过调查发现，25家已消失的上市公司的高管通过出售本公司的股票一共拿到了230亿美元，平均每家公司10亿美元左右。

胜利者还包括金融中介机构，包括那些把高价股票推销给客户的投资银行和证券经纪公司，以及将总额超过5 000亿美元的投机型基金出售给社会大众的共同基金管理公司。为什么它们也是胜利者呢？因为这些投行、证券经纪公司以及基金管理公司收取的服务费、管理费已经到了惊人的地步。很多投资银行家的年薪已经达到了1 000多万美元的水平，至少六七家基金管理公司的老板的个人财富已经达到了十几亿美元的水平，据说其中某位老板的家族财富竟然已经突破了30亿美元。

伟大的美国民众是失败者

当然，那些买入股票的人就是失败者。“博傻”？也许是的。荒谬的是，为了避免利润被摊薄——因为高管执行了股票期权，因此公司增发了数十亿的股份，其结果必然是每股利润被摊薄——原本用极低价格出售这些股票的企业竟然以高得多的价格又把这些股票（从高管手中）买了回来。但是，大多数股票都被美国的普通民众买走了——人们通常使用个人账户或401（k）储蓄计划账户来购买这样的股票——有时候投资者直接买入这样的个股，有时候通过共同基金间接地买入这样的个股。贪婪、幼稚、缺乏常识、销售人员过度推销等诸多因素交织在一起，促使普通民众一窝蜂地抢购那些投机性极强的股票——技术股、网络股以及通信股——这些股票以及对应的企业正是“新经济”的组成部分。在市场泡沫达到最高点的两年时间中，4 250亿美元的资金流入了青睐此类股票的共同基金账户，而与此同时，400亿美元的资金从平凡无奇的“旧经济模式的”价值型基金流出。

显然，在泡沫出现后，财富也发生了大规模的转移——我认为转移额至少有 2 万亿美元——由大众投资者转移给了公司内幕交易者以及金融中介机构。当然，这样大规模的财富转移在人类历史上并不少见。每当投机压倒投资时，金融市场上的投资者总会等来“算总账”的日子。

修复公司治理体系

了解这段历史，弄清楚美国的企业界到底错在哪里及其对金融市场的影响是非常重要的，因为只有找到问题的根源，才能想出解决之道。因此，正如一开始我所承诺的那样，我打算讨论一下为了纠正这些错误，我们已经采取了哪些措施及其效果。牛顿定律依然成立，因为资本主义制度失灵所导致的“反作用”马上就会显现。不过，令人吃惊的是，有水分的利润、会计造假、过于乐观的预期、专横霸权的企业高管、松懈的公司治理、过度投机甚至大熊市都不是促进改革的催化剂。几桩丑闻——几个“坏苹果”（比如安然公司、阿德尔菲亚公司、世通公司和环球电信公司）——引起了公众的高度关注，产生了强烈的反作用力，终于让我们期待已久的金融市场改革被提上日程。

那些受到股东信赖而被任命的企业高管做出了种种让人无法接受的行为，其反作用力也已经迅速地显现出来。

- 2002 年 7 月，国会通过了《萨班斯 – 奥克斯利法案》，要求企业高管为公司财务报表的有效性作证。对于先出售股票、随后重新申报利润的高管，应追缴其股票交易盈利；成立一个名为“上市公司会计监督委员会”的新联邦机构，不再只依靠自律的会计师。除此以外，该法案还设置了其他一些富有成效的条款。
- 2002 年 8 月，纽约证券交易所通过了一份适用于该交易所所有上市公司公司治理的法规——该交易所大部分上市公司都是美国企业——其中包括赋予董事更大的独立自主权以及审计委员会和薪酬委员会应使用的新标准。纽交所甚至还在考虑是否要设定一名完全独立于公司管理层的“首席董事”。这些改革措施终将使公司治理权与公司管理权相分离，帮助我们重新找回健康的资本主义制度。

- 就在上个月，美国公司董事协会公众信托与私营企业治理蓝带委员会——我很荣幸在这个机构中任职——终于完成了对上市公司最佳操作方法的建议报告。该报告对高管薪酬的建议包括所有类型的股票都应被视为企业费用，让大家知道固定价格的期权并不是免费的。我们对公司治理的建议是建立一个独立的任命 / 治理委员会；制定并执行职业道德规范；将主席与 CEO 的工作职责分割开，明晰所有权与经营权之间的差别。对于会计标准，委员会的建议包括进一步加强审计委员会与审计师轮换制度，四家大型会计师事务所面临的挑战是集中精力提高审计质量，不得向接受审计服务的企业宣传或提供咨询服务与税务筹划服务，包括那些专门用于帮助企业高管绕开法律的稀奇古怪的避税手法。

两个世纪以前，詹姆斯•麦迪逊曾经说过："如果人们都是天使，那么将不再需要政府。"如今，我对商界领袖们说："如果企业高管们都是天使，那么就不再需要公司治理了。"看看国会、纽约证券交易所以及企业联合会的反应，更不用说媒体的反响更大了，这些都说明我们正在逐步改善美国企业的公司治理。

不过，令人吃惊的是，迄今为止，机构投资者还没有对整个金融体系的失灵作出任何反应。即使是在熊市中，让客户持有的权益证券价值大幅度缩水以后，共同基金行业依然是一言不发，保持沉默。沉默的原因似乎是绝大多数共同基金依然在执行基于暂时性股价波动的短期投机策略，而非基于企业内在价值的长期投资策略。很多基金经理人对上市公司的股价动能——上市公司每个季度的利润数据及其是否满足之前企业向华尔街提供的预期数据——颇感兴趣。但是，一旦市场确定了企业的真实价值——最基本的盈利能力、资产负债表、长期战略、企业内在价值——它们便会对这家企业不再感兴趣了。奥斯卡•王尔德对这样的人作出了这样的描述："知道所有商品的价格，但却不知道其价值。"他指的一定是这些基金经理人。

修复投资体系

有一点一定要说清楚，我们不仅仅需要企业的好经理，还需要好主人。这个目标并不是那么容易达到的。因为这要求股东——尤其是机构投资者——不再关注近年来的短期投机策略以及所取得的短期收益，转而专注于长期投资策略。我们的行为应当回归“所有者”的身份，而非“交易者”的身份，重拾审慎与托管原则，而非投资与“销售至上”原则，重新做回好管家，好好打理客户委托给我们的资产，并做到以下几点。

- 机构投资者与个人投资者应当成为负责任的企业公民，切实地参与投票，并把自己的观点看法与企业高管相沟通。我们应当做好准备，通过代理投票的方式完成董事提名与企业的各项提案，监管部门应当为这样的活动提供便利。近来，美国证券交易委员会要求共同基金公司披露代理投票具体信息的决定正是姗姗来迟的改革第一步。
- 股票所有者应当要求企业向投资大众提供有关长期财务目标、现金流、内在价值以及战略方向等方面的信息。如今四处泛滥的季度利润指导意见（即利润预期）应当彻底被取消。于是，企业管理者为了实现这个“目标”而采用的千奇百怪、“富有创造性”的会计手段也将随之消失。
- 由于一般通用会计准则涵盖的范围太广，所有者应当要求企业充分地披露重大的会计政策决定会造成怎样的影响。事实上，我们应当考虑要求企业同时按照“非常激进”（如今企业申报利润的方式差不多可以称得上“很激进”）与“非常保守”两种方式报告利润。
- 共同基金必须向投资者汇报基金投资的直接成本（例如管理费与销售费用），而且还应汇报间接成本，包括过去与未来投资组合的换手成本以及相应的税负影响作用。基金还应当停止过度宣传短期投资业绩（或者应当禁止基金公司进行任何形式的投资业绩宣传）。
- 政策制定者应当设计出各种各样的征税方式，旨在阻止过度投机。例如，几年前，沃伦•巴菲特建议对短期资本利得收益征收100%的税负，而且不仅仅要求应纳税的投资者缴纳这笔税金，还要求享受免税待遇的养老基金也要缴纳。不过，这个税率水平有点太高了，也许对股票交易产生的期限非常短的资本利得收益征收50%的税金，就能迫使投资者重新找回理智。

- 也许最重要的是，投资者/所有者必须要求企业逐步提高股息的支付额。尽管缺乏证据证明留存收益有助于更完善的资本分配，但是近年来股息分配率在逐年下降。然而，历史告诉我们，较高的股票支付率与未来更高的股票收益是紧密相关的。为了获得经常性收入而投资是一种长期投资策略，而为了获得资本利得收益而投资却是一种短期策略。支付股息的股票的换手率仅相当于不付息股票的换手率的一半左右。

最了解博格的人对他的评价

◎大卫·特威迪爵士[①]

这篇小文是写给一位与我性情相投的好伙伴的！你的大作总是能让我得到非凡的享受——真可惜，2000年10月，你在纽约大学所作演讲的文稿不能成为所有专业投资者的必读物。我非常赞同你的这个说法："请不要匆匆忙忙地抹杀这种可能性：模型也许是正确的，而市场是错误的。"过去，人们指责我们说没有把网络公司的资产全部列在资产负债表上。我认为，我们已经把所有（实际存在的）资产都列出来的——只不过市场以为存在的资产事实上并不存在！

我非常赞同你对"快乐共谋"的看法。你认为股票期权是有成本的，同时你对养老金也有自己的评价（总是对未来的收益率预期过于乐观），对此我们的看法是一致的。我发现你对公司治理问题的见解同样令人耳目一新。也许你应当给自己改个名字叫做"无畏号战舰"。

2002年8月

① 大卫·特威迪爵士（Sir David Tweedie），国际会计准则理事会主席。

回到未来——重塑“管理至上”的文化氛围

希望获得相应的回报，这是长期投资的永恒信条，这并不是单纯的说教。我们的社会就建立在这个基础上，因为经济发展要依赖于资本的形成。早在 1936 年，凯恩斯勋爵就曾警告我们：“一旦企业变成投机漩涡里的小水泡，那么形势就有些不妙了。如果一个国家资本的积累成为赌博活动的副产品，那么经济就很有可能会被搞砸。”[①] 作为一个国家，我们不能让这样的事情发生，因为代价大到我们无力承担。事实上，我们需要帮助机构投资者建立起一套全新的思维方式，从而使得投机变成投资漩涡里的小水泡。在共同基金行业中，我们需要“回到未来”，重新捡起对管理职责的重视，抛弃近年来占据主导地位的“销售至上”的理念。

我提出的改革建议能帮助我们重回根本，不过，对金融服务机构来说，资产管理与市场营销（挖掘到更多的受托资产）相比，市场营销确实能给企业带来更多的潜在利润。这个事实依然存在。简单的数学计算与投资的历史数据都清楚地告诉我们，打败市场是失败者的游戏，原因很简单，金融中介机构的成本太过高昂。一旦基金投资者发现了真相，他们将会用脚投票，把他们辛苦赚来的钱投入到其他清楚这一切、并做出来相应调整的基金公司上。就像亚当•斯密的经典名言一样，这样的行为“是为了自己的利益，想要改善自己的财务状况，从而也将自然而然地推动经济向前发展。”同样地，如果投资者买入专注于投资而非投机的共同基金，那么不管金融市场的平均收益率是多少，他们都能获得绝大部分（当然，我们知道这些都是低成本的市场指数基金），于是在毫不刻意的情况下，甚至在连投资者自己都没有意识到的情况下，就提高了整个社会大众的福利。

不过，这并不是说受托的资产管理机构、诚实的商人或好商家之所以愿意遵守职业道德，只是因为他们的客户在不断地逼迫、催促或咆哮着要求他们用正确的方式做生意。诚如我在本文开头所说的那样，事实上从长远来看，

---

① 节选自约翰•凯恩斯于 1936 年所著的《就业、利息与货币通论》（*The General Theory of Employment, Interest and Money*）一书。

良好的职业操守就意味着生意兴隆，这构成了我们整个社会赖以生存的道德循环。近年来，我们的行为准则变成了“我能侥幸地躲避惩罚”，或是更直接地说，“因为其他人都这样做，所以我也这样做”。诚实与道德被人们抛诸脑后，整个资本主义制度也随之变得腐朽。

人性高尚善良的一面，是个人品德的闪光点

面对这个令人沮丧的时代，如果我所发出的关于“重塑人类美好品德”的倡议显得那样地格格不入，那么我只好提醒大家，资本主义的保护神亚当·斯密肯定会站在我这一边。在撰写《国富论》之前，他先写了《道德情操论》，提醒我们大家人性中高尚善良的一面可以：

> 点亮人的心灵，能抵制住利己主义所导致的最强烈的冲动……理智、原则、良心与内心的坚守，是我们行为的审判者与仲裁人，它们所发出的声音能让我们内心最澎湃的激情也感到吃惊，让我们知道自己只是普罗大众之中的一员，不管哪个方面都不会比其他普通人强出很多……那些能够控制住自私自利的强烈动机，而为其他人的利益着想的人，向我们展示了一种大爱，这种爱高贵而伟大，庄严而体面，体现了人性的优越。①

最后，我们正在公司治理领域开展各种各样的改革，努力促使美国的资本主义制度从投机的泥沼里挣脱出来，重新回到好好做企业的正道上来。这项任务难度很大，因为这甚至比改进公司治理与投资操作更加利害攸关。美国的建立者们主张履行较高的道德标准，构建公平社会，每个人都应当有道德地行事。这些主张塑造了美国这个国家的品质。如果品德很重要——我认为毫无疑问，品德确实非常重要——今天商业企业与金融模式在道德方面的缺失、美国企业对财务报表的操纵、在投资管理领域工作的人们竟然愿意接受明知道错误的做法、从众心态让每个人都保持沉默、自私自利让我们的贪婪战胜了理智等所有的这一切都在腐蚀未来经济发展所需的美好品

① 节选自剑桥大学出版社2002年出版的亚当·斯密的《道德情操论》第158页。

德，尤其是伴随着大熊市的到来与投资者的醒悟，这种情况将会变得更加严重。

每一位想在商界或金融界获得丰厚利润的人，他们的动机与当初亚当•斯密的想象——“伟大、美好与高尚，非常值得我们付出辛劳与心力”——大相径庭。我很难想象现如今大多数美国人还能用这样的词语来形容我们的资本主义制度。我们期望能再次使用这样的词语形容美国的商界与金融界领袖——而且他们确实实至名归——越快越好。

好公民应当致力于提高所有公民的福祉

所以，现在还有很多工作要做。但是，这并不仅仅要确保企业的财务报表真实可靠，而且更重要的是应当基于企业的长期价值来进行投资，而不是参考短期的股价波动来进行投机。内资价值才是持久稳定的——毫无疑问，一家企业的价值应当不多不少正好等于未来所有现金流的现值总和——眼下股票价格的暂时性波动根本靠不住。能够长久经营的企业都是一些能为企业股东创造最多利润的企业，他们做得最好的一点便是充分考虑了客户、员工、社区以及整个社会的利益。请不要将这样的典范看作傻里傻气的理想主义者，他们才是资本主义制度从一开始直至今日所要仰仗的核心与基础。同样，我要再引用亚当•斯密的一句话：“不想用尽自己的所有力气来提高整个社会福祉的人，当然不是一个好公民。”因此，现在我们每个人都应当站出来大声疾呼，要求美国的企业以及基金管理公司关注客户的利益，而非它们自己的利益——股东应当排在基金管理公司的前面。请不要以为你的声音无关紧要。就如同我努力想让先锋集团的员工牢牢记住的那句名言一样：每个人都很重要。

尽管号召美国的企业界——还包括金融界——在做生意时遵守职业道德，听上去似乎有点像是空洞的“做好事”的空想口号，然而从长远来看，这是取得辉煌成就与繁荣富强、促使美国人民充分利用上天赐予的无价之宝的唯一可行之路。在这一点上，我发现没有人能说出亚历西斯•德•托克维尔说过的那些伟大名句（也有可能是他人杜撰的）。我希望这些句子能超越在更广阔的天地里回响。

> 我在美国的港湾里、河流里、肥沃的田野上、广袤的森林里寻找她的伟大与天赋，然而没有找到。
>
> 我在美国矿藏丰富的矿区、巨额的对外贸易以及形形色色的学习机构里寻找她的伟大与天赋，然而没有找到。
>
> 我在美国民主的国会与无与伦比的宪章里寻找她的伟大与天赋，然而没有找到。
>
> 直到我走进美国人的教堂，聆听闪耀着正义之火的布道声，我才明白美国这个国家的伟大与独具天赋的原因。
>
> 因为美国人都在做好事，所以美国才伟大；如果有一天美国人不再做好事，那么美国也将变得不再伟大。

美国的企业界与投资界也是如此。如果我们能重拾职业操守，那么我们将再次回归伟大。让我们大家一起努力，把这个目标变成现实。

The Man in the Arena

Vanguard Founder John C. Bogle and His Lifelong Battle to Serve Investors First

第五部分

约翰·博格对服务社会的愿景

第五部分共分为两章，这两章的唯一共同点是博格总是那么热情地服务于社会，服务于投资者。第一篇文章是博格对受托人原则的看法：一仆不侍二主，文章振聋发聩地呼吁重建充满生机活力的诚信社会（最新通过的联邦政府法案也支持这个观点），其目的是"确保作为最终端的投资者……其作为投资主体的权利被保护。"博格有着长达 60 余年的职业生涯，一直奋战在共同基金行业的最前线，于是他总结的个人经验再加上好几个世纪以来马太与路加这样的布道者所传的福音（"一仆不侍二主"），最终得出了这样一个最重要的结论。另外，博格还讨论了美国开国元勋们对资本主义制度的思考，以及近年来美国大法官——例如哈伦·菲斯克·斯通（Harlan Fiske Stone）与本杰明·卡多佐（Benjamin Cardozo）——发表的文章著作。他很容易就得出了结论——"信托职责这个概念已经不再是需要讨论的完美模式，而是实实在在的必需品"。

博格对慈善事业的热爱贯穿了他整个职业生涯与世界观，他"深深地相信所有在这个伟大的国家获得成功的人士，都应当用回馈社会的方式来分配自己的财富。"在这篇文章里，博格直截了当、发自肺腑地分析了他的事业与慈善博爱理念是如何结合在一起的。最著名的当属他对布莱尔学院与普林斯顿大学的热爱与支持；对他来说，多少财富才算"足够"；成为承诺为他人服务的受托人（当博格把自己的财富与同行们积累的财富相比较时，他经常用"财务失败者"这样的词来形容自己）；为什么他把给予看作快乐与公民的义务。在博格这些文章里将其丰富的内心情感表露无遗。

第 12 章

The Man in the Arena

Vanguard Founder John C. Bogle and His Lifelong Battle to Serve Investors First

受托责任——一仆不侍二主[①]

在我们国家以及全球正遭受金融危机与经济危机的双重折磨时，我写了这篇文章。我敢断言，当后人书写这个金融大时代的历史时——这个时代已经终结——肯定会把这个时期金融体系所犯下的主要错误归结为没有遵守受托责任，即“一仆不侍二主”这条和圣经一样古老的规则。没有哪一个思维正常的人能够相信，建立在商业基础之上的经济体可以在不遵守这条规则的情况下长久地存续下去。所有权与管理权的分离、公司组织结构的不断发展，使得一小群人可以控制大量不知情的投资者提供的资源，在这种情形下，现代商业社会若想要正常地发挥功能，必须要做到忠实地执行受托责任。[①]

然而，那些名义上是受托人的机构，总是能通过一些狡猾的合法工具，逃避自己保护客户利益的职责——原本他们都声称自己代表的是客户的利益——公司的高管与董事们在未经股东许可甚至是在股东毫不知情的情况下，用公司的钱给自己发放大笔奖金……金融机构在进行各种各样的业务操作时，最后才考虑客户的利益，然而它们的资金都来源于这些客户，这足以说明我们早已经彻底遗忘了受托责任这条准则的含义。个人投资者所遭受

---

① 本章是基于 2009 年秋季发表于《投资组合管理期刊》上的一篇文章修改而成的，而该文章则是根据 2009 年 4 月 1 日博格在哥伦比亚大学商学院所作的一场有关商业道德的演讲整理而成的。本文之前被《投资先锋：基金教父的资本市场沉思录》一书收录。

的损失与伤害，对工商业赖以生存的社会秩序及其完整性的损害是无法估量的。[①]

唉，除了第一句，后面都不是我说的。后面这些语句来自于哈伦·菲斯克·斯通，摘录自他于1934年——是的，真是1934年——在密歇根大学法学院所作的演讲，同年晚些时候被刊登在《哈佛法律评论》（*Harvard Law Review*）。[②]

虽然这篇文章历史久远，然而在眼下这一刻，这些语句依然具有重大意义，也许甚至可以说比以往的任何时刻都意义重大。再也没有什么能比这些话更好地分析了到底是哪些因素导致了如今美国金融市场的崩塌与美国乃至全世界所面临的经济危机。

听到斯通大法官的话，很多人轻轻松松地用一句"江山易改，本性难移"就应付过去了，并很快就转到了其他新话题。但是，我希望金融专业人士能有不同的反应，同时也和大家分享一下我的反应：大萧条危机以及随之而来的股灾结束后，我们没能抓住这个好机会要求超大型企业与金融机构的领导者们——他们手中管理着我们国家大部分的财富——必须达到斯通大法官所说的、严格且不打折扣的受托责任标准。于是，75年后，看在上帝的份上，让我们不要再犯同样的错误了。斯通大法官的话敦促我们尽快解决如今商业领袖所面临的两难的道德困境。在这些企业领导者中，有些是管理美国公开上市企业的高管——如今美国上市公司的总市值大约为12万亿美元——还有一些是打理着"别人的钱"的专业投资机构的负责人，他们掌管的权益投资

① 节选自哈伦·菲斯克·斯通于1934年6月15日在密歇根大学法学院进行的演讲的演讲稿，后经《哈佛法律评论》整理后发表。

② 哈伦·菲斯克·斯通于1898年在哥伦比亚拿到了法律学士学位，1910至1923年间担任哥伦比亚大学法学院院长一职。1925年，卡尔文·柯立芝（Calvin Coolidge）总统任命斯通担任美国高等法院的大法官。1941年，罗斯福总统任命他为美国的首席大法官，他在这个位置上一直工作到1946年去世。巧合的是，1929年5月6日，斯通大法官出现在《时代周刊》的封面上，正好比我的出生日——1929年5月8日——早两天。在封面故事里，《时代周刊》准确地预测了斯通总有一天将会成为美国的首席大法官，部分原因在于（后面这句话颇能体现该杂志的早期风格）"他一直很关注公众利益"。

额高达约 9 万亿美元，占股票市场总市值的 75%，因此对这些上市公司拥有绝对的投票控制权。同样，在工商业界中，面对那些把钱投资给企业的股东，手中紧握权力的企业高管不仅应当承担起道德责任，而且还应当履行受托责任。

什么是受托责任

受托责任这个概念有着悠久的历史，差不多可以追溯到 8 个世纪以前的英国普通法。受托责任本质上是两方或多方之间的信托法律关系，通常一方称作信托人或受托人，另一方称作委托人或受益人，委托人信任、依赖受托人。受托人在任何时候都要以委托人的利益与福利作为唯一的行事原则，忠诚于委托人。受托人不应当把个人利益摆在受托责任之上，重要的是，他们不能让自己对客户履行的受托责任与对其他实体的受托责任出现冲突。

向上追溯到 1928 年，纽约的首席大法官本杰明•卡多佐说得很清楚：

> 普通世界里有很多被允许的做事方式，但在信托行业里却是被严厉禁止的。对受托人的道德要求要比普通市场更加严格……因此，这方面已经形成了根深蒂固、不易动摇的传统……不仅仅是诚实，讲信用与最敏感也是那时的行为标准……只有这样，受托人的行为才能始终保持在高于普通民众的水平至上。

我认为，准确地说，受托责任是法律中规定标准最高的责任。

与斯通和卡多佐身处的年代相比，现在美国整个社会都不太重视受托责任，这与其说有些讽刺意味，倒不如说是令人感到非常沮丧。所有有文化的公民都应当知道，在过去几十年来，天平的两端一端是道德与法律，另一端是市场，然而，天平已经向市场这一端严重倾斜。正如我常说的那样，我们这个社会原来的原则是“有些事不能做”，可是现在变成“如果别人都这样做，那么我也能这样做”。我将这种转变称为由“道德绝对主义”转变为“道德相对主义”。对我来说，商业道德似乎是传统社会价值观发生变化的主要受害者。我认为这可不是什么进步，相信大家对我的说法并不惊讶。

至少还有几个人与我的观点一致。波士顿大学法学院教授塔玛•弗兰科在2006年出版的《信任与诚实：处在十字路口上的美国商业文化》(*Trust and Honesty:America's Business Culture at a Crossroad*)一书中，对美国社会受托责任的角色缺失提出了颇有见地的看法。她担心——我怀疑很多投资专业人士也有同样的担忧——美国文化正在逐渐转变为不诚实、欺诈与信托滥用，眼下的金融危机已经暴露出了这一点。她认为，我们需要的是“通过建立值得信任的机构与金融体系来提高社会信任度的有效方式”，让她感到失望的是股票市场与房地产市场的泡沫所带来的压力已经导致“公众道德的沦丧……以及信任的急剧滥用”(第99页)[①]。

在弗兰科教授看来，“我们降低了法律中道德的力量……这削弱了对受托人的监管……滥用了监督受托人诚信状况的法律……给公众和整个经济体系造成了巨大的损失”。我们还忽略了信托法律本身与隶属于合同法管辖范围的信托关系这两者之间的区别。而且，她还写道：“随着投资由一个专业变成一门生意，人们对法律的解释方式也发生了改变。”我们遗忘了布道者马太与路加传授给我们的基本原则——大法官斯通也一直在强调这个基本原则——“一仆不侍二主”。

我对道德相对主义的主要反对意见在于它模糊、减弱了我们每个人对社会应尽的责任，只关注个人利益。不加控制的利己主义是一股强大的力量，但是如果我们想保护所有公民的共同利益，那么这股力量最终必须得到整个社会的监督与控制。摆在面前的危机——我将其称为“道德危机”——清楚地证明造成的伤害有多么大。

① 摘自牛津大学出版社2006年出版的塔玛•弗兰科所著的《信任与诚实：处在十字路口上的美国商业文化》一书。

近期危机的成因

近期危机的成因是多方面的。我打个比方，导致美国金融体系崩塌的因素有 1 000 个：银行家与投资银行家对风险漫不经心的态度，杠杆过高的资产负债表上列满了低质量的有毒证券组合；联邦监管部门放任自流的态度，这主要体现为它们相信“自由竞争市场”能够阻止美国社会出现产品过剩的局面；国会上一次进行的立法改革甚至要追溯到大萧条时期；“证券化”使得借款人与贷款人之间的原有关联关系——贷款人要求借款人提供证据证明其具有按时还本付息的能力——被切断；不计后果的金融创新使得几十万亿美元的衍生金融产品（例如信用违约互换）被创造出来，通常这些衍生产品的风险都大得让人目瞪口呆，而且复杂程度令人难以思议。

美国商界以及投资界领袖的权力与地位的急剧上升也是导致这场危机的主要因素之一。如今，这些大型金融机构持有美国所有上市公司（大多数是大型企业）所发行股票的 75% 左右，然而在半个世纪前，它们的持股比例仅为 8%。所有权比重的快速上升使得这些投资管理机构——大部分为共同基金管理公司（持股比重占美国股票市场的 25%）、私人养老金（持股比重占美国股票市场的 12%）、政府退休基金（持股比重占美国股票市场的 9%）、保险公司（持股比重占美国股票市场的 8%）、对冲基金与捐赠基金——拥有巨大的能量，可以对美国企业施加强大的影响力。

但是，它们没有好好使用这股力量。事实上，美国的投资管理机构都没有好好履行对委托人（这些终端客户用大笔的资金进行权益型投资，其中包括共同基金份额的持有人与养老金受益人）应尽的义务。数据清楚地说明，尽管它们持有的股权比例达到了控股程度，但是大多数金融机构并没有在公司董事会的组成、公司治理、董事选举、高管薪酬、股票期权、代理提案、股息政策等方面发挥积极的作用。

正是因为这些金融机构作为企业公民并没有表现得非常主动，因此这相当于允许上市公司的高管充分利用自己拥有的代理权来谋利，例如高管薪酬、额外补贴、并购交易，甚至接受公共会计师打了包票的（至少是双方都心照不宣）“金融工程”概念，直接导致了金融工程技术已经全面渗入了企业的财务报表。

但是，机构投资者的失误不仅仅表现为公司治理问题，还体现在每一个细微的交易流程中。这些代理人也没能尽到尽职调查的责任，而这正是每一个公民 / 投资者有充足的理由希望委托理财的投资专家能够起到的作用。为什么这么多技术娴熟、拿高薪的证券分析师与研究员都没有发现花旗公司、其他大银行、投资银行，还有我们永远无法忘记的美国国际集团那些充斥着有毒资产的高杠杆资产负债表存在很大问题呢？也没发现美国国家金融服务公司使用的销售手段不道德呢？[①]甚至更早之前，当这些专业人士对安然公司设立特殊目的机构的伎俩以及世通公司做假账的行为故意视而不见时，他们到底在想些什么呢？

然而，这些刚得到授权的代理人没能向股东尽到应尽的职责，这只不过是我们所面临的问题的一个方面。机构投资管理行业——我已经在这个行业里工作了 58 年——也要负主要责任。作为一个群体，我们让航向偏离了 180 度，由原来的管理至上转变为了销售至上，我们的关注点不再是审慎管理，而是产品营销。我们不再进行长期投资，取而代之的是短期投机。顾问 / 代理人的梦想是抢到越来越多的受托资产，以便于他们拿到更多的顾问费与盈利，即使这些收益或利润表现为投资者 / 委托人的直接成本，他们也根本不顾及按照传统的信托关系与受托责任标准，他们应当服务于这些投资者 / 委托人。

利益冲突是资产管理行业普遍存在的问题，只不过在不同部门的表现形式有所区别罢了。私人养老金计划面临的利益冲突（即计划缴款额的最小化有助于实现企业利润的最大化）就与公共养老金计划所面临的冲突（即受到政治压力，不得不投资于立法机构指定的、愚蠢的投资项目）不一样。同时，

① 我在此谈到的是直接由这些资产管理公司雇用的买方分析师。而纽约首席检察官埃略特•斯皮策（Eliot Spitzer）于 2002 年至 2003 年所作的调查充分揭露了华尔街卖方分析师面临的利益冲突。

工会养老金计划面临的利益冲突也区别于前两者（即雇用愿意接受“收费服务”模式的资产管理公司的压力）。然而，在共同基金行业内，代理人应向基金股东/客户履行的受托责任通常会直接与基金管理公司的商业利益发生冲突。

资产管理公司总是把自身利益摆在第一位，也许我们不应当对此感到惊讶。事实上，正如特拉华州衡平法院的大法官小利奥·E. 斯特林（Leo E.Strine,Jr.）观察到的那样：“在为自己谋求私利这方面，如果专业的投资管理机构反而不如生产产品、提供服务的企业经理人，那才让人觉得奇怪呢。”[①]基金行业——在所有金融中介机构中规模最大——没能做到服务于基金股东的利益，从而引发了一系列的后果。具有讽刺意味的是，尽管《1940年投资公司法》的条款写得清清楚楚——该法案要求“共同基金的组织、管理与运作应当以基金股东而非投资顾问的最大利益作为标准”。[②]

美国企业的控制权由所有者逐渐转移给代理人，专业的资产管理机构似乎已经彻底忘记了它们的唯一职责就是保护委托人的利益，因为正是这些人把自己的多年储蓄交给共同基金打理，或者把未来自己退休后的保障全权交给养老金计划来管理。这些新型投资者/代理人不仅把委托人的利益抛到脑后，而且似乎还彻底忘记了自己的投资原则。机构投资者投资策略的重心已由以企业内在价值的持续创造为基础的长期投资策略，转变为愚蠢的投机策略，只关注企业股票的短期波动。昔日长期持股的交易策略被今日“快速换手”的交易模式所取代。

我用“快乐同谋”一词来形容企业高管、董事、会计师、投资银行家以及持有股票的机构投资者之间的关系。在这个圈子里，你能看到各种各样千奇百怪的金融工程技术。企业高管可以随意篡改财务报表上的数字，而会计

① 节选自利奥•斯特林（Leo Strine）于2007年发表在《公司法杂志》（*Journal of Corporation Law*）上的文章《共识与共同基础？更理性的公司治理体系下经理人与雇员利益共享的思考》（*Toward Common Sense and Common Ground？ Reflections on the Shared Interests of Managers and Labor in a More Rational System of Corporate Governance*）。

② 节选自证券交易委员会相关法案（1981年）。

师竟然可以对此保持沉默。松懈的会计制度让这一切变得可能，甚至可以无中生有，虚增利润，即使是通用会计准则也阻止不了它们。我举了一个好例子——这已经为下一场金融危机播下了种子——大肆宣传养老金计划的未来收益有多么高，这说明我们甚至无法预测出未来合理的预期收益。

同样，我们不能说没有提前收到任何警告。1958年，《聪明的投资者》（*The Intelligent Investor*）①一书的作者本杰明·格雷厄姆在美国金融分析师协会联合大会上曾经说过："现在我们对普通股的投资与投机的看法与过去大相径庭。"随后，他又说：

> 过去，对普通股的投机因素几乎只局限于企业本身，它们主要来源于不确定性、波动因素、行业的衰落或企业自身的计划……然而近年来，一个来源于企业外部的新的重要投机因素被引入普通股投资领域，这个影响因素就是买入股票的公众及其顾问的态度与观点。所谓的"顾问"主要就是指我们这些分析师。我们可以用一句话来说明到底是怎样的"态度"：主要强调未来的预期……未来前景这个概念，尤其是未来的持续增长，要求我们使用更高等的数学公式，来求出一些利好事件的现值。然而，精确的计算公式与非常不严密的假设前提组合在一起，使用者可以用它们得出自己想要的任何计算结果，不管有多高……
>
> 准备好以下三个要素：（1）对未来盈利增长率的乐观假设；（2）未来这种增长趋势持续的时间足够长；（3）复利的奇迹——看吧！证券分析师又拿到了一块新的"点金石"，可以给"真正的好股票"算出任何自己想要的估值结果。
>
> 通常，我们大家都认为数学工具能计算出准确可靠的结果，但是在股票市场上，我们使用的数学工具越是复杂，我们得出的结论就越不准确，越具有不确定性……一旦要用到微积分或高等代数，

① 节选自本杰明·格雷厄姆所著的《聪明的投资者》（修订版）。

> 你就要把这当作一个信号，因为这意味着经纪人正试图用理论取代实践，通常他们还会努力地想给投机披上一层具有欺骗性的外衣，将其伪装成投资……
>
> 难道投资者和证券分析师从来没有在智慧树上吃到好果子和坏果子吗？他们是不是已经永远地将自己逐出了伊甸园，所以并不知道人们要在灌木丛中翻来翻去才能找到未来大有前途、价位合理的好股票？

上述这段话明显反映出格雷厄姆对强行量化不可量化的因子的做法（这样做只会带来虚假的准确性）有着深深的担忧。1958 年，格雷厄姆说出上述这段话时认为“投资量化研究”这颗大苹果的味道尚不明朗。然而，到了 20 世纪 90 年代末，一种全新的投资行为模式开始成为一股主导性的力量，成为蔓延至整个金融市场的投机交易的主要推动力。

正如我之前所说的那样，美国金融市场的本质发生了如此深刻而且几乎尚未被人们注意到的变化，而这又是如何进一步推动了商业行为、商业价值与商业道德的腐朽变质呢？这种变化反映出人们对投资具有两种截然相反的看法，同时这也对应着两个相差甚远的市场：一个是重视企业内在价值的现实市场；另一个是看重短期股价波动的预期市场。英国经济学家约翰·凯恩斯曾把这种分歧描述为企业（“预测资产整个生命周期内的未来收益”）与投机（“预测市场的心理”）之间的区别。正如凯恩斯所预测的那样，投机压倒了企业，原有的所有权社会变成了当今的代理人社会，资本主义制度的价值观遭到了严重破坏。[①]

没想到在那么早之前，这些有先见之明的大师就已经发出了警告，这真是令人吃惊。斯通大法官在 1934 年发出了提醒；约翰·凯恩斯勋爵在 1936 年给出了警示；本杰明·格雷厄姆在 1958 年又再次提醒了我们。对我们来说，现在不正是尽快重视这三位目光远大的智者所发出的警告的时刻吗？我

① 节选自约翰·凯恩斯的《就业、利息与货币通论》（*The General Theory of Employment, Interests, and Money*）一书。

们应当站在他们的肩膀上，将整个美国从只参考同行行为的“道德相对主义”、贪婪与短期投机——靠猜测股票价格的短期波动来下赌注——的文化泥沼中拯救出来，难道眼下不正是该做这件事的时候吗？重拾受托责任的道德绝对主义，重拾传统的、着眼于企业创造内在价值的长期投资策略——审慎、尽职调查与积极地参与公司治理——难道不正是摆在我们面前亟待解决的问题吗？

是的，现在是改革的时候了。如今的代理人世界不能很好地为公众利益服务。资产管理机构的失职不仅意味着现代资本主义制度的失败，而且还意味着现代资本家的失败。正如凯恩斯勋爵曾提醒的那样：“一旦企业变成投机漩涡中的小水泡，那么资本主义制度的效率就会大打折扣了。”这正是如今美国的情形，后果也很糟糕。

总的来说，目前占据主导地位的资产管理机构已经不再关注企业创造、生产与销售的商品与服务的内在价值的长期持续性，只看重企业股票价格的暂时性波动——这正是臆想战胜了现实。在这个世界上，大肆吹捧企业的股票价格要比企业不断创造的内在价值容易得多。我们似乎已经忘记了本杰明•格雷厄姆隐晦的提醒，即与长期现实相比，短期预测是不可靠的：“从短期来看，股票市场只是一个投票机，但从长期来看，它才是一个称重器。”①

现代资本主义制度的失灵

我要特别指出现代资本主义制度的失灵主要表现在高管薪酬普遍过高；金融工程；盈利“指导值”，一旦这个指导值未能实现，那么企业的估值将会大幅度缩水；机构投资者之间的庞大交易量；巨额的竞选献金使金融机构具有令人吃惊的政治影响力；在金融行业内，交易员与经理人分到的财富与他们为投资者创造的财富完全不成正比。事实上，金融行业正在从美国社会中攫取价值，而非创造价值。

① 节选自本杰明•格雷厄姆与大卫•多德（David Dodder）的《证券分析》（*Security Analysis*）一书。

对经济学家来说，融资就是企业的寻租过程，我们的中介机构——资产管理公司、股票经纪公司与投资银行——在每一笔交易中扮演了代理人的角色。这些中介机构帮助一方与另一方讨价还价，于是原本的零和游戏变成了失败者的游戏，仅仅因为各式各样的“庄家”（即中介）要从中抽取中介费（其他寻租人的例子还包括赌场、法律制度与政府，好好想想吧）。

关于共同基金行业存在问题的例子

我了解金融体系是如何运作的，因为我在这一行干了 58 年。共同基金行业——我的整个职业生涯都在这个行业度过——很好地说明了我们的资本主义制度现在到底出了什么问题。下面列举的十个例子足以说明有那么多的共同基金管理公司已经严重偏离了“一仆不侍二主”的基本受托人原则，尽管《1940 年投资公司法》已经明文规定共同基金的股东才是这些机构唯一的“主人”。

- 在基金的董事会中，董事与主席大多数都是控制这只基金的基金管理公司的高管，这明显存在着利益冲突，根本不符合受托人原则。
- 短期投机与长期投资相比，基金管理公司更看重前者；基于预期的投资模式彻底战胜了基于实业的投资模式，这导致基金管理公司与证券经纪公司获得了丰厚的利润，而基金投资者却遭受了相当大的损失。
- 在研究与分析基金投资组合选中的证券时，没有很好地履行尽职调查的职责，放任企业高管采取各种利润操纵手段和投机行为，而专业的投资机构却对此视而不见。
- 作为企业股东，基金公司没有行使自己的权利，也没有承担义务，对公司治理问题一概不理，放任企业高管把自己的经济利益置于股东利益之上。
- 基金的收费水平迅速上涨。20 世纪 80 年代至 90 年代间，随着基金资产规模的快速扩张，基金的收费水平上涨速度更快，因为基金管理公司在受托管理基金股东的资金时，没有充分发挥巨大的规模经济效应。例如，规模最大的 10 只基金的平均费率由 1960 年的 0.51% 上涨至 2008 年的 0.96%，上升幅度为 88%（威灵顿基金是唯一一只费率下降的基金；如果不把威灵顿基金算在内，则其他 9 只基金的平均费率上涨了 104%）。

- 基金管理公司控制下的共同基金的收费水平要远远高于养老金管理机构的收费水平，因为后者要面临激烈的市场竞争。例如，三家规模最大的咨询公司平均向养老金客户收取相当于受托资产总额 0.08% 的管理费，但却对自己管理的基金产品只收取 0.61% 的管理费，于是养老金客户的年均费用仅为 600 000 美元，而共同基金却要支付高达 5 600 万美元的年费。然而令人奇怪的是，养老金账户与共同基金账户的资产组合构成竟是一模一样的。[①]
- 允许对冲基金经理进行“时区”交易，从而导致长期投资者持有的基金份额的价值被稀释。2003 年，这桩几乎蔓延了整个行业的丑闻才得以曝光。该案共涉及 23 家基金管理公司，其中有好几家是基金行业内规模最大的企业。事实上，这就是共同基金管理公司与对冲基金公司勾结在一起欺骗普通的基金股东。
- 与证券经纪公司签订付费式分销合同，约定基金顾问可以将基金经纪佣金（软美元）用于基金分销，这种做法主要是对基金顾问颇有好处。
- 广告宣传费用过高——仅过去两年，基金公司花在广告宣传方面的费用就高达 5 亿美元——这种做法明显是在滥用现有基金股东的钱去招揽新的基金投资者。这方面的很多支出都被用于开发未经检验的、千奇百怪的新产品，然而事实证明，大多数新产品只具有短暂的市场人气，并不具有长久的投资价值。
- 将基金资产组合持有的证券借给其他人，把融券所得的一部分收益转移支付给咨询顾问。

看看上面列出的每一条，我在开头提到的斯通大法官的警告是不是显得更有先见之明？让我再重复一遍几个关键性的词语——所有权与经营权相分离……公司的组织结构……一小群人控制了大量不知情的小投资者提供的资源……企业高管和董事给自己发放高额奖金……金融机构只会到最后才考虑投资者的利益。很多年前，我们就曾忽视受托人原则，而到了现在，我们显

① 这些数字是基于 2002 年的数据得出的。2010 年 3 月，美国最高法院在判决琼斯诉哈里斯合伙公司（Jones V. Harris Associates）一案时，发现共同基金管理公司的费率确定方式——基金管理公司按照这一费率向自己控制之下的基金收取费用——效果不好，需要改进。我提供了一份法庭之友的陈述，不过我的意见远远要比最终法庭的建议严厉得多。

然依然在忽视。用斯通大法官的话来说，这两种情况会导致“个人投资者的损失，以及对工商业赖以生存的社会秩序及其完整性的损害，这种损失和损害是无法估量的”。现在，你应当明白，我们可以轻而易举地计算出到底造成了多大伤害——总额至少为好几万亿美元。因此，我们应当立即重视这个问题，抓紧时间回归到传统的受托人原则。

虽然大多数金融机构的运行模式都是以损害委托人的利益为代价，为自己谋利，但并不是所有机构都这样做。我给大家讲一个自己在工作中真实遇到的例子。38 年前，我对基金行业的性质以及机构产生了深深的担忧。仅仅三年后，我将信念转化为行动，我竭尽全力创办了一家旨在严格履行受托责任的公司。

我列出了这些原则，尽管这样做对我的个人利益毫无好处。1971 年 9 月，在和威灵顿公司的合伙人谈话时，我完完全全引用了斯通大法官的原话以及今晚我谈到的一些个人看法。

> 我赞同这种观点，同时还要说一下长久以来我个人的一种偏见：就各方面而言，没有太多的证据能证明企业的资本诉求无法通过其他渠道得到满足，因此企业引入公众股东并不是太好的选择。
>
> 这个结论同样适用于资产管理公司、医生、律师、会计师或建筑师。这些行业或领域与基金行业一样，我们很难看出公众股东到底能为企业带来什么特殊贡献。一般来说，他们既不能增加企业的资本额，也无法带来新的专业技术，他们对客户的福祉毫无帮助。
>
> 事实上，我们可以设想一下这样的情形：公众股东带来的盈利与盈利增长的压力与专业机构负责任的运营刚好是相对立的。尽管投资公司同时具备这两个要素，但是不管怎么说，生意与专业还是有很大差别的……因此，我们必须问问自己这个问题：如果对基金公司与接受上市公司咨询服务的客户来说，这完全是一个负担，那么这个大包袱应当永久背下去吗？

1974 年 1 月，我的坦率让我失去了威灵顿管理公司 CEO 的位子。这件事太过复杂，无法在本文中详细讲述。被解雇给我带来了一生的机遇——创造一家全新的、以受托人原则为核心的新企业。于是，我向威灵顿基金公司的董事们提议建立一家这样的公司。[①] 当然，威灵顿基金管理公司断然拒绝了我的提议。

先锋集团：自己掌控命运

不过，在经过数月的研究后，各个基金的董事们接受了我的建议——把基金本身的运营与基金管理公司和销售公司分割开，于是基金就能够做到只关注基金股东的利益，独立运作。这个新设想需要建立一家新企业——先锋集团，而股东就是各只基金。新企业独立雇用自己的员工和高管，按照成本价来收费，是一家真真正正“互助式”的共同基金公司。

虽然在成立初期，先锋集团的工作内容并不多——只是为各只基金提供行政性的管理服务——但是我意识到，如果我们想掌控自己的命运，那么还是应当为我们的基金直接提供投资咨询服务和市场营销服务。于是，1975 年 5 月，就在先锋集团开始运营后没多久，我们开始努力推进这项工作，试图尽可能地掌控这两项最基础的职能。到 1975 年年底，我们创建了世界上第一只指数基金，该基金的管理者正是先锋集团。

随后，到了 1977 年年初，我们抛弃了供给驱动型的经纪人 / 交易商分销模式——自 1928 年起，威灵顿基金管理公司就一直在使用这种模式——转而采用完全由本企业控制的买家驱动型、不收费的分销模式。1977 年晚些时候，我们创建了第一批固定期限债券基金，这些基金分为短期、中期、长期三种类型，全部投资于具有较高投资价值的债券。1981 年，先锋集团开始向新成立的固定收益基金以及原有的货币市场基金提供投资顾问服务（你可以想象得到，这些举动都是毫无争议的）。

---

① 在哥伦比亚大学的演讲是本文内容的主要来源。实际上，这是整个基金行业以及先锋集团自身发展历程三部曲中的第三部分。《投资先锋：基金教父的资本市场沉思录》一书的第 12 章“重新实现共同基金行业的互助化”和第 13 章“事物的新秩序：让‘共同’基金真正实现互助”则是这个三部曲的前两个部分。

自从1974年成立以来，先锋基金的总资产已经由10亿美元增加至今天的1万亿美元，成为了美国规模最大的、专门管理股票基金和债券基金的基金管理公司。这1万亿美元中的82%，约8 200亿美元是消极管理型的指数基金以及与固定收益市场的各个子市场紧密关联的、“实质性的”指数基金，而其他基金（大多数都是积极管理型的权益基金）则是由大概25家外部投资公司来提供管理服务。到目前为止，这些非指数型基金的大部分资产是委托给威灵顿基金管理公司打理的。大多数基金都拥有多位投资顾问，这样就可以更好地分散基金业绩不佳的风险。

不只是随口说一句，这一长串的商业决策都是在先锋集团是否还能继续存续的怀疑氛围中做出的。这是因为在刚开始时，美国证券交易委员会不准许先锋集团承揽市场营销和分销业务。但是在足足抗争了（简直是毫无止境）6年以后，1981年2月，证券交易委员会终于改变了态度。在全票通过后，证券交易委员会宣布：

> 先锋集团的计划与《1940年投资公司法》的条款、政策以及目的相符。该计划进一步延伸了《1940年投资公司法》的目标……提升了基金的独立性……在合理公平的范围内有益于每一只基金……大幅度降低了投资顾问费，产生了规模经济效益……有助于建立一个健康有活力的共同基金集团，并让集团管理的每一只基金都变得更好。

现在来看，证券交易委员会的这段话颇有先见之明。先锋集团旗下的基金以及基金的股东确实越来越好，少有例外。按照晨星公司基于同行业的评价系统（每一只基金与政策、目标相似的其他基金相比较）来打分的话，在50家规模最大的基金集团之中，先锋集团的业绩名列第一。

先锋集团还让股东们节省了一大笔投资顾问费，并实现了规模经济效应。事实上，先锋集团的费率是整个行业内最低的。去年，所有的项目加在一起，基金的总运营成本相当于资产的0.2%，而其他共同基金的费率平均为1.3%。这节省下来的1.1个百分点对应的可是1万亿美元的资产，这意味着基金股东每年可以节省大约110亿美元的费用。投资行业终于开始意识到，低成本才是唯一一个预测基金业绩的最可靠指标。正如荷马在《奥德赛》中说过的一句话："公平交易最终将创造更多的利润。"

如果你基于上述数据愿意承认先锋集团不仅取得了商业成功（资产增长和市场份额），而且还取得了艺术成就（出色的业绩和低成本），那么你一定会问，为什么在先锋集团成立35年后没有任何一家公司愿意模仿我们这种以股东为导向的模式（这真是一个特别具有讽刺意味的结果，因为我之所以选择"先锋"这个名字，部分原因是这个词的一般含义为"新潮流的领导者"）？我想，这个问题的答案很简单：按照先锋集团的低成本经营模式，所有利润都要被分配给基金股东，而非基金管理公司，从而解决了共同基金行业一直以来存在的利益冲突问题。无论如何，先锋集团这个领导者还在寻找自己的第一位追随者。

先锋集团正是我付出最大努力的证明，因为我想尽可能地在现有的受托责任框架下把基金投资者的利益与基金管理公司的利益结合起来。我想让比我更聪明的人，当然也是更客观的人来评价我对先锋集团所取得成就的言论是否言过其词。而且，我要把我们所取得的成就归功于三个因素。第一，先锋集团拥有正确的所有制结构（因为集团归所有基金投资者所有）；第二，算数算得对（即投资成本越低，则收益率越高）；第三，道德观正确（因为只有赢得股东而非同行的信任和忠诚，集团才能持久地存续下去）。各个独立的研究机构对客户忠诚度进行过多次评测，结果我们始终排在第一位，把所有的竞争对手远远甩在身后，没有哪一个能接近我们。大家可以对类似自吹自擂的说辞表示怀疑，但是请仔细看看数据。在2007年的一份调查报告中，研究机构得出的结论是："先锋集团的客户忠诚度远远高于其他任何一家公司。"[①]

① 节选自默里•科尔曼（Murray Coleman）于2007年3月15日发表在《华尔街日报》上的《少数几家企业赢得了有钱人的忠诚：富人投资者的投资持续性调查，先锋集团得分最高》一文。数据来源于Cogent研究。先锋集团的忠诚度得分（强烈支持者的百分比减去强烈批评者的百分比）为+44分，而整个基金行业的得分仅为–12分。

“重建金融世界”

创建与重组先锋集团并不是一件容易的事。如果没有决心、专业、运气、时机以及好几个人起到的关键性作用，就绝不会有今天的先锋集团。因此，当我建议我们必须走得更远，不仅要重塑我们企业的结构和价值观，还应当努力去重建整个资产管理行业的结构与价值观时，我自己非常清楚，完成这项极其艰巨的任务会有多么困难。

但是，我们不敢再停滞不前。

因为在当前这个时期，我们遇到了美国历史上从未出现过的事情——最宝贵的理想和传统正在遭受彻底的批评。企业与行业的摩天大楼——它们早已是美国社会结构的代表性特征——已经被各种力量动摇了根基，我们隐隐约约地知道这些力量来自何方。原本自诩固若金汤的美国传统文化毫无疑问地衰落了，因此我们必须团结起来，重新认真审视一下美国的文化。

你可能已经猜到了，我要再一次引用斯通大法官在 1934 年说过的话，是时候认真对待这个问题了。事实是美国的投资行业已经发生了彻底的变化，由半个世纪前的所有者至上——这个时期已经过去，再也回不来了——转变为今时今日的代理人至上。所谓的“代理人至上”，其含义是受托理财的机构作为代理人，并没有服务于委托人——共同基金股东、养老金受益人以及长期投资者——的利益，相反，它们只服务于代理人自己，那就是资产管理机构。

而且，由于这些资产管理机构对公司治理问题视而不见，所以也为美国企业界的高管提供了便利。更糟糕的是，它们放弃了长期投资策略，转为短期投机，于是整个行业还损害了所有社会大众的利益，这正好应验了凯恩斯勋爵的警告。

不过，尽管企业的所有者性质发生了彻底改变（而且人们并没有意识到这种变化），但我们还是没能改变游戏的规则。事实上，在金融行业内部，大多数监管规则——针对证券发行人、证券交易所以及投资顾问的监管规则——其严厉程度已经降到了历史最低点。我们本应当提高监管机构的监管力度，更严格地执行监管规则，然而事实上，这两点我们都没有做到，我们反而忽视了新环境的变化，放松了监管。因此，监管部门应当对这场金融危机承担主要责任。

当然，美国社会总是在不断变化。过去是这样，以后还将是这样。我经常说我们国家在建国初期是个农业国家，后来变成了制造业大国，再后来又转变为以服务业为主导的经济体，到了最近，金融服务业已经成为了美国这个大经济体中占据统治地位的行业。这样的变化并不是什么新鲜事，但是每次变化都不一样，所以明智地应对并不是一件容易的事。斯通大法官意识到这些新力量要求获得新的回应。

> 杰斐逊在 1809 年写道："我们都是农民，商业与制造业占比很低。我祈求上帝，在拥有大规模的商业与制造业之前，请赐予我们很长一段时间。"就在杰斐逊写下这段文字不久，美国的社会与经济就开始了深刻的变革。这种无法阻挡的经济力量导致了一些公众问题，要求民众对这种全新、复杂的经济力量有所认识，知道这些经济力量会对分散在各个不同社区、各行各业工作的人们的生活造成什么影响，以及新势力如何与那些在不同环境下形成的旧观念相融合，以满足社会的新需求。

为了应对这些复杂的新经济力量，美国沦为了代理人社会，当然我们需要一个新范式：一个诚信社会，投资者的利益被放在第一位，企业与金融机构领导人的道德行为具有最高的价值。

新范式：建立诚信社会

然而，今天我们所面临的挑战与过去全然不同，各种原则已经年代久远。想一想亚当·斯密在 18 世纪提出的警告："受托打理他人钱财的经理人很少会像打理自己的钱财那样小心谨慎……他们能非常容易地给自己找到借口。粗心大意与挥霍肯定一直是常有的事。"[①]于是，近年来，在资产管理公司/代

① 那时候，我们把挥霍定义为"支出过于大方、奢侈，或金钱、物质等的过度赠与，浪费"。

理人之间，粗心大意与挥霍确实流行一时，甚至到了几乎彻底无视他们应对委托人承担何种职责与义务的地步。几乎没有几家资产管理公司在受托代客理财时能做到“小心谨慎”，而这原本就是投资行业的行为准则。

因此，我们应当建立一个全新的诚信社会，为终端投资者，即共同基金股东以及养老金受益人提供保障，保护他们作为投资委托人的权益。委托人的权益应当包含六个方面。

- 有权要求资产管理公司 / 代理人只代表委托人的利益行事。简而言之，客户就是上帝。
- 信任投资经理，对为委托人持有的证券组合提供分析意见的证券分析师进行尽职调查以及要求其具有较高的职业操守的权利。①
- 确保代理人成为负责任的企业公民，重新认识到他们的委托人作为股票的所有者应享受哪些被忽视的权利，并要求企业董事与经理人对股东履行受托责任。
- 要求共同基金及其提供的金融产品做到自律和诚实的权利。
- 投资顾问收费结构的确定要满足“合理性”标准。所谓的“合理性”不仅指百分比费率要合理，而且还意味着计算出来的费用金额也比较合理。此外，应当给该投资顾问的其他客户提供费用结构的相关数据。
- 消除可能阻碍这一目标实现的所有利益冲突。

重点提一句。我注意到，最后这一项看上去是在阻碍金融控股集团——如今，这已经成为共同基金行业内占据主导地位的组织模式——收购资产管理公司的股权。目前，在 40 家规模最大的基金集团中，只有 6 家依然是私人企业。在其他 34 家企业中，有 13 家企业的股权直接由社会公众持有，而剩下的 21 家基金管理公司全部被美国以及国际金融控股集团——包括高盛、美国银行、德意志银行、荷兰国际集团、约翰 – 汉考克集团以及加拿大

① 广受尊敬的黑石集团高管、美国财政部的前任高管彼得•费雪于 2009 年 3 月 29 日接受《华尔街日报》采访时说，他认为我们应当迫使机构投资者把证券分析工作完成得更好，并尽快确定最低能力标准。

的永明人寿保险公司——所有或控股。这样的分割让人觉得痛苦，而且金融控股集团持有资产管理公司的股份是对“一仆不侍二主”原则最公然的侵犯。

当然，这需要联邦政府采取行动，以推进我所设想的、全新的诚信社会尽快建立。最显而易见的是，政府试图且有能力强制要求执行受托人原则并履行受托责任，那么根据这些原则和责任的规定，资产管理公司的所有经营行为只能以确保受益人（客户）——主要指的是持有基金份额的投资者以及养老金计划的受益人——的最大利益为唯一目的。罗伯特•芒克斯准确地指出：“没有所有者的资本主义制度必将失败。”

虽然政府的行动是最根本的，但是新体系的建立还应当与私人投资部门齐心协力，像亚历山大•汉密尔顿（Alexander Hamilton）一样，在国会确立受托人原则、私人部门具体操作时恪尽职守、勇于承担。引导资本主义制度回归所有者至上的原则需要一段时间，确实如此。但是，新的现实——随着一天天过去，现实变得越来越清晰——是受托责任这个概念已经不再只是一个需要讨论的空想而已了。它必须得到执行。

因此，改变美国金融体系根本性质的这项任务正处在危急关头，而新制度将推动企业公司治理结构的完善。不过，我在本文中的各种畅想可能并不被金融行业的其他同行或同事所认同。也许很快，很多人也会恍然大悟。例如，2009 年 3 月，政府的改革计划就得到了当代最著名的金融学家、麻省理工学院教授罗闻全（Andrew Lo）的大力支持。

> 金融危机最重要的影响与当前的公司治理形势有密切的关系……人们终于醒悟过来，大声疾呼我们需要改变规则。当前的公司治理结构存在根本性的错误，而且企业面临的风险类型也有问题。[①]

① 节选自 2009 年 3 月 23 日罗闻全发表于《华尔街日报》上的《商业观察（特别报告）：高管简报——找到我们的盲点：金融危机证明我们需要改变对风险的态度》[*Business Insight*（*A Special Report*）:*Executive Briefing——Understanding Our Blind Spots*：*Financial Crisis Underscores Need to Transform Our View of Risk*] 一文。

总而言之，我倡导的规则变化——资产管理公司应当按照联邦受托人原则为客户提供服务——应当能起到这样的作用：促使资产管理公司利用自己所掌握的企业股权投资，要求企业经理人和高管也要履行他们对企业股东的受托责任。最后，这两个群体应当分别针对企业资产和投资资产做好审慎的管理工作，不仅要彻底改革当前存在缺陷且存在利益冲突的运营模式，而且还应当建立起一种全新的机制，至少能够找回传统的道德标准。

于是，我静静等待（其实没有多大耐心）多年前卡多佐法官描述的完美制度的回归。下面这段文字节选自他说过的话，我在前面也引用过。

> 通过诚信关系连接起来的纽带要比市场道德更加坚固可靠……因为道德只是传统而已……不仅是诚实，还有对信用表现得非常敏感……行为标准……都要比民众的水平更高。

斯通大法官在 1934 年所作的演讲是本文的灵感来源，他还进一步谈到了新机制是如何服务于公共利益的。

> 在为我们的社会与经济体系的缺陷寻找解决之道的过程中，我们总是表现得对政府的指挥棒过于信赖，反而对良好公民免费提供的好建议熟视无睹……但是我们知道，除非个人利益能得到有效的约束，除非社会行为本身具有一些影响力更大的因素有助于改进公共利益，否则社会根本无法正常运行……尤其在这样一个用物质收益来衡量回报的社会……我们应当让自己的道德观念与传统的道德观以及整个社会的最高理想相一致。再也没有比那些能够帮助公民管理资金的信托机构更重要的部门了，而这些机构应当遵守小心谨慎原则，社会完全有权利要求它们这样做。

斯通法官这次具有里程碑意义的演讲距今已经过去了 75 年，它提醒着每一位投资领域的从业者是否已经偏离了小心谨慎这条原则，不过与此同时，它也给予我们另一个坚定决心去迎接挑战和建设更好的金融市场环境的新机会。

第 13 章

The Man in the Arena
Vanguard Founder John C. Bogle and His Lifelong Battle to Serve Investors First

慈善事业——服务于我们的社区与国家[①]

在漫长的职业生涯中，我很幸运地赚到了足够多的钱——事实上不只是足够多——能为妻子以后的生活提供保障；能为 6 个孩子留下一些资源（正如沃伦•巴菲特所说：“多到足够他们想做什么就做什么，但是还不足以让他们什么都不做。”）；给我 12 个孙儿也留下了一点财富；最后还能为多年前我所创立的、中等规模的基金会留下一大笔钱。我要把我的钱分享给那些不太幸运的人，因为我一直深信，所有在这个伟大国家里发家致富的人都应当用回馈社会的方式来分配自己的财富。

在过去 30 年中，尽管每年我都会把自己一半的年收入用于各种慈善事业，但我的个人财富依然在逐年累积增长。我并没把这些捐款视为“施舍”。我把它们看作自己一生都在偿还累积的巨额债务，其中包括给医院以及医学科研项目的捐款，因为我在长达 50 多年的时间里一直在与心脏病抗争，而在此过程中，心脏病专家和白衣天使们始终精心照顾并呵护我。我还捐款给教堂，我们家族的很多成员都是有信仰的。此外，我还通过全球联合之路（United Way）给大费城社区捐款。

① 节选自《博格长赢投资之道》一书，并做了编辑与扩展。

扶持社区

我相信，在我所付出的这么多捐款中，至少有一部分应当会被直接用于我的社区——“仁爱始于家”——而这种想法让我在1996年联合之路成立第75周年庆典上获得了亚历西斯·德·托克维尔社会贡献奖。我从颁奖词里摘录了一段。

> 杰克·博格的杰出精神为联合之路托克维尔学会（Tocqueville）关于“美国什么东西最好”的观点注入了新的生命力。作为一名志愿者和慈善家，他让所有自己服务过的教育机构与非营利性机构都变得和他一样出色，并通过这些机构帮助了成千上万的民众。作为一位商界领袖，杰克让中等收入阶层也分享到了股票市场史无前例的快速增长所带来的成果。
>
> 杰克在先锋集团内组织了联合之路募捐活动，他个人的慷慨让先锋集团每年向费城地区医疗与公共事业机构的捐款额超过了100万美元。感谢你让费城地区变得更好，成为生活、工作以及供养家人的好地方。

还有一些重要理由支持我去服务社会，尤其值得一提的是位于费城独立广场的、庄严的美国国家宪法中心，它的使命是让美国的宪法精神回归到美国人的主流生活当中。我在这个中心服务了25年，其中担任中心主席一职长达近8年[①]，而且非常有幸主持了2003年该中心盛大的揭幕仪式。

当我在主席这个位子上退休时，理事们热情地向我表示祝贺。

> 在担任主席期间，约翰·博格……成功地完成了国家宪法中心的设计构想，向公众开放，成功举办了很多活动，以增进民众对美国宪法的了解，而且将中心的服务范围拓展到全国……我们认为他的领导力、智慧、诚信、实践和良好的同事关系对国家宪法中心的成功至关重要。

① 我离职后，继任者是美国前总统威廉·杰斐逊·克林顿和乔治·布什，以及佛罗里达州前任州长杰布·布什（Jeb Bush）。

简直是令人心醉神迷的褒奖！但是对此我只能说："我已尽我所能了。"

最了解博格的人对他的评价

◎约瑟夫·托塞拉大使[①]

这个世界知道你对国家宪法中心而言意味着什么，因为我和其他人早已经大声地告诉全世界：如果不是你为我们这项孤独的事业慷慨地奉献出个人名誉、智慧与诚信，那么在某些人眼中，美国宪法精神的光辉是黯淡不明的，甚至连这都不如……

我将绝对不会忘记你总是能如此迅速地用巧言妙语化解紧张局面，或是完全地信任他人……我惊讶地发现，回顾我们长达十几年的友谊与同事经历，尽管我们已经爬过那么多陡峭的山峰，但是我依然记得——这是最重要的——旅途中付出艰辛努力时的那份快乐。你教会了我这一点，杰克，我将永远感激你。

2009 年 4 月

◎理查德·斯坦格尔[②]

只有一位前总统（比尔·克林顿）有资格接替你担任国家宪法中心主席一职。我为你、同时也为国家宪法中心感到激动自豪。这真是太妙了！能够通过这种方式让他人接过你手中的指挥棒。你对国家宪法中心以及整个美国的贡献是如此巨大，几乎无人能比。最重要的是，我一直非常珍视两年半的共事时光。那真是一段特殊的岁月，一种特殊的友谊。

2007 年 1 月

---

① 约瑟夫·托塞拉大使（Ambassador Joseph Torsella）在 1997 年至 2003 年、2006 年至 2009 年间分别担任国家宪法中心总裁和首席执行官；2011 年至 2013 年间担任美国驻联合国代表。

② 理查德·斯坦格尔（Richard Stengel）在 2003 年至 2006 年间担任国家宪法中心的总裁兼首席执行官；在 2006 年至 2013 年间担任《时代周刊》总编。

支持教育

最重要的是，我也竭尽全力去支持那些在我成长道路上、职业生涯中为我铺平道路的教育机构。在我的慈善工作表上，排在首位的就是布莱尔学院（Blair Academy），它坐落在新泽西州的北部山区，它教会了我科学的研究方法，开拓了我的眼界，让我对数学、历史、科学以及英语等学科有了更深的了解，为我打开了机遇之门。还有普林斯顿大学，在那里，我的思想与品性得到了进一步的磨炼，让我对人文科学格外地敬仰和欣赏，还启发了我对西方文明与启蒙运动的兴趣——倡导启蒙运动的哲学家、作家、历史学家、音乐家与艺术家——更不用说我对美国的开国元勋有多么崇拜和敬重了，直到今天我依然非常赞同18世纪的价值观。

在这两所学校，我都拿到了奖学金，因此我觉得我有义务去回报，给其他的年轻学子——他们就像当年的我和我哥哥一样急需奖学金的支持——提供奖学金。因此，让我感到最高兴的慈善之举是在布莱尔学院和普林斯顿大学设立博格兄弟奖学金，为这两所学校表现杰出的学生颁发奖学金。

这件事我已经做了很久，自从多年之前我的收入开始远远大于家庭的支出开始，我就在这样做了。到目前为止，布莱尔学院大约有150名学生、普林斯顿大学大约有130名学生拿到了博格兄弟奖学金。我希望这个数字能永远增长下去。

能与这么多青年才俊见面，真是我人生当中一件令人激动的事情，我也间接地为他们所取得的学术成就感到骄傲。他们已经开始或者很快就会意识到，他们的潜能不仅仅可以服务于我们国家，而且还可以服务于全世界。每当我在一旁观察年轻一代的举止行为时，我对我们国家就会充满信心，对未来满怀憧憬。

说实话，布莱尔学院和普林斯顿大学对我来说都很重要，但是它们在我的人生中扮演了不同的角色。回顾往事，进入布莱尔学院学习是对我的职业、甚至我的人生产生深远影响的事件。在布莱尔学院，我受到了一流的教育。我的写作与沟通才能、数学能力以及某种意义上的领导力都是在布莱尔学院得到启蒙的。先来说一说写作与沟通。非常感谢我的英文老师亨利·亚当斯（Henry Adams）和马尔文·加菲尔德（Marvin Garfield），他们教会了我（过程很艰难）如何巧妙选择一些词语和用严谨的语法来写作或沟通，让我明白了积累足够多的词汇有多么重要。我开始爱上英语，后来我勇敢地走出去，开始使用英语（也许我的 10 本书和 575 篇演讲能够证明这并非虚言）。

其次是数学。在我做交易时，人们总称我为“数字男”。这个名号主要源于我喜欢使用严谨的数学工具，这源于 1945 年我在布莱尔学院第一次学习代数。非常严格的杰西·威瑟斯庞·盖奇（Jesse Witherspoon Gage）老师在第一次考试时只给了我 40 分（满分 100 分）。他对我提出了很多要求，我也竭尽所能地去做。在期末考试时，盖奇先生给了我罕见的 100 分。在某种意义上，我的整个职业生涯都是以数字为基础的——金融市场的数学。“简单算术的残酷规则”，这是布兰代斯法官认同的说法。所以，我经常被同事称为“beta 博格，数据恶魔”，这并不令人惊讶。这一切都开始于布莱尔学院。

第三，我年轻时，多亏了足球教练史蒂夫·库克（Steve Kuk），我才开始对领导力有所了解。不，我并不是伟大的运动员。当我快毕业时，史蒂夫还掌管着餐厅，他任命我为餐厅的侍者领班。我从史蒂夫身上学到了一些门道，明白了不仅要为自己的行为负责，还要负责为其他人的行为设定较高的标准。我学会了如何把事情做好，如何信任他人以及被信任。我还学到了领导者应当也是仆人。当每个星期日我排在那些肌肉发达的餐厅员工后面，一起为几百名学生搬运冰淇淋的时候，这一点再明显不过了。“仆人 – 领导力”这很明显。

鉴于布莱尔学院对我帮助很大，我知道我必须回馈这所学校。自从 1947 年我从该校毕业以后，这所学校就像很多同行一样陷入了困境。到了 1971 年，由于我非常想提供帮助，故而接受了学校理事的请求，加入了该校的董事会。于是布莱尔学院才开始慢慢恢复昔日的地位，重新成为一所顶级学院。

我知道我们还有很远的路要走，于是在 1986 年，我很荣幸地接受了理事们的邀请，成了学校董事会主席。职业生涯让我明白了领导力有多么重要，因此，当 1989 年有机会聘请一位新校长时，我做好了准备，决心要抓住这个一生之中难得的机遇，帮助布莱尔学院继续前进。

当我们四处寻找合适的人选时，一位杰出的人才从候选人名单中脱颖而出。他就是钱德勒·哈德威克（Chandler Hardwick）——康涅狄格州塔夫特中学 35 岁的教员。他是一位很棒的教师和沟通者，有着非凡的领导力和个人魅力，而且精力充沛。我们的委员会对我的强烈推荐表示赞同，于是钱德勒与他可爱的妻子莫尼于 1989 年 6 月来到布莱尔学院任教。在他们的带领与推动下，再加上他们永不枯竭的精力、热情以及对学校的热爱，布莱尔学院终于实现了伟大的复兴，这体现在师资力量、学生质量、新的教学大楼、完美的运动场馆、人们的精气神和学院的社会名望等方方面面。当哈德维克夫妇于 2013 年卸任时，他们在布莱尔学院整整工作了 24 年，是该校 165 年历史上服务时间第二长的人。当然，我感到深深的悲伤，但与此同时，我也感到安慰，因为我知道我们不能再向这对伟大的夫妇索取更多了。

最了解博格的人对他的评价

◎钱德勒·哈德威克 [①]

布莱尔学院的所有人都认为您在这里的影响力——不仅是非常重要的有形载体，还包括难以测量的无形力量——是您想让世界变得更美好的所有愿景中最纯粹、最出色的。您的领导才能和伟大设想塑造了布莱尔学院，让它发生了彻底的变化。而且我们都知道，布莱尔学院让一代又一代的男孩、女孩有机会进入本校，在这里学习，并了解您对这所学校最重要的影响力到底体现在哪里。学校的变化就发生在这个过程中。

① 钱德勒·哈德威克于 1989 年至 2013 年间担任布莱尔学院校长。

> 谢谢您勇敢地做自己，您原本也可以像其他人那样随波逐流。谢谢您让莫尼和我有机会在布莱尔学院抒写传奇。我们很欣赏您的价值观、您对学校工作的设想，以及在校务与基金会工作中与我们分享并确认的共同价值观。我们不仅仅将您看作抽象的企业领导者，而且是活生生的、完整的人，杰克。
>
> 2009 年 5 月

是的，自从幼年在布莱尔学院形成了个人品格之日起，我就一直坚持在写作、计算方面竭尽所能地成为最出色的领导者（唉，我并不是那种“天生的领导者”）。当然，普林斯顿大学也为我的成长付出了很多（如果这样说合适的话），不过显而易见的是，如果不是布莱尔学院，我根本不会被允许进入普林斯顿大学读书。

在普林斯顿大学期间，我的职业生涯这部传奇故事的序幕（确实是传奇）徐徐拉开了。我选择了经济学专业，但是鉴于当时我对诺贝尔经济学获奖人保罗·萨缪尔森的经典教材第一版中的很多观点难以理解，1948 年，我在普林斯顿的第一个学期只拿到了一个名副其实的 D。如果我不提高成绩，就将失去奖学金，最后的结果将是不得不离开普林斯顿大学（有点荒谬的是，1993 年，萨缪尔森博士为我的第一本书撰写了前言）。后来，我非常努力，下一个学期拿到了 C，危机终于解除了。尽管我的大学生活过得不那么平稳——我当时先是打工做侍者，后来成为体育协会售票处的经理，同时还要应对繁重的学业——但是我的成绩却变得越来越好。

我的毕业论文写的是刚刚诞生的共同基金行业，这个偶然的选择让我直接进入了这个行业，而且度过了整个职业生涯。我以很好的成绩从普林斯顿大学毕业，在很大程度上要归功于这篇论文。我在这篇毕业论文中对基金行业所作的理想化设计——这篇论文于 2001 年正式发表（居然在完成后过了 50 年才发表）——日后被普遍认为是先锋集团的模板，而我在 1974 年创立的先锋集团如今已经成为世界上规模最大的基金管理公司，旗下受托管理的客户资产高达 2 万亿美元。也许真是这样，也许不是。

无论如何，我在经济学专业的学习让我接触到了亚当•斯密与约翰•凯恩斯的著作，直到今天，他们的话语和理念还在指引着我学习、写作。在亚当•斯密、凯恩斯和萨缪尔森的陪伴下——当然，他们都是经济学发展史上最有影响力的人物——我也有了自己的想法，而且我还将这些想法付诸行动。

尽管我做了很多，想报答普林斯顿大学对我的恩情，但是母校似乎总是比我做得更多，总是让我的人生和工作越来越好。1999 年，我被母校授予伍罗德•威尔逊奖，这个奖项通常是颁发给能代表“在国家服务机构工作的普林斯顿人”的男性校友。2005 年，学校的理事授予我荣誉法学博士学位，称我为“经济学专业的理想主义者……不屈不挠的改革者……号召明智投资、直言不讳的倡导者”。2008 年，我入选普林斯顿大学历史上 25 位最具影响力的普林斯顿人（能与詹姆斯•麦迪逊、伍德罗•威尔逊这样的理想主义者做伴，感觉实在太好了）。

在博格纪念堂的牌匾上——这原本是一个坐落在巴特勒学院内的小宿舍区，2010 年被单划出来用于设立纪念堂——普林斯顿大学用下面这段话来形容我，我想这应当是母校能够给予我的最后一项殊荣了。

先锋集团富有远见的领导人
作家与慈善家
大公无私、令人愉悦的朋友与顾问
普林斯顿的捐助者、忠诚的普林斯顿之子

最了解博格的人对他的评价

◎雪莉•蒂尔曼[1]

我想说您的母校对您自 1951 年离开普林斯顿大学以后所取得的成就感到非常欣慰。这与成功本身无关，而是您在取得成就的过程中，让您成为我们大家骄傲和引以为荣的人。

① 雪莉•蒂尔曼（Shirley Tilghman），普林斯顿大学校长。

曾几何时，盲目地追求利润让整个金融行业变得乌烟瘴气，而您在领导先锋集团的过程中所倡导的个人廉洁正直、负责任的管理和最根本的公平绝对是令人振奋的一股清流，提醒我们还有另一种，也是更好的一种投资方式。正如我来到拿骚大厅之前，您向年轻校友们所说的那样："进步的理想主义正是高明的经济学。"而服务他人也应当是高等教育的必要条件。服务他人，尤其是个人投资者，是您"为资本主义的灵魂而战"所特有的标志，您这本书的出版简直是太及时了！只要一想到是这篇大学毕业论文指引着您走上了职业生涯，我们就感到十分高兴！

杰克，谢谢您把普林斯顿不拘礼节的座右铭牢记在心，让母校帮助您形成的价值观贯穿于您工作的每一天。

2009年3月

附：荣誉博士嘉奖，2005年5月31日

1951年，作为一名有理想的经济学专业学生，他在自己的毕业论文中革命性地提出了一个新概念，即要建立一个主要服务于投资者利益和高效经济的共同基金行业。作为世人皆知的指数基金先锋，他一直不屈不挠地反对高收费和隐性成本，而且还大声疾呼倡导理智投资。诚实是他的管理策略中必不可少的组成部分，这说明他相信个人的品德很重要，无论是投资还是生活的其他方面。在长达半个多世纪的时间中，他在先锋集团内部始终把投资者的利益摆在第一位，所以今天我们在此为他授予荣誉。

一个受托人的适度报酬

尽管在漫长的人生旅途中，到目前为止，我已经捐款很多次，而且这样的捐赠行为还将继续，但是我唯一的愿望是希望能给予我们周围运气不佳的人更多的帮助。他们的需求是无限的，而我能提供的资源却是有限的。尽管我已经算是金融行业的成功人士，但是我的报酬相对而言只能算还可以。

其他很多金融机构的领导者，他们的报酬几乎可以称得上是令人惊叹了。2012 年，福布斯排名前 400 名的美国最富有的人中，大约有 20% 的富豪是在金融领域攫取的财富，他们赚钱的方式大多数是办企业、投机、努力工作以及单纯的好运气，或者是上述几项结合起来。大型投资管理公司的大多数创始人（和继任者）已经积累了非常多的财富。在福布斯的富人榜上，排名最低的金融界人士的个人财富也有约 13 亿美元，而排名最高的（富达集团的约翰逊家族）则达到了 250 亿美元。

我从未进入过 10 亿美元的富人群体，而且说得实在一点，我甚至连 1 亿美元的富人俱乐部都挤不进去。为什么会这样呢？这只是因为当我在 1974 年创建先锋集团时，就决定要将大部分利润回馈给愿意把资产托付给我们管理的基金股东，因为这样做才是真正的“互助式”共同基金。事实上，与同行的股东相对比，我们的股东累计节省的费用已经超过了 1 500 亿美元，仅 2012 年就节省了 160 亿美元。所以说，先锋集团依然是整个基金行业内为客户提供最大价值的企业（先锋集团的成本由我们旗下的基金分摊）。

事实上，与几乎所有的同行相比，可以说我在个人的财富积累方面非常失败（也许他们要比我有钱的多这个事实会让他们感到好笑）。当然，你也可以说，这样的失败是有意为之的——并非我事先没想到有朝一日公司会发展到如此庞大的规模，也不是不清楚将先锋集团设计成“互助式”的组织结构会让我失去多少财富。当初我创办先锋集团时，我坚信——现在我依然坚信——将委托人的利益放在第一位是受托人的责任，因为委托人将他们辛苦赚到的钱托付给了我们。于是，我们决定：先锋集团不应当为我所有，而应当被基金股东所有，这些股东才是先锋集团获得成功以及丰厚物质回报后最重要的受益人。

不过，我自己的日子过得也不错，有三个原因。第一，从小到大，我已经养成了节俭、不乱花钱的习惯。我从不奢侈浪费，在非必需品上花钱总是让我有些心痛。我工作以后的这么多年中，从来没有哪一年是入不敷出的。

我无法想象自己拥有一艘游艇、喷气式飞机或者大豪宅的样子。这到底说明什么呢？这说明我节俭，我乐于给予。

第二，我自1951年开始工作以来，非常有幸地参加了一个极好的固定缴款型养老金计划。起初这个计划由威灵顿基金管理公司提供，后来又转给先锋集团，我一直坚持投资这个养老金计划直至今日。1951年7月，威灵顿公司向该计划账户缴纳了第一笔款项，相当于我第一个月薪（250美元）的15%，即只有37.5美元（是的，那个时候，市面上就已经有了固定缴款型的养老金产品）。我坚持向这个退休账户以及储蓄计划账户缴款，额度相当于每月工资的15%。到了20世纪80年代末至90年代中期，随着我的工资迅速上涨，自然缴款金额也水涨船高。

我就是一个能够证明税收递延型的退休计划若能在长期内坚持稳健投资的话，多年以后也能积累起可观财富的例子。到目前为止，我个人的退休计划账户是我们家庭资产负债表上金额最高的单项资产（我不想把具体的金额告诉全世界）。

第三，个人退休账户也好，个人持有的投资资产也好，我都打理得很不错。我从来不投机，只投资于相对保守、低成本的共同基金（你早就猜到了吧）。起初，我投资的是威灵顿公司的基金，随后主要投资于先锋集团的指数基金。1999年下半年，我注意到当时债券的收益率很高，担心股票价格会受到投机势力的较大干扰（这是很明显的），于是我降低了股票的投资比例，至个人投资组合的35%，余下的65%则全部用来投资债券。虽然股票市场与债券市场的波动使这两类投资所占的比重总是围绕着这个比例上下小幅变化（主要更偏向债券投资），但是从那时候开始，我再也没有对自己的投资组合进行重大调整。即使面对现在剧烈波动的市场，我依然在竭尽所能地抑制自己想偷看所持有基金份额的市场价值的冲动（对所有人来说，这都是一条好规则）。

所以，下列这些因素的奇妙组合让我积累了很多财富：我继承了苏格兰人的节俭品德；我在管理先锋集团的过程中拿到了高薪；我习惯于每年把结余存起来；我投资了退休储蓄计划；免税条件下的复利创造了数字奇迹；我知道对投资来说，成本的作用很重要；还有一个常识，就是注重平衡型的资产分配模式。这确实行得通！

最了解博格的人对他的评价

◎弗兰克·马丁[①]

如果用一个词语来解释杰克·博格的书会如此畅销以及他在全球投资者之间——其中包括投资行业内的咨询顾问，他们总是公开地对杰克表示轻蔑，但私下里却很崇敬他——享有偶像般的地位的原因，那么这个词就是“正直”。作为他的私人朋友，我亲眼目睹了博格的一言一行确实具有这样的美德。“正直”这个词经常被用在不合适或不值得的地方，而用在博格身上，简直是再合适不过了。“正直”是如何成为杰克·博格个人的鲜明标志的呢？另一位杰出且勇敢的人、德国神学家迪特里希·邦赫费尔（Dietrich Bonhoeffer）曾经说过“以小见大”，的确如此。

1974 年，博格作出了一个当时看起来有些不合逻辑的决定。作为先锋集团的创始人，他决定公司的所有制结构应当采用“互助式”，即公司由投资者所有，而且基金创造的利润要以低成本的方式分配给投资者。尽管当时他并不知道这个决定的机会成本到底有多大，但他十分清楚代价肯定是巨大的。

在这个喜欢用金钱来衡量成功与否的世界中，杰克·博格甚至都不一定会被人们提起。然而，他却在几千万投资者中赢得了偶像般的地位，而金融领域的其他大富豪，除了少数几个人以外，比如博格的朋友巴菲特，其余大多数人都发现有些东西是钱也买不到的。因为多年前的这个重要决定，如今，杰克·博格没有从镀了金的笼子里给他的追随者写信，而是像普通人一样写信，没

① 弗兰克·马丁（Frank Martin），投资顾问，马丁资本管理公司创始人，《妄想的十年》（*A Decade of Delusion*）作者。

有任何区别。博格对他们将心比心，他们的恐惧就是他的恐惧，他们的现实就是他的现实。

长久以来，他宝贵的正直品格与毫不自私的动机一直激励着我。正如查理·芒格喜欢说的那句话，我解释为“告诉我一个人的动机，我就能告诉你结果”。杰克·博格的动机彻彻底底地透明，这会使他的诚实和坦率更受追捧。他说话总是直截了当，从不拐弯抹角。他是一个总能看到整片森林的人，而大多数人只见树木不见森林。杰克·博格的每一部专著中的小细节都讲述了他的人生故事，这位不知疲倦的斗士总是坚定地拥护着真理和事实，主张人们应正直坦荡地度过一生。

2012年8月

我的人生哲学

开辟了中庸之道的人既避免了陋室的贫苦，又不至于嫉妒宫殿的恢宏。

大约两千年前，罗马诗人贺拉斯（Horace）提出了中庸之道的标准。这个标准时至今日依然有效。我拥有的个人资源肯定会让我走在这条中庸大道之上，不过我的收入水平当然会比普通的美国公民收入水平高一些。我们都属于《纽约时报》专栏作家大卫·布鲁克斯（David Brooks）所描述的“投资阶层”，我们应当为自己积累的财富以及节俭的习惯感到骄傲与自豪。不过，虽然作为美国公民，虽然我们在国家所给予的诸多关怀下长大，但是我们必须时刻提醒自己还有很多美国公民没有得到足够多的扶持。

独立宣言让我们相信“人人生而平等，造物者赋予他们若干不可剥夺的权利，其中包括生命权、自由权和追求幸福的权利”。虽然人生来平等，但是出生的时间、家庭、财富、种族、教育甚至机遇，这些都是不平等的，而且这种不平等是与生俱来的。

美国宪法要求得更高——“我们的人民”被命令“建立更完善的联盟，匡扶正义，保障国内安宁，提供共同防务，促进公共福利，并使我们自己和后代得享自由的幸福”。这些使命，尤其是建立更完善的联盟，匡扶正义，保障国内安宁，提供共同防务，促进公共福利不只是说说而已，这些正是我们这个时代面临的挑战。

在第二次就职演讲中，富兰克林•罗斯福总统完美地阐述了这一挑战。

> 我们面临的考验并不是能否给那些已经拥有很多的人锦上添花，而是能否给那些一无所有的人足够的关怀与保障。

被给予的幸福让人感觉快乐，但是给予本身不仅能带来快乐，同时也是很多人的责任——那些生来便受到优待的人们，那些基因中有着果敢与勤奋的烙印的人们，那些受过良好教育或单纯只是运气好的人们。这些人因为上述种种因素在金钱方面获得了成功。在这片充满了机会和自由的土地上，所有有幸成为富翁的人都有责任把手中的资源分享给其他不太走运的人，分享给塑造我们的人生并赐予我们无限幸福的机构。

The Man in the Arena

Vanguard Founder John C. Bogle and His Lifelong Battle to Serve Investors First

| 第六部分 |

约翰·博格的远见所获得的回报——来自追随者、先锋集团股东和员工的感谢信

在第六部分中，各行各业的人们对博格所取得的成就齐声歌颂。一开始是刚刚入门的投资顾问、作家、博格的超级粉丝艾伦•罗斯（Allan Roth）所写的一篇文章，他在文中主要讨论了杰克•博格对数千万普通投资者而言有何意义。艾伦对这个问题的回答既简单又深刻，他还列举了七位博格铁杆粉丝的评价，其中包括他们这个粉丝俱乐部的创始人泰勒•拉里莫尔的评价。

随后是 9 位先锋集团股东的感谢信，他们当中既有法学教授、英语老师、波士顿的汽车司机，也有 89 岁的退休老者、西点军校的学生以及做地面维护的工人。他们只是这么多年以来给博格写过信的、上万名先锋集团股东当中的几位代表。他们高度评价了先锋集团对他们本人以及家庭的重要意义。他们的故事证明了先锋集团的创始人在很多普通投资者的心中——这些投资者都非常赞赏先锋集团的做法——占据着特殊地位。

在第 16 章——以一首诗开头，又以一首诗结尾——我们展示了 12 封先锋集团员工的来信。我们从信中得知在先锋集团工作对他们来说意味着什么。这些信件还能让我们了解他们与博格多年来的同事关系，以及博格以人为主的管理理念在集团内部不同层级的员工中的实际执行效果如何。显然，这些信件告诉我们，员工们切实感受到了企业的“人本主义”。此外，这些信还提供了其他更多的、能证明博格与先锋集团“说到做到、言行一致”的例子。

第 14 章

The Man in the Arena

Vanguard Founder John C. Bogle and His Lifelong Battle to Serve Investors first

来自博格铁杆粉丝的评价

博格铁杆粉丝团的组建是一个意外。领头人是佛罗里达州的投资者泰勒·拉里莫尔，如今这个团体已经拥有 37 000 名成员，全部成员都是互帮互助、明智的投资者。博格铁杆粉丝团的成员每个月都会在他们的网站上上传 12 000~25 000 条消息，而且地区分会遍布全球。这些人很聪明，精通投资理论，很愿意指导那些愿意追随他们的投资者。

艾伦·罗斯[①]

多年以来，我一直在问很多人一个问题：钱对他们来说到底意味着什么。通常他们的回答大多是自由、安全、生存与享乐。令人惊讶的是，我很少听到“幸福”这个词，于是接下来的问题便是：如果金钱不能带来幸福，为什么我们还要花那么多心思去追求它？不过，在回答这个问题之前，让我们先来看看某项关于幸福的调查。

很多人以为幸福存在于目标的最终实现或者实现的过程中。职位得到晋升，买了一所大房子，或者开着闪闪发光、豪华的新车到周围转一转，这些表面上的幸福却让我们距离真正的幸福越来越远。事实上，晋升会给人带

① 艾伦·罗斯是财富逻辑公司（Wealth Logic）的创始人，也是《小鬼击败华尔街》（*How a Second Grader Beats Wall Street: Golden Rules Any Investor Can Learn*）一书的作者。

来更大压力，大房子需要更多的维修保养，而豪车让人更加担心它被磕碰或划伤。

《华尔街日报》个人理财专栏的前作家乔纳森•克莱门茨经常以寻找幸福为主题撰写文章，而且他根据这些研究已经得出了自己的结论。事实证明，旅途中的幸福感要比到达目的地的幸福感更强烈。人们在做自己喜欢做的事情时会感到更加快乐幸福。他们可以与家人一起做慈善、旅游或者做些其他事情。

金钱的确能帮助我们在有限的生命中去做自己想做的事情。但是，金钱本身并不能带来幸福，它只能带来追求幸福的自由。它可以让我们更早退休，然后把所有时间都用来做自己感兴趣的事情，无论这件事将来能否带来回报。金钱让我们可以自由选择。如果我们明智地使用这种自由选择权，那么就能朝着每个人独有的幸福目标迈进一大步。如果我们把金钱带来的各种选择看作麻烦，那么金钱也会带来不幸。

我说了这么多，这些与约翰•博格有什么关系呢？1975 年，杰克为投资大众创造了第一只指数基金。从那时开始至今，2 万多亿美元的资金陆陆续续地涌入股票型指数基金和债券指数基金。据我估计，在 2012 年，仅仅是这些指数基金更低的收费标准就已经给投资者节省了 250 亿美元。除了指数基金以外，杰克•博格还创造了其他成本更低、透明度更高的积极管理型基金，将分配给投资者的利润比例提升至更高。简而言之，博格每年为投资者赚到了上百亿美元的收益，于是受益者有更大的自由去追求幸福。

但是，杰克•博格的传奇并不只局限于让投资者公平地分享到了自己应得的投资收益，防止金融服务机构窃取投资者应得的利润。这位传奇人物还让我以及其他数百万的普通投资者可以自由地追求人生的价值与意义。因此，在心脏移植手术完成后的 17 年后，现年已经 84 岁的杰克•博格为什么不彻底退休享受人生呢？答案很简单：在其 61 年的职业生涯中，为华尔街的普通投资者提供帮助是博格个人幸福感的主要来源。杰克•博格寻找幸福的旅程在无形之中为我们大家提供了能量，让我们可以去寻找自己的幸福，这对我们所有人来说是多么幸运啊！

杰克·博格的传奇远远不是创建了第一家由投资者所有的共同基金集团、让不收费的共同基金变得流行起来，或是推出了第一只普通投资者可以购买的指数基金这么简单。他的传奇在于他赋予普通投资者追求幸福的自由。

对我个人来说，杰克·博格让我有能力去积极地宣传应当如何进行简化投资，无论我个人的努力能起到多么微弱的效果。拜博格先生所赐，我的人生旅途得到了太多太多的奖赏，还有数不清的其他人也和我一样，我们的人生旅程被杰克·博格先生彻底地改变了。

威廉·伯恩斯坦[①]

真的很难用区区几百个词来描述杰克是如何帮助我、我的身边人以及阅读了我的书和网站信息的读者的。

第一，无论是谁发来邮件，杰克都会一一回复。几年前，我在整理个人文件时，偶然发现了几封20世纪90年代初博格寄来的、几乎没有空行的、长长的信件，那时我还没有出版过一本书，也还没有开始创建个人网站。这样一位伟大的人物竟然愿意花时间手写回信，回答像我这样的小人物提出的愚蠢问题，而且还提出了值得思考、有建设性的意见，真是令人印象深刻。

第二，他创建了先锋集团，却没有靠它成为大富豪——毫无疑问，如果他持有先锋集团的股权，那么今天他早就是坐拥数十亿美元财富的超级富豪了——然而，他将先锋集团的所有股权都分给了集团的客户，于是基金运营费用的降低又让这些客户获得了好处。想一想，你出门买了一辆福特车，只要这辆车是你名下的资产，每年公司都会寄给你一张数百美元的支票，这是你应得的利润分成。杰克正是为先锋集团的所有客户创造了这样一个体系。

① 威廉·伯恩斯坦是一位作家，也是效率前缘顾问公司的创始人。

向先锋集团投资 100 000 美元，每年公司会“分配”给你 1 000 美元左右的收益，实际的操作方式是公司帮你节省 1 000 美元的投资费用，这一费率水平远远低于基金行业的平均水平。

更妙的是，你甚至都不用成为先锋基金的股东，也能分享到一部分好处。因为先锋基金使其他投资公司也被迫降低了开放式共同基金以及交易所交易基金的费率。毫不夸张地说，杰克凭借一己之力，就让我、我的家庭以及我的客户即使没有成为富翁，至少也过上了小康生活。

第四，杰克让全世界都体会到了坚持到底的长期投资原则有多么重要，而且他还教会投资者——无论是机构投资者还是小投资者——如何评估股票和债券的收益率。这并不是太难——你只需要把三个数字加在一起就行了。如果在 20 世纪 90 年代末以及 2008 年至 2009 年间，有更多的投资者愿意听他的话，那么这些人原本可以少亏损一些。

第五也是同样重要的一点是，他的人格魅力激励着我们所有人。我想在沃伦•巴菲特那句经典名言——“如何让这张脸出现在《纽约时报》的封面上”——的基础上再加上一句：“杰克会怎么做？”

里克•费里 ①

我始终记得约翰•博格改变了我一生的那一瞬间。1996 年 10 月的一个晚上，我正在附近鬼屋游乐园的停车场休息。我的孩子们正在鬼屋里尖叫，因为无头的小鬼正拿着链锯追他们。在他们玩耍的时候，我一直在读约翰•博格的第一本著作《博格谈共同基金》。

我是在当地的巴诺书店选中这本书的。为什么不读一读这本介绍共同基金的书呢？我几乎已经读完了所有传授如何跑赢股票市场的秘籍的书籍，然而还是无济于事。博格的书正好给了我另一个选择。他讲的是如何投资整个市场，而非跑赢市场。这也许是可行的。

---

① 里克•费里斯（Rick Ferris）是一位作家，也是 Portfolio Solutions 公司的创始人。

当时，我是美邦公司的一名股票经纪人，业绩令人十分不满意。我对客户的所有承诺最终没有一个变成现实。这些产品让公司赚了很多钱，但是几乎没给投资者带来什么收益。我们仿佛是通过了一扇产品旋转门，最终还是会回到原点。谎言是没有尽头的。

我坐在那里，耳边是孩子们的尖叫声，我突然意识到自己正在读的是一本介绍指数基金的书。

等等……为什么我会坐在这里读这本书？博格并不仅仅是在介绍指数基金，他还谈到了华尔街和共同基金行业早已被谎言、欺骗与不道德的规则侵蚀。他说的正是我这个股票经纪人的亲身经历！博格根本不认识我，但他却明白我的想法。

停下来——我需要重新读一遍这本书，从头看起，每个词都要认真读。

上帝啊！博格说得太对了！问题的本质在于整个行业，并不在我身上。我想帮助客户构建指数基金的投资组合，但是基金行业却不想让我这样做；我想好好扮演受托人的角色，为客户的最佳利益服务，而基金行业却不让我这样做。

于是，我的大脑中发生了化学反应：我不能再做股票经纪人了，我需要换一种方式——博格的方式。

不幸的是，在 1996 年，我并没有退出股票经纪行业，因为如果辞职，我就得把几万美元的签约奖金以及其他很多福利金都还给公司。我只好在谎言、欺骗与毫无意义中又熬过了三年，直到我的雇用合同到期。

1999 年 7 月，我终于从华尔街离职了，以约翰•博格的理念为基础创办了一家投资咨询公司。我感觉自由多了，但是挑战也更大了。我把妻子与我的全部积蓄都拿来下了赌注，创办了这家追随博格投资理念的公司，但我知道博格的策略肯定是有效的，因为他是正确的，如果我们能坚持做正确的事，那么生意就不会失败。

事实证明，我的事业并没有失败！谢谢你，约翰•博格！

第14章

来自博格铁杆粉丝的评价

泰勒·拉里莫尔[1]

1994年，我很幸运地读到了《博格谈共同基金》这本书。在这本书中，杰克提出了“12条智慧法则”，每一条法则都辅以论证过程以及学术研究的证据，它们是如此的合情合理，于是我彻底地调整了我们的投资组合——原本持有15只管理型基金——转为投资7个基金投资组合，构建这些组合的投资理念正是指数化投资和简化投资。

1999年，我得知博格先生正准备前往佛罗里达州的奥兰多市参加投资博览会，并作为博览会的演讲嘉宾发言。于是，我的妻子帕特和我决定去奥兰多现场聆听博格先生的演讲，而且我们希望能有机会与他私下见个面。于是，我们开车到了奥兰多，第一晚住在会议安排的宾馆。

第二天早上用过早餐后，帕特和我正沿着走廊朝礼堂走去，此时我看到一位高个子的绅士，他正走向两位年老的女士。我看过杰克的照片，所以马上认出了他。他曾登上过《金融世界》(*Financial World*)杂志1991年2月刊的封面(我依然好好保存着这期杂志)。我们原以为约翰·博格这位超大型共同基金公司的主席身边肯定会簇拥着大批保镖和工作人员，而不是像现在这样，只有两位年老的女士正在向他询问什么事情。

帕特和我在旁边注意听他们的对话。我们俩就像追星的疯狂粉丝见到了偶像一样，一句话也说不出来。我们跟在杰克与两位女士后面进入了礼堂，随后他立即走上讲台，开始在几千名观众面前演讲。一位媒体人员记录了他所说的每一个字，下面我们摘录了一段。

> 我相信，在座各位将来也许有很多机会参加很多不同的研讨会。在我看来，其中大多数演讲者都似乎是在把他们的成功奥秘无偿地提供给你们。很多演讲者提出了一些颇有诱惑力的方案，但是这些方案要么是太过复杂，要么干脆就是骗术或魔法。

① 泰勒·拉里莫尔是《约翰·博格投资指南》(*The Boglehead's Guide to Investing*)和《约翰·博格的退休规划指南》(*The Boglehead's Guide to Retirement Planning*)两本书的作者。

我必须得承认，虽然我无意冒犯这些演讲者，但是当我看到这么多主题，而且它们个个看上去都能让你轻轻松松地积累财富时，我对此表示怀疑。类似的研讨会主题包括："财富的创造与持有：将收益率提高至15%~20%""互联网亿万美元的投资机会""在钻石矿中找到未来的财富""高收益低风险策略"……

我从这些主题推断出了演讲者要向大家展示的成功奥秘。我也来讲一讲我的秘诀：成功投资的最大奥秘便是没有什么秘诀……事实证明，投资若想取得成功，简单化是不二法门，这就如同节俭、独立思考、财务自律、理性预期和具备常识等美德一样，是最基础的东西。

我怀疑博格先生是否还会被金融博览会的主办方再次邀请参会。

2000年，我得知博格被《迈阿密先驱报》（*Miami Herald*）邀请——该报社在迈阿密举办了一场金融会议——担任主题发言人。梅尔·林道尔（Mel Lindauer）和我抓住了这个机会，邀请杰克到我们的公寓来品尝由帕特亲手烹制的佛罗里达海鲜大餐。让我们吃惊的是，他接受了邀请。于是，我们又抓住这个机会，邀请了晨星博格粉丝论坛的所有成员来参加这个聚会。那天晚上，21位博格的铁杆粉丝参加了聚会，我们度过了一个梦幻的夜晚。那天的晚宴是博格的粉丝第一次聚在一起，开始与杰克及其妻子建立友情。这次聚会改变了我们夫妻俩的人生，也改变了其他很多人的一生。

在共同基金行业中，再也没有其他人能像博格这样，将实践经验、坚持不懈、创新能力、文学才能、仁慈友善、谦虚稳重、乐于助人、品德无暇等诸多特点完美地融合到一起了。

菲利普·德姆斯[①]

1994年，那时我还是一位心理学爱好者，业余时间做做投资。我买入了晨星公司给五颗星的基金，可是在持有期间，这些基金的评级总是会慢慢变

① 菲利普·德姆斯（Philip DeMuth）是一位作家，也是保守财富管理公司（Conservative Wealth Management）的创始人。

成只有一颗星。后来，一股超自然的力量让我的手不自觉地拿起了巴诺书店陈列架上的《博格谈共同基金》这本书。我读了读，竟然一个词也看不懂。于是，我又读了一遍，然后第3遍——我一共读了5遍，直到我彻底读懂。我不再询问客户性生活的情况，而是开始问他们是怎样安排投资组合的。后来，我遇到了本·斯坦（Ben Stein），因为我们都是杰克的忠实信徒，因此很快就成了好朋友。这就是我由一名心理学爱好者变成一位投资顾问以及作家的过程。一切都源于约翰·博格。

里克·范·内斯①

在我看来，这句话说得太对了："当你准备好了，老师就会出现。"杰克·博格就是接下来我要谈到的三位老师中的第三位，同时也是对我影响最大的一位老师。1978年，我遇到了第一位老师——安德鲁·托拜厄斯（Andrew Tobias），他出版了一本畅销书，其中某一章的标题为"节省一美分就相当于赚到了两美分"。这句绝妙的总结让我有了强大的动力，坚持从每个月的薪水中拿出一部分钱自动地去做投资。

两年后，我又遇到了另一位作家，她就是薇琪·罗宾（Vicki Robin）。她改变了我对财务独立的看法。之前我只是把这个词与财富联系到一起，然而薇琪描述了一种自由的生活状态——她每天早上可能会在不同的地方起床，然后为自己支持的组织或机构做志愿者。而且，她把工作视为用"生活能量"交换金钱。这让我对消费决策有了更加健康的认识。

我在偶然之间发现了博格粉丝论坛。这些人是谁啊？他们怎么这么乐于助人，慷慨地把自己的时间和知识奉献给他人，而且经常是匿名的？被这些人的慷慨大方所鼓舞，我决定录制一些有教育意义的小视频，帮助其他人积累更多的财富，实现财务独立。在制作这些小视频的过程中，我渐渐明白杰克·博格的思想凝练而又深邃。他的文字令人信服并且直接坦率。我知道自己选择了一条正确的道路。

① 里克·范·内斯（Rick Van Ness）是FinancingLife.org网站的创始人。

等到杰克动笔写《博格长赢投资之道》这本书的时候，我已经确信他的内心就像他的外表一样高尚而无私——简直是道德高尚、正直诚实的典范。对我来说，他还是懂得回报社会的行为典范——他通过数不清的访谈、演讲以及专著不遗余力地向民众传播他的智慧。如今，我终于明白博格粉丝建立的网站会有那么多乐于助人、愿意与他人分享心得的好人的原因了。

尽管杰克·博格不知疲倦地宣传自己的观点，粉丝网站也发挥了一定的宣传作用，然而这些常识性的投资理念依然不是人人都了解的。于是，我决定尽自己所能去传播他的伟大思想。直到今天，我上传到 YouTube 网站、博格粉丝的维基百科以及我的个人网站（www.financingLife.org）的视频的浏览量已经达到了 100 000 人次。这么好的开端让我勇气倍增，我现在正在制作更多的视频。我要对杰克说一声谢谢，同时还要谢谢其他几位慷慨而智慧的投资导师。

约翰·爱德华兹[1]

我从来没有见过杰克·博格先生，但是他对我人生的影响却十分深远。我很幸运，在自己刚刚开始参加工作时就接触到了他的投资哲学。杰克对简化投资理念的重视使他的投资策略易于理解和掌握。要不是杰克，我肯定目光短浅，不会看得那么长远。

和很多年轻人一样，我以为自己能把好“市场”的脉搏，能够轻而易举地跑赢市场。毕竟，1995 年全班同学进行模拟炒股比赛时，我仅凭极少的信息，在几个月内就获得了很高的投资收益。这段短暂而不为人知的经历让我有些过度自信。不过，即便如此，与大多数准备退休的人相比，我的经验也比他们丰富。

我很感激，杰克对基本投资原则的倡导拓展了我的视野，让我也能拥有一点小小的智慧。正因为杰克，我已经将自己的投资组合调整为全市场指数

① 约翰·爱德华兹（John Edwards）是博格先生的粉丝。

基金，并且将成本控制得较低（也许这也要感谢杰克，因为是他把低成本的指数基金推向全世界的）。我一直坚持简单化的投资策略，当市场疯狂上涨或绝望暴跌时，我希望自己还能继续稳定地持有。这些理念听上去非常简单，然而在现实中却很难做到。

杰克的影响让我们一家都能做到收大于支，让我们可以过上有尊严的生活，不必担心下个月没钱买食物或付房租；知道未来会更加美好，可以尽情地享受生命中的快乐，而无需有经济方面的担忧，这才是真正自由的感觉。博格先生与大家分享了简化的投资策略，而且他充满智慧的话语从来不会太复杂。将来等我的儿子准备亲自处理个人财务事宜时，他一定会听到杰克的大名。

巴布·杜威[①]

对我来说，约翰·博格并不仅仅意味着理性投资。虽然这位专门替小投资者讲话的人已经帮我节省了好几万美元的投资成本——我从 20 世纪 80 年代末开始就投资先锋集团的低成本指数基金——但是他的正直和坦率对我来说意义更大，尤其是与金融行业在次贷危机中起到的负面作用形成了鲜明对比。在这场危机最黑暗的时刻，到处充斥着贪婪与毫无人性，约翰·博格的正直坦率就是我的希望所在，这是因为他的建议并不仅仅让我们这些小投资者在收益不错的时候坚持到底（尽管就建议本身而言，它们已经足够好了），更重要的是给予我们道德指引。

我们这些普通投资者能为整治华尔街的贪婪做些什么呢？我们该用什么方法抑制自己的贪婪欲望呢？华尔街能做些什么来进行自我拯救呢？在金融行业工作了 60 年后，约翰·博格依然还信任这个金融体系吗？这个体系能被改变吗？我们要做些什么才能改变它？对我来说，如果博格依然信任这个体系，那么我知道我还是愿意继续拥有投资者身份的。

① 巴布·杜威（Barb Dewey）是博格的粉丝。

当然，博格先生的答案就隐藏在他的诸多专著、演讲以及访谈中。他说过的那些话对小投资者来说都是至理名言。例如，他经常提醒我们要定期储蓄，重视复利的力量，根据风险承受能力合理地分配资产，以及坚持到底。他最近的新书《投资还是投机：资本市场的沉沦与角逐》对美国金融行业存在的问题作出了回应。我一边读着这本书，一边想："还有谁能比这个正直诚实的人更好地回答这个问题呢？"

第 15 章

The Man in the Arena

Vanguard Founder John C. Bogle and His Lifelong Battle to Serve Investors First

先锋集团客户的来信

亲爱的博格先生：

我写这封信的目的是感谢你在 1993 年年报中所写的那封“总裁信”以及年报封面内页和封底的文章。这些文章条理清楚，非常有用。

条理清楚：你的语言非常直接，没有用行业术语，且公正客观。你对读者很诚恳，既没有天花乱坠的吹捧，也没有粉饰夸张，只是给出了事实。那些图表和数据很易于理解。

实用：尽管我经常阅读《金钱》（*Money*）、《吉普林》（*Kiplinger's*）以及《华尔街日报》等专业读物，但是我发现这篇针对整个市场的分析文章（即年报封面和封底）是我看过的、面向普通投资者最简洁、最客观的建议总结。

而且，您的“这封信”也同样易懂、简洁和有用，把先锋集团 5 只指数基金的情况介绍得很清楚。我打算一直投资先锋集团！此致

敬礼！

先锋集团股东

于缅因州布伦瑞克省（Brunswick）

1994 年 3 月

亲爱的博格先生：

这是您的粉丝——一位英国教师的来信。我在《博格谈共同基金》一书出版后不久就读了这本书。我很喜欢您的写作风格！您简洁易懂的描述既让我明白了很多金融概念，也让我对共同基金行业以及投资者行为的很多观感得到了证实。随着时间的流逝，我越来越相信，您提倡的市场投资方法是正确的。感谢您能与像我这样的小投资者分享您的心得和智慧。但是，这并不是我写这封信的唯一原因。

我想让您知道您对我教授英语语法帮助颇多。比如金融市场使用的语言肯定很复杂。想想看一共有5种基本的句型，好几万的词汇，每次一个句子被创造出来的可能性都是无限的。难怪高中学生时常会感到学习高级语法让人筋疲力尽。然而，若以一些相对简单的基本概念为基础，语言的含义更便于理解。在您这本书的第302页，您写下了这样一句话："如果其他方法都失败了，那就求助于简单化的投资策略。"博格先生，这条建议非常适合被准大学生们用来应对要求非常苛刻的功课。

如今，每当学生们开始攻克新的学习资料时，我就问他们可以一直使用的策略是什么。他们的答案是：简化。这个办法对他们很有效。当学生们遇到困难时，只要求助于以前早些时候学过的、简单的基础概念，复杂的功课也变得易懂了。也许你和我都给这些年轻人上了一堂人生的基础课。

再次感谢你花时间把自己的思想与我们大家分享，大声疾呼反对当前股票市场上盛行的赌徒心理，反对共同基金公司收取高额的费用。同时，也帮助我给高中新生更好地讲授英语语法。祝您一切顺利。此致

敬礼！

先锋集团股东

于得克萨斯州奥林奇（Orange）

1997年2月

第15章
先锋集团客户的来信

亲爱的博格先生：

作为一位对先锋集团十分满意的投资者（自1989年起），我真的很赞赏自公司成立至今你所付出的努力、卓越领导和远大目光。你写的书也非常精彩，当朋友、客户以及学生让我推荐投资策略方面的权威书籍时，您的书总是我的首选。

作为一位法学教授，我经常以先锋集团为例，证明一家企业不仅"应当"履行受托责任，而且要真的做到才行。先锋集团独一无二的所有制结构与其他共同基金公司形成了鲜明对比。卡多佐大法官曾经说过这样一句话："不只是诚实，对每一个细微之处都很留意才是我们的行为标准。"告诉学生您如何可以用体面的方式赚到钱，对他们来说实在是太重要了。

无论如何，再次感谢您作为先行者对先锋集团以及整个共同基金行业所起到的带头作用。还要再次谢谢你帮我赚到了很多钱。最后，请一定要继续，让他们不得不服气，杰克先生！此致

敬礼！

先锋集团股东

于北卡罗来纳州查珀尔希尔（Chapel Hill）

1997年4月

亲爱的博格先生：

您也许不记得我了，我是波士顿的一名长途汽车司机。1997年，您与您可爱的妻子曾在您儿子位于韦尔斯利的家搭乘过我的车。直到今天，我都不太清楚那天为什么我会与您聊到共同基金，但那是我做过的最幸运的事。那时候我确实不知道您是谁。您建议我投资节税型的资本增值基金，我按照您的建议做了。您甚至还在某天晚上给我打来了电话。

如今，我的妻子和我已经加入了先锋集团的资产管理和信托项目。谢谢您，我们非常高兴能搭上先锋集团这条大船，希望未来在这些投资

的帮助下，我们夫妻俩能舒舒服服地退休。此致

敬礼！

先锋集团股东

于得克萨斯州圣•安东尼奥市（San Antonio）

2002年7月26日

亲爱的博格先生：

我刚刚读完您这本很棒的著作《品格为先：先锋集团的创业发展历程》，真的是让人爱不释手。之前我已经读过了您写的《博格谈共同基金》和《共同基金常识》这两本书，因此在打开《品格为先：先锋集团的创业发展历程》之前，我已经做好了充分的准备。您的写作风格让我们这些对投资不太了解的读者也能看得懂这些书。

1948年，一位身穿白西装的年轻人驾驶着白色林肯车，从纽约来到特拉华州仅有800多人口的克莱顿县，目的只是想跟我们聊聊投资的事。那时，我的丈夫是一名乡村医生，而我在学校里教书，我们对投资一窍不通。我们从他手中买入了威灵顿公司基金，每个月定投100美元，一直持续了10年。1958年，我们接到一个电话，来电者告诉我们新成立的温莎基金是适合我们的投资产品。我们同意了，于是从那时开始，我们一直投资温莎基金。我们决定未来所有的钱都投资给先锋集团。真的是太幸福了！从本质上看，您在先锋集团工作本身就具有教育意义。

8月31日我将迎来自己90岁的生日，而且当前的市场形势根本不会让我烦恼。因为我与先锋集团在一起！坚持到底！

最美好的祝福献给您以及您的家人，希望你们能在一起度过长长久久的幸福岁月。您的成功奥秘在于信仰与希望。上帝保佑您！此致

敬礼！

先锋集团股东

于缅因州多佛－福克斯克罗夫特市（Dover-Foxcroft）

2002年8月

第15章

先锋集团客户的来信

亲爱的博格先生：

我想谢谢您多年来一直在花时间帮助美国的普通民众学习如何进行长期投资。书店里有各种各样的投资书籍。但是，您的书是独一无二的，因为它们告诉读者投资唯一的“魔力”来源于复利的力量。

先锋集团一直发展得很好，尽管我们没能见到您本人，亲耳聆听您所作的年度报告。您向世人证明品德确实很重要。投资于先锋集团的主要好处之一就是几乎不需要对公司的投资组合有任何担心。奇怪的是，当一个人不担心、不忧虑的时候，人生以及生活的幸福感反而是最高的。钱的事不值得我们担忧，尤其是当我们有一位好管家的时候。

再次感谢您为普通民众所作的贡献。您也许永远无法知道您已经为这么多人做了好事。此致

敬礼！

先锋集团股东

于得克萨斯州沃尔夫福斯市（Wolfforth）

2002年

亲爱的博格先生：

很难相信距离上一次您访问西点军校已经过去一个月了。

您的礼物以及来信让我非常惊喜。我已经开始阅读您的大作，急切地想在这个暑假读完它。我要再次感谢您给我这个机会，与您及您的儿子共度了一个美好的夜晚。我真的开始相信对任何一位高效的领导者而言，谦虚的性格、对他人的真心关怀绝对是必须具备的品德。

不仅如此，在您身上，这些美德体现得如此淋漓尽致，给我留下了十分深刻的印象。尽管作为专业人士，您早已达到了非常高的高度，但是让我感觉更加强烈的是，您对领导力的最核心要素——讲信用、正直、对家庭忠诚、无私、个人勇气、真诚和谦逊——是如此的严于律

己、身体力行。正如您所说的那样，虽然军队的使命与金融行业的完全不同，但是强有力的领导力都是相类似的。

如果您以后遇到不顺，请您记住，您是我在军校学习四年以来见过的唯一一个享受过长时间起立鼓掌礼遇的平民演讲者。

致于崇高的敬礼！

美国陆军军官学校军营指挥官

于纽约州西典军校

2006 年

亲爱的博格先生：

我不确定您是否还记得我，当年先锋集团还在切斯特布鲁克办公时，我负责办公区的园艺 / 草坪维护工作，后来您在马尔文建好了公司园区，我又在那里工作了十年。您总是很亲切，在园区里偶尔遇见我时，您会经常与我闲聊几句。我很感谢您愿意花时间这样做。

真的很难相信，1983 年当先锋集团的总部入驻切斯特布鲁克时，我根本不知道先锋集团是做什么的，也不知道什么是共同基金。可如今，我投资先锋集团的指数基金产品已经有 25 年了。我知道我们大家的收益都不错，因为我们总是听从您的建议——“坚持到底”。通过阅读您的专著以及您时不时发表在报纸上的文章——最近的一篇文章在几周前发表在《华尔街日报》上——我对简单化的投资策略有了更多的了解。

我只是想让您知道，我以及我的很多朋友都非常感谢您为我们这样的“小人物”所做的一切。我希望您一切顺利，期待您的下一部大作。

此致

敬礼！

先锋集团股东

于宾夕法尼亚州菲尼克斯维尔（Phoenixville）市

2010 年 9 月

第15章

先锋集团客户的来信

亲爱的杰克：

这封感谢信足足花了我十几年的时间才写好。尽管昨天我们只是见了一面，但是无论在我心里，还是脑海里，您与我一路同行已经有十年之久了。这一切都源于我第一次打开《共同基金常识》这本书。那种感觉就像是天堂在我眼前展露真容，投资天使在轻声歌唱。

您的话语、您的名言、您的智慧充满了这本书的每一页，它们彻底改变了我的一生，也改变了我家人的一生。在短短10年间，通过遵循博格的投资理念，我和我丈夫不仅了解了很多金融知识，而且还实现了财务自由。我和我的家庭是第一代越南移民。我们刚到美国时一无所有，只带了一些衣服。我们一年又一年的努力奋斗，终于实现了当初美国给我们的承诺，过上了更美好的生活。

正是因为您，让我这个贫穷的越南女孩彻底还清了债务，包括所有的抵押贷款与20万美元的研究生贷款，而且现在手上还持有一个规模非常可观的资产组合。您对我的影响将给我的家人带来数代的积极效应。我代表所有您未曾会面、却帮助过的人们，感谢您为我们所做的一切。

此致

敬礼！

先锋集团股东

2012年10月

第 16 章

The Man in the Arena

Vanguard Founder John C. Bogle and His Lifelong Battle to Serve Investors First

先锋集团员工的来信

10 年以后

我该如何评价杰克这样的斗士?
他不仅仅是位有影响力的人物，他还让我有了不同的人生轨迹。
自从我偶然之间遇到他已经整整十年了，
这段时光美好而刺激，努力工作和合理薪酬相伴相随。

他招我进来，亲自指导我的工作，
用案例教我熟悉业务，让我用自己的双眼去领悟商业规则。
如果说我也曾有过好运，那么就是遇到这个家伙。
我现在烦恼的是我看膝上摊开的这本书看得太慢了。

如果你向他那灰蓝色的眼睛望去，正如你所看到的那样，
那里有先锋集团伟大的愿景，一目了然。
在那张皱纹深深的脸上，你能看到斗士生机勃勃的表情。

尽管他皱眉的样子让很多人畏缩，可是他的笑让灵魂感到温暖。
他具有强大的记忆力，能一清二楚地说出名字、事实以及旧事。
当然，这个男人拥有很多天赋，其中最重要的就是“演讲”，
他用这一天赋去吸引、领导和教诲他人，有时还会说教。

虽然有些人说他像传教士一样，衣领扣得太紧了，

但在我看来，这个男人认为这样做才是正确的。

小平头显示他与众不同，有人说他真是个讨厌鬼，

但是十年以后我懂得更多：他是一个真正的特立独行者，思想进步的旧习颠覆者。

随便问问与他见过面的人，大家都说杰克是一位特殊的朋友。

然后眼睛里流出眼泪，真的很难理解，这个男人竟然能用快乐与内心的高贵深深打动了这么多人。

杰克·博格 / 先锋集团的传奇还将继续，永不停止。

我知道我没有公平地对待这个人，我以认识他为荣。

印象如此之深，感激之情溢于言表。

我不指望他会回答，但是我非常想问：

如果没有博格，今天的达菲尔德会在哪里鬼混？

一位已经工作了 30 年的先锋集团老员工

1995 年 4 月 18 日

亲爱的博格先生：

我的儿子刚刚参加工作（在先锋集团），他就已经找到了人生目标以及想要追随的人。在学习医学时，繁重的学习压力让他不堪重负，他时不时地感到内疚，认为自己没办法跟得上医学领域的进步。如果他能做到的话，我相信他可以做得非常出色。但如今他已经给自己找到了一份完美的事业以及一个完美的偶像。

在先锋集团，与您以及整个团队一起工作的几年中，他成长得非常迅速。他在商学院读了一年书后，一个机会可以让他回到先锋集团。毫无疑问，他心里确切地知道自己想去哪里。我曾经提出过到其他的金融机构工作，但他却说："爸爸，这是唯一一个我真的感觉工作时很舒服的地方，因为那里的人都很好。"当然，在过去三年中，他全身心为之努力工作的那个人就是您。谢谢您为我的儿子所做的一切，同时也谢谢您强大的榜样力量。

更重要的是，看到您做完心脏移植手术后恢复得如此好，这真让人感到高兴。现在，您可以像以前一样做很多事，让自己的人生熠熠生辉。我与罗曼·桑蒂斯医生（Dr. Roman DeSanctis）聊过，他知道您有多高兴。我们希望这么好的手术效果可以持续多年。此致

敬礼！

波士顿心脏病学家、先锋集团一名员工的父亲

1998年6月

博格先生：

感谢您多年来给予我的帮助和鼓励。是您一个人拍板，让我进入先锋集团工作的。我不知道您是否还记得您让一位年轻的办公室清洁工坐下来，跟我讨论该怎样做好我的本职工作，我对未来有什么计划，这些谈话对我产生了深远的影响，这是一段非常特殊的记忆。尤其是一想到当时您以及整个公司的命运正在遭受的苦难，我就感觉特别心酸。作为董事会主席，您在那个时刻还能关心我……很显然，这样的公司值得我为它努力工作。

我与先锋集团一起成长，因此，真的很难想象未来有一天我不再属于这个组织。您完全有理由为您对先锋集团的贡献而感到骄傲。从一家小公司成长为共同基金行业的领导者，这是一项很伟大的成就。先锋集团的成功在很大程度上要归功于您的价值观、远见与不懈的努力。如今，“博格干的蠢事”之类的话只能反映出其他共同基金公司对您的嫉妒。

多年以来，对很多员工来说，您一直执掌大局具有非常重要的意义。我们非常骄傲地说我们在为先锋集团的股东工作，我们对杰克·博格十分信任。再次感谢您对我们的鼓励和支持。上帝保佑您！

先锋集团员工

1998年8月

第16章

先锋集团员工的来信

博格先生：

我刚刚从您的新书签售会回来，想给您写下这封短信表示感谢。这不仅仅因为您给我们每一位员工都赠送了一本您的新书，还在繁忙的日程中抽出时间给每个人签名。更重要的是，我想感谢您为这个企业所做的一切。先锋集团是家好公司，我为自己能加入感到非常幸运和自豪。

在先锋集团内，您倡导的每一件事——低成本、高尚的价值观、追求卓越、为员工尽心尽力——让我每天都高高兴兴地来上班。

20多年前，当您创立先锋集团之初，可能根本不知道您会对这么多人的生活产生这么大的影响。但是，您对投资的远见并不仅仅是把指数基金带给全世界，让普通投资者可以通过低成本的投资渠道享受到股票市场的回馈。您还把稳定与安全赐予8 000多位员工及其家人——比如我的家人——让他们每天都生活在幸福之中。所有这些回馈不仅会对我们的一生产生积极的影响，而且会影响几代人。

所以，我要再次对您所做的一切表示感谢。预祝您的新书大卖，并成为畅销书！

先锋集团员工

1999年4月

博格先生：

今年8月，在我退休之前，我曾给您写过一封信，感谢您自先锋集团成立以来对这么多员工（其中也包括我自己）的卓越领导。我们大家都很欣赏您那强烈的使命感、不可思议的崇高的道德标准以及认为每一位员工都很重要的信念。在这里工作了这么多年，我感觉自己作为一位有价值、有贡献的员工很有归属感。这种感觉真棒！

我还想谢谢您这么多年来对我的亲切友好。不管有多忙，您每次遇到我时总会打招呼。此外，您对我儿子的鼓励也令我十分感动。

先锋集团的老员工

2001年7月

博格先生：

我给您写这封私人信件既是为了道别，也是为了感谢您让我变成了今天这个样子。我是在1984年11月加入先锋集团的，那时公司大概有600名员工。很快我就晋升到管理层，成为一名主管。我将终生铭记的、最庄严的一天便是您在完成心脏移植手术后在合伙人野餐会上发表讲话的那一天。能够亲眼看到你的出现，并聆听你那鼓舞人心、充满勇气的讲话，我感到非常高兴。当时，我像个孩子一样哭了起来。那是开心的泪水，不过也有一部分是为了帐篷中的新员工而流的，他们不知道自己错过了什么，不知道你对很多人来说是多么伟大的一位英雄。“往昔时光总是让人难忘啊！”

正因为您，我们深爱着先锋集团。谢谢您这么多年来对我的教育、指导、磨炼、考验、激励与支持……工作过程中处处充满欢乐。将来没有人能达到您这么高的领导水平。我绝对相信，我再也不可能有机会被像您这样的人所领导。

祝您万事顺利，身体健康。保重身体，祝您成功。

先锋集团的前资深员工

2001年10月

博格先生：

我想借此机会谢谢您让我在先锋集团的工作经历变得如此与众不同。来到这家由一位传奇人物（那就是您！）创办的企业工作，这简直就像一场梦。在先锋集团工作期间，我逐渐学到了很多有关共同基金、金融行业、客户服务以及品质掌控的知识与经验。我想让您知道，每当您召开新书签售会时，那必然是我那一周中最关心、最重视的事！您不知道，能与您在先锋集团共事让我感到多么骄傲与自豪。感谢您花时间与我（以及我的四位朋友）一起共进午餐——这绝对是我在先锋集团的工作经历中最值得记忆的一件事！

感谢您对我的启发！

先锋集团员工

（一位经过考验且靠得住的博格铁杆粉丝）

2003 年 7 月

杰克：

在我的邮箱里看到了你寄来的卡片，还有一本 1949 年本杰明·格雷厄姆的经典书籍《聪明的投资者》，你还在上面签了名，这真是我过去一周中最开心的事！我必须得承认我的书架上还没有这本书；现在我把这本书摆在一个非常显眼的地方，直到我把它读完。

我依然记得大约 12 年前我与你以及其他人交谈的美好回忆。我知道自己是最幸运的人，能有机会在这样一家以立德为先的公司中工作。

先锋集团的使命、它的员工以及领导就像我完成的很多工作一样非常重要，令我满意。现在我回过头看看自己做过的这些事情，每一件都让我个人都得到了奖赏。

我还要感谢您坚持写作（而且写得真是很好），坚持发表对行业的评论。

只要是您公开发表的文章，我都会一篇不漏地全部拜读，有时候甚至还要读好几遍。这些文章发人深思，尤其是当我被日复一日的繁重工作压得喘不过气的时候，读读这些文章便会有耳目一新的感觉。

所以，感谢您有远大的目光，建立了这样一家特殊的企业，让它走上一条无与伦比的发展道路。另外还要谢谢您在别人都选择倒退的时候却依然坚持前行。

先锋集团高管

2005 年 6 月

杰克：

您愿意继续花时间与员工们联络感情真的是太好了。和以前一样，看到您我非常开心。我很珍视自己所收藏的您的大作，这首先是因为它们当中蕴涵着市场智慧，其次是因为每本书上都有您的签名。

我想与您分享一下客户对您最近这本大作的评价。我给客户寄去了几十本，他们读后都通过写信或打电话的方式来表示感谢。毫不令人惊奇的是，他们都很喜欢这本书。不管什么情况，您的书《投资稳赚》(*the Little Book of Common Sense Investing*）总能帮助我巩固与客户的关系。一位大客户写信称："我怀疑世界上还有谁写投资类的书能比约翰·博格写得更好。"

尤其值得一提的是，一位客户的反应十分有意思。1998 年前后，先锋集团的一位长期投资者——那时他是一位投资顾问——来到马尔文与您见面。他说服了自己所在的公司把所有客户的投资都转换为先锋集团的基金，后来他还把自己的多位亲戚也拉过来做先锋集团的股东。您在扉页给他的题词是："感谢您的信任。"

当我把书交给他时，让他打开扉页看看。当他看到扉页上您的题词时，那种表情真希望您能亲眼看到——欣喜若狂！这是我用来描述这位客户当时的反应最贴切的词。他当场就说不出话来，显然是被深深打动了。他高兴地跳起来，并立刻带我去参观他的办公室。1998 年，您与他会面时拍摄的一张照片就摆在他办公桌上最显眼的位置。这份礼物送来的时机实在是再好不过了。

再次感谢您花时间过来为这本《投资稳赚》签名。您的不知疲倦永远是我学习的榜样。

衷心地感谢您！

先锋集团员工

2007 年 5 月

第16章
先锋集团员工的来信

博格先生：

上个星期天《费城调查者报》(*the Philadelphia Inquirer*)所刊发的文章[①]美地描述了您的个性以及坚守的原则。我从1988年4月开始在先锋集团工作，在上班后的第二周，我从自助餐厅向外走时，正好遇见您走进来。您在走廊上拦下我，伸出手说：“嗨，我叫杰克·博格。你是这里的新员工，对吗？”说实话，吃惊与说话结结巴巴是对我当时的反应绝不夸张的描述。像您这样身居高位、声名显赫的大人物竟然会注意到一名新员工。

我永远不会忘记您这种欢迎的姿态让我多么感动。在这个世界上，很多人都认为自己值得他人尊敬，但是我要老老实实地说一句，少数人受人敬重不仅仅是因为他们所取得的成就，而是因为他们的为人，您正是其中之一。当我刚刚加入公司时，我曾有机会与您握手，希望将来在我退休前，还有机会和荣幸与您握手，我将永远为此感到自豪。谢谢您创建了这样一家伟大的企业，让我能在这里为自己工作，并为自己是这里的一员而感到骄傲。

祝您万事如意！

先锋集团员工

2008年10月

下面这首短诗是先锋集团的一位老员工送给杰克的。这首诗被题写在一幅水彩画上——这幅画展现的是一艘坚固的大船正在海上航行，这与先锋集团的大航海作风很一致。

怀着勇敢的赤子之心，小心翼翼，你驾驶着自己的旗舰驶入未知的海域，

① 这是指阿特·凯里（Art Carey）于2008年10月19日发表在《费城调查者报》上的一篇题为《市场道德家：对杰克·博格来说，华尔街所遭受的清算再次证明先锋集团是基金行业的先驱者》(*Market Moralist: To Jack Bogle, the Reckoning for Wall Street, 'with All Its Sins,' Reaffirms Vanguard's Pioneering Coursein Funds*)的文章。

每个人都很重要——你让你的员工相信这一点，
从纳尔逊到摩根，这些伟大的梦想家教会你尽可能地往远处看，
到处都有你的传奇，圣人杰克！
无穷无尽的钻石照亮了先锋集团的航程，庆祝我们所取得的胜利。

The Man in the Arena

Vanguard Founder John C. Bogle and His Lifelong Battle to Serve Investors First

第七部分

他人对博格伟大愿景的支持：来自博格专著的序言

第七部分的开篇是杰里米·达菲尔德的一篇文章，他在先锋集团工作了很长时间（近期刚退休），同时他还是博格多年的密友。在描写博格所扮演的老师与沟通者的角色是如何对其领导力以及企业的成功产生重要作用时，达菲尔德将自己的写作技巧、洞察力以及自身与博格的亲密关系融合到了一起。他把博格的很多才华融入到一幅波澜壮阔的大画卷中，博格被他描述为既是领导者，又是一个传奇般的人物。

随后是博格 8 本专著中言辞犀利的序言和前言——博格已经出版了 10 本专著。这些序言和前言的作者都是公共生活、金融、经济以及法律等领域无可争议的专家和学者，他们的文章从独特的视角评述了博格针对个人投资者、市场以及整个国家的观点是否中肯。下面我们摘录几段。

威廉·杰斐逊·克林顿：“博格是一位杰出的伟大人物……他提醒我们许久之前亚历西斯·德·托克维尔对美国的论述到今天依然精确无比。美国之所以伟大是因为美国人都是好样的，如果有一天美国人不再做好人，那么美国也将不再伟大。”

彼得·伯恩斯坦：“杰克·博格所写的投资指导书籍不同于我所读过的任何一本此类书籍。”

保罗·沃尔克：“博格‘对受托责任、市场分析的客观性以及表明立场的主动性具有强烈的意识……他是我们所有人都应当去追随的高标准’。”

阿瑟·莱维特："他是自由市场最伟大的朋友——忠诚的同盟者。当他发现金融与投资市场到处充斥着投机和贪婪时，他无法再保持沉默。"

导师，最出色的沟通者

◎杰里米·达菲尔德[1]

能在三十多年时间中了解并观察世界上最伟大的沟通者之一，这是普通人极少享受的特权。杰克·博格用思想的力量，用他的声音和手中的笔，的确改变了整个行业以及无数人的生活轨迹，这个男人向世人传递了富有挑战性的新观点及其坚如钢铁的意志，但表达方式却是润物细无声的。

如今，指数基金数万亿美元的投资额验证了"军队阻挡不住顺应时代的思想的传播"。不过，这样一个违反直觉的见解与传统思维以及整个行业的自私属性相冲突，需要一位伟大的倡导者站出来一遍又一遍地宣传，从每一个可能的角度加以解释——反反复复地说，就像是下定决心夺取胜利的拳击手一样努力去说服人群，让那些持怀疑态度、毫无兴趣的普通投资大众最终相信这确实是一种更好的投资方式。

指数化是"非美国式的"

想象一下与事实相反的情形，真有些让人好笑——假如 1975 年博格没有代表个人投资者举起指数化投资的大旗，那么情况会怎样呢？如今这些宣扬指数化投资模式的基金管理公司还会大批量地推出面向普通投资者的指数型产品吗？这是绝对不可能的。在刚开始的 11 年中，博格领导下的先锋集团一直是唯一一家向投资者提供指数化产品的公司，他们等了很久很久，才等来竞争对手勉勉强强地进入这个市场。他们孤军奋战的时间实在太久了。用这么长的时间讲述一个不受欢迎的故事，起初没有几个"听众"愿意买账。毕

① 杰里米·达菲尔德于 1980 年至 2011 年间在先锋集团工作，1996 年成为先锋澳大利亚投资公司的创始人。

竟，指数化是“非美国式的”。[①]

博格凭借着耐心与毅力坚持下来了，他心中有着坚定的信念。除此以外，他还掌握了一整套罕见的沟通技巧，任何想要成为世界改变者的人都会想要好好运用这些技巧。让我们想一想，到底是什么使博格成为了如此强大的沟通者和导师？

曾三次荣获普利策奖的获奖人桑顿•怀尔德（Thornton Wilder）写道：“一位作家的成熟需要他寻找自己关心的主题，找准自己的节奏，这些东西隐藏在他身上，平时虽看不见，但每时每刻都做好了准备等待作家自己去挖掘。”这句话触动了我，因为杰克的沟通方式确实是与他的人生经历完全相融合的。它不是被硬生生造出来的，或与生活完全分离，而是反映了博格的人生经历、他的世界观与价值观以及他所处的时代与他的个性。

杰克•博格从年轻时就找到了自己的人生主题，并且一直在为之奋斗。1951 年，他在普林斯顿大学的毕业论文研究的对象就是新兴的共同基金行业，这让他很感兴趣，于是他秉承着自己信仰的价值观——多年来他不断对这一整套价值观进行提炼和升华——进入了这个领域。

满怀着激情被解雇

1974 年，威灵顿投资管理公司的管理层勃然大怒，让博格“满怀着激情被解雇”。但是“满怀着激情被解雇”也可以用于形容他致力于让先锋集团成为“共同基金行业最响亮的名字”的那种奉献一切的精神。1977 年，公司作出决定，弃用原来的佣金销售制，这意味着年轻的先锋集团以及年轻的领导者必须要建立起比职业销售人员更强大的分销体系。于是，沟通能力变成了最核心的生存技巧。

他是一个有使命感的男人，而且他知道该怎样去完成这个使命。这意味

① 在指数化模式发展的初期，先锋集团的竞争者对这个概念嗤之以鼻。总部位于明尼阿波利斯市的卢佛集团（Leuthold Croup）——它们向积极管理型基金兜售研究报告——给客户寄去海报，海报上是愤怒的山姆大叔和一句标语：“帮忙把指数基金赶出去 / 指数基金是非美国式的！”

着他要恳求媒体合作，通过媒体说服大众，让大家相信先锋集团正在做的事是与众不同的；意味着要让客户相信先锋集团是为客户的最大利益而服务的，企业的发展计划会更好；意味着他要传播理念，一遍又一遍地把故事讲好；意味着要打造一支士气高涨的员工队伍，他们清楚企业的使命，愿意追随这个使命去实现伟大的愿景。

面对这个挑战，杰克给大家带来了极大的勇气：毋庸置疑的常识思维天赋；数据挖掘并主动工作，以证明其观点的意愿（因此，他得到“beta 博格，数据恶魔”这样的绰号完全是理所应当的）；对英语的热爱以及熟练掌握英语的技能。

杰克还具有统筹全局的能力、文艺复兴时期的艺术领悟力。这让他可以把自己的工作、思想与当代很多远离金融行业的其他领域的观点或经典名言结合起来。他为当代最著名的思想家作出了贡献——让他们的观点与发人深省的话语传播得更远，而且他还做到了“站在巨人的肩膀上”，借用思想家的公信力去发表自己的观点。他从我们的传统文化中汲取养分，从伊索、荷马、莎士比亚，再到开国元勋、杰西•科辛斯基（Jerzy Kosinski）、库尔特•冯内古特（Kurt Vonnegut）与鲍勃•西格（Bob Seger），横跨了好几个世纪。这让他的思想变得更加多彩、更有格调，更易产生共鸣。

白帽子与黑帽子

能把故事讲好是亚伯拉罕•林肯作为领导人能获得成功的关键要素。杰克•博格知道如何围绕着故事主线来演讲。博格本能地意识到教育发端于“传奇故事”，哲学家阿尔弗雷德•诺尔司斯•怀特海（Alfred North Whitehead）也是这样认为的。大多数人不会主动地学习投资理论，他们需要被人引领着去学习。

神殿里最重要的“故事”之一当然要数先锋集团的故事。博格就用这个动听的故事一遍又一遍地激起听众的兴趣，最终创造了公司和他个人的传奇。

另一个常用的手段就是对所谓的“敌人”进行形象的描绘，而且通常会把“敌人”的范围拓展到行业中其余的所有公司。显然，此时，博格的头上戴的是“白帽子”(意思是博格是好人)，而其他人无一例外都戴着“黑帽子”(意思是他们都是坏人)。

每个人都喜欢当冠军，不过前提是他们能说到做到。博格就做到了，大家都亲眼目睹了他确实说到做到。博格无论在演讲时，还是在写书或者一个人独处时，始终都保持正直诚恳的作风。我们大家都知道今时今日这样宝贵的品格是多么的难得。

没什么能取代努力工作与坚持不懈的作用。你不可能只靠天赋就能成为伟大的沟通者，你还需要 99% 的坚持。博格从传教士法则中领悟到一分钟的布道需要事先做 20 分钟的准备——他在黄色的即时贴纸上一刻不停地写着。沟通意味着当观众出现时，你就要立刻上场，充满活力、精神饱满地去演讲[①](博格一共完成了 575 场演讲，尤其是在 1999 年以后，他共完成了 356 场演讲)。他从来不做冠冕堂皇的政治演说。他喜欢使用一些通俗的说法或主题，然而他讲述的方式绝不普通，绝不会像“艾米丽，把 5 号演讲稿拿出来”那样照本宣科或一成不变。他每次都要把新听众记在心里，重新编写演讲稿。

十本专著的传奇

除了先锋集团，杰克出版的 10 本专著是他留给这个世界的不朽财富。他用清晰、高雅的写作风格阐述了自己的投资理念以及商业和社会哲学。这些专著与其他作家的作品具有明显的区别——它们具有解惑、教导以及激发灵感的作用。也许你对博格思想的了解是从《投资稳赚》这本书开始的，随后又阅读了《共同基金常识》，这本书对投资的讨论更深入一些。其他专著的话题更广泛，比如讲述博格做生意以及创建先锋集团经历的《品格为先：先锋集团的创业发展历程》，或者是讲述他的奋斗历程以及指出共同基金行业与整

① 他不屈不挠的脚步似乎忽视了自己面临的身体考验。1960 年，他的心脏病发作，后来又接连八次心脏骤停，入院治疗的次数难以计数，直到 1996 年博格做了心脏移植手术后，这样的情况才得以终止。

个美国工商界存在哪些问题的《投资先锋：基金教父的资本市场沉思录》和《投资还是投机：资本市场的沉沦与角逐》。

《博格长赢投资之道》把博格的多种思想线索汇集到一起，向大家展示了这个男人为什么能达到如此之高的思想境界。这本书充分展示了杰克•博格如何将自己的商业成就、投资理念、对工商界的看法以及他个人的生活哲学融为一体。上述种种最终达成了令人吃惊的统一和和谐。我相信，很少有人能做到这一点，每个人都能从博格的例子中得到启发。

最后，我们都应当用更高的标准要求自己，这是我们大家欠杰克•博格的。作为沟通者与导师，博格从未屈服，也从不耍花招。他既不屈膝迎合，也不趾高气扬。他讲的故事、深沉而坚定的声音或许让我们感到开心或迷醉，但这可是正儿八经地做生意，他要求我们要多留意，多思考。我们在很多方面都有收获，无论是投资账户还是个人生活。谢谢你，杰克•博格。

最了解博格的人对他的评价

◎约翰•麦克菲[①]

1993年8月，在对先锋集团的一次访谈中，约翰•博格谈到了他对写作的热爱：“写书是一个非常艰难的过程。而其中最难的就是第一次动笔在纸上写字。大概一年前，我就是这样开始的。让我告诉你，直到昨天，我依然觉得写书实在是辛苦，手稿需要编辑再编辑，最后可能还要再修改一部分。”

于是，约翰•麦克菲很快回复他道：我很赞同你在先锋集团访谈中所提到的写作困难。我认真阅读了《博格谈共同基金》这本书的每一个字。这本书的条理非常清晰，叙述很有耐心，显示

① 约翰•麦克菲（John Mcphee）是一位已出版了28本书的作家，其中包括普利策一般非小说类获奖作品《前世界年鉴》(*Annals of the Former World*)。自从1963年起，他担任《纽约客》(*The New Yorker*)的特约编辑（写过80多篇文章）。同时他还是普林斯顿大学新闻专业的费里斯名誉教授。

出作者虽然没有经过专业的写作训练，但绝没有居高临下的态度。本书的专栏部分发挥了特别好的功效，内容非常有趣。翻阅时给人一种探险的感觉。从结构上看，这些小专栏让整本书变得生气勃勃。

而作者的语气像是正在写毕业论文的毕业生，像每一个从不自我欺骗、被墨水弄脏手指却又热爱写作的淘气鬼。爬上 1 000 米高的旗杆要比完成一篇作品容易得多。事实就是如此。但是，你的确做到了。

1994 年 2 月

◎沃伦·巴菲特

我认为您的大作《博格谈共同基金》简直是太棒了！有说服力、诚实坦率而又尖锐有力，是每一位投资者的必读物。我希望一些记者与证券交易委员会成员在读过这本书以后能变得更加精力充沛。

凭一己之力推动改革，你是在真真正正地帮助美国投资者。

通过你不遗余力的沟通——无论是口头还是书面——你已经为美国投资者节省了数十亿美元的投资成本。当然，如果所有人在听过你的话以后确实照着做了，那么节省下来的成本应当有成百上千亿美元。

继续坚持！

2009 年 3 月

第 17 章

The Man in the Arena
Vanguard Founder John C. Bogle and His Lifelong Battle to Serve Investors First

博格作品推荐序集锦

在博格出版的专著中，一共有 10 篇推荐序，每一篇的作者都是身份高贵、广受尊敬的人士。我们按照每本书的出版时间（从 1993 年至 2012 年）将这些推荐序依次呈献给大家，它们的作者分别为诺贝尔奖获奖人保罗·萨缪尔森、经济学家彼得·伯恩斯坦、美联储前任主席保罗·沃尔克、特拉华州衡平法院前任大法官威廉·艾伦（William Allen）、尊敬的彼得·皮特森先生（Peter Peterson）、威廉·杰斐逊·克林顿总统、商界领袖与作家汤姆·彼得斯（Tom Peters）、耶鲁大学捐款管理人大卫·斯文森、美联储前任副主席艾伦·布林德（Alan Blinder）以及证券交易委员会前任主席阿瑟·莱维特（Authur Levitt）。

《博格谈共同基金》一书的序言（1993）

◎保罗·萨缪尔森 ①

那位要求在香烟外包装上注明“警告，该产品可能对您的健康有害”的卫生局局长应当同样要求以个人理财为主题的书籍中，每 100 本至少有 99 本

① 萨缪尔森博士是麻省理工学院的荣誉教授和诺贝尔经济学奖获奖者。他于 2009 年 12 月 13 日去世，享年 94 岁。他被《纽约时报》称为“20 世纪最伟大的经济学家”。1993 年 6 月，他在马萨诸塞州的坎布里奇完成了这篇推荐序。

也要贴上同样的标志。少有例外。本杰明·格雷厄姆的《聪明的投资者》算得上一个。现在，我认为《博格谈共同基金》一书也是少见的例外之一，因为我对这本书有很高的评价。

我并不是只代表我自己才这样说。一个人的观点有何价值？我是手里拿着经济学发展史的统计数据才敢这样说。半个多世纪以来，金融学教授研究了各种各样审慎的投资策略。然而，经济学家始终未达成一致意见——这门学科怎么会如此不精确呢——不过，大家对下面这些经验的总结倒是表现出惊人的赞同。

- 分散化投资确实能够降低风险，但不能消除风险。批评家说，买入很多种股票是"无奈地接受中庸主义"。当我进入全球规模最大的私人养老金权益型基金的财务委员会，成为受托人时——这个基金负责打理所有大学老年教职工的储蓄金——我们有 300 亿个理由去研究批评家指出的所谓"中庸主义"。我们发现，很多资产管理机构相信可以把几个鸡蛋放在一个篮子里，然后"密切地看管这些鸡蛋"，但是这些机构的长期投资收益率明显低于高度分散化投资的机构。没有例外吗？是的，有几个例外，但是表现为例外情况的机构的名单始终在变动中，很难提前预判，而且在我们找到它们之前，这些例外机构的收益率普遍呈现出均值回归的倾向。
- 对于没有达到百万富翁级别的投资者来说，分散化投资的需求意味着不能用成本节约式的投资策略去处理基于未来某个目标——比如退休、买房或者送孩子上大学读书——而构建的个人投资组合。"把开车的事交给灰狗[①]吧"，这样的建议并不意味着胆怯或害羞。当你发现经纪人的佣金很高，税收凭证的保管工作十分繁琐时，你自然而然地就会得出这样的结论。即使你不打算选择"指数化投资"模式——这是我接下来要谈的话题——这也是事实。
- 实现股票组合分散化投资最有效的方式是使用低成本的指数基金。统计数据显示，投资面较广的股票型指数基金要比大多数积极管理型的权益基金表现得更加出色。1 000 位投资经理表面上看着都差不多，每个人都感觉自己的

① 灰狗公司是美国经营长途巴士的公司。——译者注

收益率能比其他人高出3%，每个人都热衷于讲故事，而不是讲事实。在这1 000个人中，没有几个人能让一群专家相信，他们所用的投资策略可以在长期收益率上胜过指数化投资模式，连10个人都没有（至于债券组合和货币市场组合，精明的投资者会从中挑选高质量、低成本的基金）。

- 来自经济学角度的论据已经讲得足够多了。约翰•博格在此基础上还进一步强调了选择低成本、不收费基金的投资方法。除了是先锋集团创始之初的投资者（股东）以外——当时还有很多与我的儿孙辈年龄相仿的投资者——我与先锋集团没有其他交往。因此，作为一名公正客观的见证人，也许我对博格观点的支持能有些分量。约翰•博格已经推动了整个行业向最优的方向变革。没有几个人能得到这样的评价。

我可以再加上一句我的个人看法吗？那就是明智的投资除了有利可图，而且还很快乐。

《共同基金常识》（第一版，1999年）一书的推荐序

◎彼得•伯恩斯坦[①]

杰克•博格所写的投资指导书与之前我读过的同类书籍完全不同，因为他敢于讨论其他作者故意忽略的敏感话题。我不想胡乱猜测为什么其他作者对这些话题避而不谈，但是我怀疑很多专家的视野要比博格局限得多，或者他们根本就是对读者最感兴趣的问题缺乏关注。

作为一位投资专家，博格非常用心地教授个人投资者应当如何打理自己辛苦积累下来的财富。可是人们却常常忘记了，博格绝不仅仅是一位投资专家。首先，他是一位获得巨大成功的商人，凭自己的本领和决心建立了一个伟大的共同基金帝国，督促自己朝着多年前公司创立之初便定下的发展愿

① 彼得•伯恩斯坦是一位经济学家和作家，他出版了100本专著，其中包括1996年出版的《与天为敌：风险探索传奇》（*Against Gods：The Remarkable Story of Risk*）一书。他于2009年6月5日去世，享年90岁。没人能像他这样对经济学以及投资组合策略理论作出影响如此深远的巨大贡献。这篇推荐序写于1999年。

景不断地前进。因此，本书的读者可以看到共同基金行业不加粉饰的“原生态”，了解这会对自己的钱袋造成什么影响。

尽管企业高管的讲话总是显得如此高大上，然而在美国的经济体系中，卖家与买家的利益冲突是与生俱来的。杰克•博格的目标是建立一个将为客户赚钱作为主要目标的企业，将利益冲突控制在最小化，但是与此同时，还要确保公司能不断发展与自给自足。这不是一项简单的任务。博格给自己设定的目标如此复杂，这反而促使他从另一个非常特殊的角度去看待利益冲突问题。本书向广大读者传递的一个主要信息是博格对基于这个特殊视角所观察到的结果不太满意。

我们应当把投资管理行业（是的，这更像是一个行业，而非职业）看作商业贸易，把它当作整个经济体系框架中的组成部分之一。投资管理行业的利润非常高。于是，“资本将流向预期收益率最高的领域”这条资本主义制度的铁律便开始发挥作用。在过去十年中，共同基金的数量由 2 710 只增加至 6 870 只，而投资管理公司的数量则由 1 260 家增加至 5 810 家。另一方面，投资管理行业却又公然蔑视这条资本主义铁律的其他内容，即高收益率吸引新资本的涌入，而新竞争者的到来会把市场份额从原来的企业手中抢走，于是收益率将会下降。约瑟夫•熊彼特（Joseph Schumpeter）把这一过程称为“创造性的破坏”。这就是美国的经济体系如此成功的本质原因，尽管它存在很多明显的缺陷，却依然能够得到民众如此广泛地接受。

投资管理公司从来不知道这回事。投资管理公司数量的增长远远超过了客户数量的增长。于是，越来越多的人稀里糊涂地进入了这个行业，却没能让行业内已站稳脚跟的老企业利润减少。有时候一些新企业失败了，或者一些老企业犯了大错，便从公众视野中消失了，但是大多数投资管理公司做得不错，获得了丰厚的资本回报，让其他大多数行业嫉妒得眼红。

博格很擅长用浅显的语言讲解有关投资以及资本市场的深奥知识，单凭这一点，就足以吸引大家好好读一读这本书了。但是，这本书要表达的一个主要观点是个人投资者的财富管理方式不能与受托管理这些财富的行业结构相分离。博格本人对何种结构对个人财富的管理与增值最有意义——他十分重视个人投资者的福利——提出了自己的观点，这是本书读者最重要的收获。这本书不仅读起来有趣，而且还能给你带来回报。

《约翰·博格谈投资》(2001)的推荐序

◎保罗·沃尔克[①]

假如里普·万·温克尔（Rip van Winkle）沉睡了50年后醒来，来到了今天，他肯定无法理解当今的金融市场，也弄不清楚某些大型金融机构的名称到底是什么意思。但是，如果里普刚好是普林斯顿大学的教授，曾经指导过或读过约翰·博格的毕业论文，那么就不会对股票市场以及资产管理行业的重大创新——基金行业——感到非常惊讶了。

约翰·博格并不是共同基金这种商业模式的发明者。在博格上大学之前，有人就开始做这一行了，只不过当时很少见而已。当他为自己的毕业论文思考题目时，杂志上的一篇文章让他对这个行业产生了兴趣。这个意外的新发现不仅成就了一篇优秀的毕业论文，而且还让这个行业成为了博格一生为之奋斗的行业。

如今，共同基金已经成为美国家庭占主导地位的投资渠道。在已发行的股票、债券以及流动资产市场上，共同基金直接持有的比重是非常高的。

基金行业的成功建立在坚实的基础上——已经证实集合投资确实具有分散风险、分摊成本的好处。当时，博格这位普林斯顿大学的大四学生已经凭直觉注意到了这一点。

当然，约翰·博格并不是唯一一个发现共同基金根本价值的专业人士，有同样发现的人至少成千上万，而他的伟大贡献——也是他一直努力要完成

① 保罗·沃尔克是美联储理事会第12任主席，他还曾经担任过奥巴马总统经济复苏顾问委员会的主席。这篇推荐序写于2000年5月1日。

的使命——就是坚持认为这些基金的管理应当以服务于投资大众的最佳利益为最高目标。

这就意味着要充分强调利益冲突的最小化以及将运营成本控制在最低水平。为了实现这个目标，博格在 20 多年前建立的这家基金公司——先锋集团——一直没有关联其他业务，保持着相对独立。长久以来，这家企业始终以不收取销售费用、维持最低运营成本而领先于整个行业。

在先锋集团发展的早期，它推出了世界上第一只指数型共同基金。随着时间的流逝，指数基金的价值反映出一个清晰的逻辑——粗浅简单的证据就能证明这一逻辑——最“积极”的投资管理公司在大多数时候无法跑赢市场。毕竟，在现在这个时代，共同基金几乎可以等同于市场。一般来说，它们无法做得比市场更好，即使它们毫无成本，运营的效率极高，而且也不用交税。如果再把这些阻碍考虑进去，极少数基金能够持续获得高于平均值的收益率。

这不是一家投资管理公司能够轻易接受的结论。在与同行进行人气比拼时，约翰•博格获胜的次数并不是很多。而且，他本人也很大方地承认，先锋集团特有的治理模式与管理风格不太容易被复制。

但是，如果拉开一定的距离再观察，我和其他很多人一样，非常钦佩博格在陈述个人观点时的勇气与口才。他在分析问题时非常有说服力，而且总是与公众利益保持完全一致。用约翰•博格自己的话来说，他坚信共同基金的投资者有权利“得到公平待遇”，这应当成为每一家共同基金公司的座右铭。

这本新书能将博格的思想传播给更多的读者。约翰•博格的写作风格特别清晰而朴实，每一个愿景都描绘得很清晰，每一个词都很简洁。博格拥有一种罕见的能力，他可以准确而有效地使用证据来证明自己的观点。幽默或揶揄不能掩饰，也不应当掩饰，他对目前整个行业的某些做法——他在基金行业度过了整个职业生涯，这也是他个人的激情所在——有着深深的挫败感，甚至感到愤慨。

我们大家都要依靠共同基金或其他投资机构来管理我们的储蓄，因此，我们都应当对约翰•博格说声谢谢，感谢他坚持将我们的利益摆在最核心的位置。

说得更广泛一点，博格强烈呼吁投资管理公司履行其受托责任，保持分析的客观性，并勇敢地站出来表明自己的立场——这是博格所有著作的共有特点——他的行为为大家确立了一个较高的标准，这是所有对竞争激烈、高度开放的金融体系未来的成长和诚信问题比较关心的人都应遵守的标准。

《约翰•博格谈投资》（2001）一书的推荐序

◎威廉•艾伦[1]

请让我先向大家介绍一下本书的作者，他在这本书中讲述了很多伟大的金融理念。

在当代，“美德”这个词似乎让大家都有些尴尬。也许我们变得更多疑，不再像先人那样对善恶有着固守的观念。如今，我们大家都意识到一个事实，即在这个变化多端的世界里，我们大家也许不会对构成美德的个人品格有相同的看法，也许我们每个人都在小心地避免着被他人误认为将自己对善恶的看法强加给其他不认同的人。

不过，在向大家介绍约翰•博格的这些演讲时，即使“美德”这个词听起来很稀奇，并且有点古怪，我找不到其他词语了。这是因为约翰•博格的一生都奉献给了诸如责任、荣誉、坦率、勤奋以及服务他人等理念，这是对这个男人完美的总结，足以说明他是一位具有高尚美德的人。在当今这个经常叫嚷着自我满足、忽视美德的时代，他提醒着每一个人：生命的价值应当通过个人对他人的生活带来什么样的影响来衡量，而不是看名声或财富的高低。

① 威廉•艾伦是一位法学和金融学教授，纽约大学法律商务中心主任，曾是特拉华州衡平法院的前任法官。

有能力对他人的福利水平产生正面的影响，这是商人所展现出高尚美德的地方。比尔·盖茨——也许是最成功的商人之一——在我看来，不能因为他拥有的财富是个天文数字，就说他是个伟人。我相信，我们大家都同意这一点。如果说他伟大，那也是因为他与其他人一起，让几千万的美国家庭享受到了计算机带来的好处，这帮助其他人实现了自己的人生目标。他的努力提高了整个人类的福祉。他让这个世界变得更加美好。

一个伟大的商人

杰克·博格是个伟大的商人，因为他让无数的普通平民获得了丰厚的投资收益，让他们可以更好地实现自己的人生目标。他想象中的企业与以往所有的企业都不一样，而且这种差别是本质上的区别。他与团队一起——他的员工——共同将先锋集团建设为一家伟大的公司。他是个伟人，因为他追求的目标伟大，而且这一目标的实现对其他人产生了积极的影响。

先锋集团并不仅仅是一家成功的企业，它还宣扬了一种服务理念，尽管不是完全的大公无私，却一心致力于公平与价值的传递。企业应当努力向客户传递价值，只有这样，才能为股东创造价值。可能有人认为这样的说法早就是陈词滥调了，但是在共同基金行业，杰克·博格已经找到了足够多的证据证明，过度收费让投资者获得的实际收益少了很多，被偷走的利润多得过分。当然，无论是杰克·博格还是他的同事，没人无私到自己穿着破衣裳。在共建成功企业的过程中，杰克和他的团队创造了价值，并且自己的付出也得到了相应的回报。但是，从一开始，他的想法便与基金管理公司的收益最大化这一目标有着根本性的分歧。在他的脑海中，公众才是主要的受益人。

在几十年的时间中，大多数共同基金的费率高达 150 个基点甚至更高，而先锋集团的运营模式可以向客户提供毫不逊色的服务——事实上，先锋集团的服务质量更出色——但收取的费用却不足竞争对手的 1/4。如今，先锋集团管理着大约 5 000 亿美元的退休储蓄和其他储蓄。今年该公司将向投资者分配大约 40 亿美元的投资利润，如果当初杰克·博格不是有意选择公司的所有制结构，那么今天先锋集团的投资者肯定无法分享到这么多的收益。不过，这个预估的数字低估了先锋集团每年对美国民众的储蓄以及退休投资组合的巨大影响力。因此，我们完全有理由相信，假设博格没有创建先锋集团，那么共同基金行业的平均管理成本将会一直保持在1970年的水平。想想看，正是先锋集团的存在迫使其他基金不得不大幅下调费率、削减成本。事实上，我们很难估计由于博格先生的缘故，美国的工薪阶层一共节省了多少亿美元的费用，而节省下来的钱都进入了他们的退休储蓄账户。

这个特殊的企业竟然是学术理论的一种体现

先锋集团这个特殊的企业还有一个有趣的事实，那就是它竟然还是学术理论的一种体现。当杰克•博格看到有效市场假说时，他很快就凭直觉理解了这一理论及其隐含的意义。年轻时，他在费城跟从沃尔特•摩根先生，懂得了在长期内没有哪位投资顾问能一直获得明显高于市场平均收益率的投资收益，这是极其困难的。于是，他的商业计划就是简单地降低成本，分散风险，而其结果是大获成功。他将理论应用于实践，发明了指数基金，使其成为了储蓄的替代品。这个想法简单朴实，一点不花哨，反映出博格这个人的性格。作为先锋集团的创始人，博格和他的企业一样，效率世界一流，为人坦率真诚。

也许，博格青年时代在布莱尔学院或普林斯顿大学求学时，这些品格便已被培养成。也许他是从哥哥或自己的孪生兄弟（现在已经去世了）身上学到了这些优良品格。当然，公平共享、对他人负责都是兄弟之间的友爱规则。很有可能这些男孩子年幼时就在家中形成了良好的品格，如今这些美德都集中反映在博格身上：有风骨，相信坦率胜于欺骗，事实重于形式，只看实际效果而不相信承诺。

杰克•博格的一生也时常有戏剧性或紧张不安的时刻，也曾有过痛苦的损失。他创建先锋集团的故事是一出给人留下深刻印象的商业剧，至少从一开始，结局似乎并不是早已注定的。但是，先锋集团在金融领域所取得的卓越成就证明他的原则是正确的。本书收集的演讲稿生动地概括了杰克的远大愿景以及这个男人的优秀品格。这两个要素——愿景与品格——始终结合在一起，也许这正是我们这些对金融与投资领域感兴趣的人可以从杰克·博格的职业生涯传奇中学到的最根本、最主要的经验。

《资本主义灵魂之战》（2005）一书的推荐序

◎彼得·皮特森[①]

有些人，尤其是那些从事金融服务业的人，也许会说杰克·博格这个人专爱唱反调。也许是吧，但是现在我们都知道，博格曾喋喋不休地警告说金融体系出了问题，如果我们能把他的提醒听进去，那么也许就能避免近几年我们亲身经历的股灾以及上市公司的丑闻事件。如今，我们都清楚在很多事情上，他是正确的，而其他人是错误的。

“唱反调”这个词只是某些人掩人耳目的说法，他们解雇了博格，只是因为长期以来他做了很多提高商业行为标准的努力。事实上，说起唱反调，博格远远不止如此。他说话直来直去，思想冷静而富有条理。他对所有人都很严厉，包括公司的高管、董事会成员以及股权的所有者。但与此同时，他也在努力保持着公正客观。

他关心公众事务，富有同情心。关心公众事务是因为他知道美国现在的财政赤字已经达到了闻所未闻的新高度——财政赤字每年的增长幅度高达 7 000 亿美元。他知道美国急需储蓄，对资本的渴求促使国家不计后果地到国外寻找资金来源，已经达到了不正常的状态。他还知道外国投资者以及国内民众对美国资本市场的信心是美国经济健康发展的最重要因素。为了重建信心，他明白我们的企业和金融机构需要进行根本性的改革。

即使没有读这本书，我对博格的担忧也深有同感。当我在世界大企业联合会公共信托与私人企业委员会任职时（在这个委员会中，我与约翰·斯诺是联合组长，手下有 10 位非常杰出的人才），就十分了解杰克·博格这个人。

---

① 彼得·皮特森在 1972 年至 1973 年间担任美国商务部长，是协和联盟、黑石集团的共同创始人。他的基金会——彼得·彼得森基金会，致力于提高公众对财政可持续性需求的关注度。

杰克强烈主张直面一些棘手的问题，例如，股票期权的成本问题；独立主席的需求（正如他在本书中所说的那样，企业需要“一位掌管生意的老板，还需要一位董事会的领导”）；基于长期经营业绩来确定高管的薪酬；真正独立的薪酬委员会与审计委员会，有意愿且有权力雇用或解雇外部顾问，而且还要确保顾问提供的不同种类的服务不会产生利益冲突，比如审计公司提供咨询服务，雇用它们的是企业的高管而非董事会等诸如此类的问题。

杰克有一支很时髦的钢笔（我也想要一支）。他是个稀有的人才，至少在我们这个行业中是。他精通文学。谁能像他这样随口就能引用狄摩西尼（Demosthenes）、爱德华·吉本（Edward Gibbon）、亚历山大·汉密尔顿（Alexander Hamilton）、托马斯·杰斐逊以及奥斯卡·王尔德等人的名言呢？

杰克的写作才能也令人难忘。他有一种本领，能用吸引人的标题帮助读者理解并记住相关的内容和改革措施。

- 为了让大家知道如今长期投资者的数量极少，他提醒我们，这个时代的人们已经不再是“持有股票”，而是“租入股票”了。
- 为了形象地说明问题所在，他把目前的形势描述为由“‘所有者’资本主义”转变为“‘管理者’资本主义”。
- 为了强调很多咨询顾问对雇用他们的企业管理者过于感恩戴德，博格引用了笛卡尔的名言：“人无法做出会影响自身收入的评价。”
- 为了说明市场上不恰当的行为也许已经转移了大部分的利益，甚至超出了我们愿意承认的比例，他提出了一个很有煽动性的问题：“是苹果坏了，还是装苹果的箱子坏了？”
- 为了谴责共同基金行业的怪相，他说这些基金公司已经由“为股东管理投资变成了发动销售人员到处收集资金”。

他严厉地指出了问题，清晰地阐述了需要如何进行改革。所有想知道如何重建资本市场信心、提升市场销量的读者，这本书都应成为你的必读物。

《博格长赢投资之道》(2008)一书的推荐序一

◎威廉·杰斐逊·克林顿[①]

在乔治城大学读书时，古代史老师曾教过我们，美国能成为历史上最伟大的国家之一是因为我们的人民一直信仰西方文明的两个主要支柱：明天会比今天更好，以及我们每个人都应承担起个人的道德责任，让“明天会更好”变成现实。老师称其为“未来偏好”。

近年来，美国金融业的一些领导者已经背离了他们的信仰，只顾眼前的利益，丝毫不考虑将来的后果。放眼美国和全球，这种商业行为所带来的负面反弹十分明显，其中一些行为是违法的，而且全部都是徒劳无功的。我们不能再沿着近期金融危机爆发前的老路继续走下去——如果我们想建设更好的明天，就不能再走老路。

在《博格长赢投资之道》一书中，约翰·博格列出了一长串问题，并且对如何重建金融体系以及如何建设一个更加繁荣和更加公平的世界提出了条理清晰的建议。这本书号召大家尽快行动，让金融行业重拾道德规范和诚信原则，从而使金融业助力长期经济的发展，而不是成为阻碍。

鉴于他在金融行业无可挑剔的资历，博格提醒我们，美国的建国传统是努力工作、节制和责任，告诉我们如果在追求成功的过程中放弃了这些美德，那么或早或晚损害必然到来，到时候民众会深受其害。在思考雄心抱负与社会的关系时，博格认为我们不能用暴利来衡量生命的价值。相反，生命的真正价值在于向更广泛的人群作出长期贡献，即使是最有权势的金融实业家也只是服务者的身份，他们有责任帮助其他人实现梦想。

在快速发展的数字时代，在金融危机爆发前，每天跨境流动的资金超过 2 万亿美元。在这样的背景下，乍一看，博格的分析与论据似乎太过老套了。但是，各行各业紧密的高度关联性使《博格长赢投资之道》这本书的内容直

① 威廉·杰斐逊·克林顿在 1993 年至 2001 年间担任美国的第 42 任总统。现在他是克林顿全球倡议组织的创始人和主席。

接切中要害。我们的行为不仅会对美国国内产生深远的影响，而且还会波及其他国家。在追求个人成就时完全忽略这一切显然是错误的做法。"未来偏好"依然很重要。我们要重新回到正路上来。

约翰•博格是一个伟大的好人，每一位关心国家大事的读者都可以在《博格长赢投资之道》一书中学到博格所分享的经验教训。亚历克西斯•德•托克维尔很久以前说过的一句话如今依然是正确的：美国之所以伟大，是因为美国人民都是好人；如果有一天美国人不再做好人，那么美国也将不再伟大。而《博格长赢投资之道》再次提醒大家记住这句名言。

《博格长赢投资之道》（2008）一书的推荐序二

◎汤姆•彼得斯[①]

20 世纪 70 年代末，我开始和鲍勃•沃特曼（Bob Waterman）一起研究企业的管理状况，后来研究成果《追求卓越》（*In Search of Excellence*）正式出版。在研究过程中，我们接触到了很多杰出人物。例如强生公司的 CEO 吉姆•伯克（Jim Burke）1982 年受困于"泰诺"危机时，他决定重新找回强生公司的"信条"。在核心价值观的引领下，公司用坦率、透明的态度处理了危机，直到今天，这个事件仍被视为彰显以价值观为基础的公司力量的经典案例。

另一个是达美航空公司（Delta），该公司曾在 20 世纪 80 年代早期陷入衰退。当时，全公司的员工决定给他们的老板购买一架飞机，这才大大缓解了公司的财务危机。麦当劳公司在 20 世纪 80 年代初的日子也不好过，但是公司一直坚持创始人雷•克罗克（Ray Kroc）提出的 QSC&V 原则，即质量、服务、洁净与价值。还有惠普公司的约翰•杨（John Young），他推行的是走动式管理模式（Management by Walking Around，MBWA），即到生产场所四处

① 汤姆•彼得斯是《成功之路》（*In Search of Excellence*）一书的合著者，他一共出版了 16 本著作。这篇推荐序完成于 2010 年 4 月。

走动，与一线员工讨论生产项目的具体细节。

我们这本书的核心思想可以用“硬的是软的，软的是硬的”这句话来概括作为工程师、MBA 与麦肯锡公司的顾问，我们深深知道数据或指标的重要价值，但是我们也知道，捏造数据太容易了！据说，很多硬数据被事实证明根本靠不住。哈佛商学院的校友、后来任职于麦肯锡公司的某人一手策划了 2000 年的安然事件，各种衍生品、超级衍生品以及信用违约互换都是一群博士搞出来的新东西，结果他们的数据被事实证明根本经不起推敲。

什么才是最重要的？什么才是真正的“硬”？那就是诚信、信任、经久不衰的价值观（比如强生公司的信条）、根深蒂固的关系、良好的企业公民权利、倾听——客户的意见以及一线员工的心声——针对他们的反馈采取行动，以及无与伦比的质量，这是 20 世纪 80 年代初美国企业的“杀手锏”。对了，还有追求卓越！这些东西大多数不会在商学院的课堂上被提及，但却是一家企业保持高效率运营的基石。

2007 年，当美国正陷在经济大衰退的泥沼中无法自拔时，我偶然拿起杰克 • 博格的这本《博格长赢投资之道》，于是开启了一场“惊心动魄”之旅。我很快发现，自己能站在书店里一直读下去，我对这本书爱不释手。这就是我到今天为止一共读了四遍的原因；我把其中的 57 页折起来，反复一读再读的原因；我跑到书店买回 50 本，分发给朋友与同事的原因；还有，尽管承认这一点让我有些尴尬，我在从安哥拉前往阿布达比酋长国、中国以及芝加哥的途中，也要随身携带这本书的原因。《博格长赢投资之道》这本书简直有图腾一般的意义。当我在新西伯利亚、西伯利亚等地为研讨会做准备工作时，总要翻一翻这本书，检查一下自己是不是钻了学术的牛角尖，忘记了很多公司的经验教训，比如约翰 • 杨坚决执行由比尔 • 沃特曼（Bill Waterman）推崇的、老式的“走动式管理模式”。

澳大利亚作家彼得 • 坦普尔（Peter Temple）的惊悚小说《破碎的海岸》（*The Broken Shore*）受到了全球读者的普遍赞誉。几位著名评论家又老调重弹："这不是一部伟大的惊悚小说，这是一部伟大的小说。"这句话准确地描述了我对《博格长赢投资之道》一书的感觉。这既不是一部伟大的金融著作，也不是一部伟大的商业著作，但我们可以说它是一部伟大的著作！

杰克·博格用简洁朴实的语言写作，他的推理过程直接客观，以大量的事实和数据为基础。尽管他是一位金融人士，却在向读者讲授金融、商业和人生哲理时连一个数学公式也没有卖弄。毫不夸张地说，我已经67岁了，可以肯定地说这本书是我读过的最棒的一本商业书籍，同时也是一本谈论人生智慧的优秀读物，也许还能让费城的老同行——本杰明·富兰克林——的著作再次被世人瞩目。

20世纪80年代，杰克·博格以及其1974年创立的先锋集团就像一盏明灯，用它的卓越成就指引着我和比尔·沃特曼。杰克·博格是我们这个时代甚至所有时代伟大的金融家之一。他和先锋集团为几千万民众的财富福祉和安全作出了巨大贡献。他的秘诀是坚信从长远来看，个人无法跑赢市场；相信指数基金能创造最好的业绩，而且指数基金会把几乎全部的投资收益分配给投资者/所有者。他的人生以及一生的事业就是以诚信、透明、简化的价值观为基础的。

有趣的是，我从未见过杰克，而且也从来没投资过先锋集团，也就是说我对此书的评价不存在利益冲突——我单独把这本书挑出来的原因是认为它的确无与伦比，甚至能改变人的一生。我成人后，便将所有的时间都用于帮助人们尽可能高效地管理组织，结果和杰克·博格一样，我发现坦率是最好的沟通方式，而品德、诚信、常识与体面是管理各类企业的关键要素，依靠为他人提供金融服务而获得大笔财富的金融从业人员，更应当具备这样的品质。

十诫

我不打算在推荐序中重复本书的精彩内容。在推荐序的第一稿中，我做过这样的尝试，但是整整57页被折的书页——在我看来每一页都十分重要——让我的尝试只能以失败告终。杰克朴实的话语用词不多，类似于散文体，让我自愧不如。不过，我决定把本书各章的名称列在下面，让读者对全书结构有所了解（一看到目录，我就被这本书彻底迷住了）：

- 太多成本，而价值不足；
- 太多投机，而投资不足；
- 太过复杂，而简化不足；
- 太多算计，而信任不足；
- 太多商业行为，而职业操守不足；
- 太过重视销售，而对管理的重视不足；
- 太过强调管理，而领导力不足；
- 对事务关注太多，而对责任关注不足；
- 太多 21 世纪的价值观，而 18 世纪的价值观不足；
- “成功”说得太多，而“品德”说得太少。

我打算“抢走”这些章节名，让它们成为我个人的“十诫”。这短短的十句话——比我之前看到的所有描述都精准——高度概括了我希望过什么样的日子、我肯定愿意接受的生活方式等。我希望自己离开人世时，人们能对我的贡献作出公正的评价。

这几天，我在上课时用到了两张幻灯片。第一张幻灯片让我回想起当年为举世无双的酒店大亨康拉德·希尔顿（Conrad Hilton）举办的庆祝仪式。一番仪式过后，希尔顿先生被请上讲台，与众人分享他获得巨大成功的秘诀。他面向人群，停顿了一下，说道：“不要忘记把浴帘放到浴缸里。”说完了这句话，他就回到了座位上。

第二张幻灯片让我回忆起大概 20 年前，我在加利福尼亚州的蒙特利市参加一次会议，会上我与一位非常成功的中西部社区银行的行长聊天。正当 2007 年的金融危机让我们尸骨无存时，我清晰地回想起当时他说过的话：“汤姆，让我向你描述一下成功的银行家是怎样生活的。星期天到教堂做完礼拜后，开车载着一家人回家，途中稍微绕点路，特意经过获得了银行贷款的工厂或物流中心。他没有走进去，只是开车经过，亲眼打量一下这个地方，然后继续开车回家。”

足够了。

《共同基金常识》（10周年修订版）推荐序

◎大卫·斯文森[1]

杰克·博格应当得到美国民众的深深谢意：第一，他花了大量时间与精力向投资者展示如何在充满欺诈与背叛的金融服务市场中行进；第二，他创建了先锋集团，这家金融机构是为数不多的将投资者的利益摆在第一位的企业。如果没有杰克·博格的努力，那么美国民众面对的将是一片荒芜、别无选择的金融世界。

博格提供了一些让人绝不怀疑的简单建议：选择低换手率、低成本、组合策略谨慎自制的指数基金产品。不幸的是，很少有人听从他的明智建议。大多数投资者都选择了积极管理型的基金产品，结果在两个方面都是失败的。

第一，他们错误地选择了积极管理型的基金产品，这些基金总是做不到当初“跑赢市场”的承诺。偏低的收益率源于严重超量、最终被结果证明事与愿违的交易（以及附带的对市场的冲击和佣金成本），还有高到不可理喻的管理费（即使他们确实实现了增值，但这也远远超过了基金经理为基金实现的增值）。正如博格所指出的，几乎所有的共同基金经理人都表现得好像税收问题毫不重要一样，于是毫无必要的沉重税收要由投资者来承担（每年4月15日报税时，这个隐形炸弹总会突然“袭击”投资民众）。

第二，在交易共同基金时，投资者的眼睛毫不动摇地只盯住后视镜，这是他们失败的另一个原因。把失去关注的昔日偶像扔进垃圾堆，追逐今天的

① 大卫·斯文森是耶鲁大学的投资主管，出版了两本有关投资策略的专著。

当红炸子鸡，基金投资者总是倾向于卖低买高（这种交易方式是赚不到钱的）。而且，近似于狂乱的转换基金产品一般都会让投资者的纳税负担更加沉重。如果投资者听从博格的建议投资于指数基金，那么光凭低成本这一条就能跑赢市面上大多数的基金管理公司。如果投资者听从博格的建议，用更加稳妥的方式分配资产，尽量避免不恰当的择时交易，那么他们最终实际获得的收益率将近似等于市场的平均收益率。

当然，作为一位金融专业人士，我有自己的观点，想对博格的成功投资秘诀作两处小小的修改。第一，我会更强调国际分散化投资的重要价值，尤其是对新兴市场的投资；第二，我会限制美国国债的持有量。投资者在近期这场金融危机中的经历充分证明，信用风险（以及期权性风险）敞口会让当初持有债券的原因变得不堪一击。即便如此，杰克·博格谈到的投资基本要素都是正确的。大家听从他的建议吧。

博格的明智建议本应得到更多的关注

博格的明智建议本应得到更多的关注。个人投资者必须做到自我教育，才有希望成功地做好投资项目。无论投资者选择的是什么样的投资模式，阅读都是投资者自我教育的基础。杰克·博格是一小群有思想的作家和实业家群体中的一员，这个小群体（我能把我自己也算在内吗）还包括伯顿·马尔基尔和查尔斯·埃利斯。他们都清楚地向读者推荐过合理、理智的投资方式。先读一读《共同基金常识》，然后再看看马尔基尔的《漫步华尔街》、埃利斯的《赢得输家的游戏：精英投资者如何击败市场》（*Winning the Loser's Game*）以及我的著作《打败大盘的股市策略》（*Unconventional Success: A Fundamental Approach to Personal Investment*）。这些书驳斥了共同基金行业过分注重市场营销的错误做法，证券经纪公司喋喋不休的甜言蜜语以及电视上滔滔不绝的所谓“专家”令人头疼的刺耳言论（即使《每日秀》（*The Daily Show*）栏目的精华已经被乔恩·斯图尔特（Jon Stewart）去除干净了，但吉姆·克莱默（Jim Cramer）依然继续不知羞耻地为《我为钱狂》（*Mad Money Across*）栏目的观众提供非常有害的建议。不管是从投资的哪一个层面看，吉姆•克莱默都站在了杰克•博格的对立面。不要再看吉姆•克莱默了，听听杰克•博格的话吧。

杰克•博格的成就远不止教化投资大众。他领导的先锋集团为投资者提供了共同基金行业的其他选择。作为目前仅有的、不以创造利润为唯一动机的两家共同基金集团之一（另一家是 TIAA-CREF 集团，我在该集团的董事会任职），先锋集团给予了投资者公平的待遇。除了先锋与 TIAA-CREF 以外，几乎所有的共同基金管理公司都在追求创造更多的利润，只在口头上宣称为投资者提供服务。不幸的是，当利润动机与受托责任产生冲突时，贪婪占据了上风，利润动机获得了最终胜利。为投资者的利益而服务的念头消失不见，投资者成了最大的输家。正如杰克•博格如此肯定地告诉我们，今天追求利润的共同基金公司总是密切关注市场营销活动，确保自己能拿到高额的管理费，实际的投资管理工作却做得很少。明智的投资者应当避免误入积极管理型基金的泥沼中，认同指数化投资的确定性，选择以投资者利益为核心的基金管理公司。

虽然提出了警告，但依然对世界持乐观态度

尽管博格认为基金行业在结构、运营方式以及业绩的层面存在很多问题，但是他对整个世界的看法依然是乐观的。我喜欢把自己看作一个积极的人，但是我对个人投资者获得成功的概率表示担忧。近年来，退休金整个沉重的负担已经由雇主转移至雇员。这种政策面的偏离引发了很多问题。第一，个人无法有充足的储蓄；第二，毫不令人惊奇的是偏爱储蓄的人往往都是高收入人士。美联储的消费者财务调查报告提供的数据让人大吃一惊：88% 的顶级收入阶层（即收入排在前 20% 的人群）参加了固定缴款型养老金计划，平均账户余额超过 260 000 美元，而在收入最低的人群中（即收入排在最后 20% 的人），只有不足 11% 的人参加了固定缴款型养老金计划，他们的平均账户余额不足 2 000 美元。难道退休金项目是只为富人准备的吗？第三，无论是穷还是富有，投资者面对的投资产品大多数是由唯利是图的基金公司提供的，完全不符合标准；第四，投资者使用的是这些不符合标准的投资工具，

而且还总是做一些漏洞百出的择时交易。最终的结果正像杰克·博格指出的那样，投资者没有分享到（基金公司投资于）全球股票市场所得利润的合理份额。

杰克·博格赠予投资大众两件重要的礼物——先锋集团（少见的、以实现投资者的最佳利益为目标的投资管理公司）以及《共同基金常识》一书，这是一本能让人轻松入门的、讲述如何管理个人投资组合的指导性书籍。好好珍惜杰克·博格的礼物吧，然后再把它们送给你爱的人。

《投资先锋：基金教父的资本市场沉思录》一书的推荐序

◎艾伦·布林德[①]

所有人都知道，美国喜欢自我炫耀的金融体系在21世纪的第一个十年中就让我们非常失望。这个十年一开始就是2000年至2001年的大股灾，那些先前被寡廉鲜耻的“分析师”——他们本来应当更了解情况（而且他们确实知道真实情况）——吹上天的公司，就这样在我们眼前崩塌倒闭。金融危机后，紧随而来的是2001年至2002年间安然、世通等公司的会计造假丑闻、2003年的共同基金丑闻以及一系列金融大崩溃的始作俑者。起始于2007年夏天的一连串金融危机，最终将美国整个金融体系与世界经济拖到毁灭的边缘。看着这一切，你也许曾经想过美国政界与经济领域的领导者在参加竞选时本应作出详细的解释并说好多声“抱歉”。但是你想错了。一片寂静让人以为自己的耳朵聋了。

杰克·博格——华尔街的良心，这并不是一个矛盾的修辞法。说得更准确一点，博格从未离开过。几十年来，他不屈不挠的发声、写作，用似乎无穷无尽的精力来推动共同基金行业以及整个金融行业尽快提高商业标准、受托人原则与道德标准。事实上，本书的名字借用了2002年博格在普林斯顿大

① 艾伦·布林德是普林斯顿大学经济学戈登·伦奇勒纪念教授、普林斯顿经济政策研究中心的主任助理以及美联储理事会前任副主席。他于2010年5月完成了这篇推荐序。

学（博格和我的母校）所作的一场演讲的题目，博格其他几本书的名字历史渊源甚至更早。金融界的领袖与政界的官员本来有大把时间可以把事情理顺。真希望那时候他们能多多听取博格的建议。但是，在大部分时间中，博格都是荒野上孤独的呐喊者。

他嘹亮的声音就是证据，值得收藏的35篇短小精悍的文章也是证据。这些文章广泛涉猎了博格经常谈到的主题：金融中介毫无道理的高成本，没能遵守正常的受托人原则的可耻失败，将太多拿高薪的人才用于低效的金融操纵，而非更有用的生产活动，这么多的投资决策都是情感战胜理智的结果以及与之相关的——有时是毁灭性的——投机战胜投资。如果以前你曾听过博格详细地阐述这些主题，那么再听一遍吧，因为显然人们还没有吸取教训。如果以前你没听过，那么赶快大饱眼福吧，因为博格的大作不仅充满了激情和信念，而且还处处洋溢着活力、智慧与文学天赋。毕竟，在这样一本讲述金融知识的书籍中，除了博格，你还能在谁的书中看到贺拉斯（Horace）、本杰明·富兰克林、埃德加·爱伦·坡（Edgar Allan Poe）以及史蒂文·科尔伯特（Steven Colbert）说过的名言呢？

记住成本重要假说

作为共同基金行业内的一位资深人士以及低成本指数基金的创始人，博格将大部分火力对准金融中介机构的高收费现象，这并不令人惊奇。他不知疲倦地提醒投资者注意以下这个公式：

资产的毛收益 – 金融体系的运营成本 = 投资者获得的净收益

这个公式能够说明只有当投资顾问、股票经纪人或共同基金管理公司为资产的毛收益作出的贡献大于其收取的费用时，他们才有资格拿到那么高的薪酬或奖金。博格收集了大量的反面证据，他怀疑这样的事不会经常发生。例如在本书的第4章中，他预计在2007年，证券中介机构的成本竟然高达5 280亿美元，这相当于美国GDP值的3.8%，而巧合的是，这几乎正好等于那一年美国所有企业投资于新工厂、新建办公楼以及新商店的资金总额。实际获得的收益配得上如此巨大的成本吗？博格认为两者并不匹配，他很可能是对的。因此，先锋集团的创始人会对指数投资模式的优势——主要是降低交易成本——大加赞赏，这应当不会令人感到奇怪。他应当知道，而且他确实知道。

在博格判断善恶的道德神殿中，受托责任一直占据着核心地位。因此，在多篇文章中，博格都展示出了其强烈的道德感和永无止境的毅力。毕竟，博格已经用第 19 章的章名提醒我们大家："一仆不侍二主"（这么多华尔街人士想要同时侍奉好几个主人，这真是太糟糕了）。按照圣人杰克的看法，就像他时常说的那样："受托责任是已知法律规定的最高责任。"它要求信托机构"无时无刻都只以委托人的利益为行事准则"，绝不"把个人利益摆在受托责任之前"或"让自己为某位客户承担的受托责任与为其他客户承担的受托责任产生冲突"。如果华尔街人士能够遵守这几条简单的法则，那么你能想象得出金融危机的破坏力会减弱多少吗？如果想象不出来，那就去读一读博格针对相关主题而写的文章吧，你就会明白这一切了。

我可以继续往下说，但是你已经拿起这本书，你想了解的是博格的想法，而非布林德的想法。让我最后用一段话——这段话总结了我在读过博格的文章后一直萦绕脑海的思考——来结束这篇序言。

> 一旦 2007 年至 2009 年的金融市场大崩溃熬过最低谷，2009 年 3 月左右，政策制定者、金融市场专家、学者以及其他人就会把注意力从急需采取哪些措施避免全线崩溃，转移至开始思考应进行哪些持久性的结构改革，以建立一个更强壮、更公平的金融体系。这是一场全国性的大讨论，已经获得了阶段性的成果——标志性的《多德–弗兰克华尔街改革与消费者保护法案》的出台。然而，事情还没结束。随着讨论的深入，我必须得承认自己产生了一个顽皮的、甚至有点不民主的想法：把所有这些问题都交给一小群像杰克·博格这样的精英人士去解决，难道不是更好吗？等你看完这本书，你就明白我会有这种念头的原因了。

《投资还是投机：资本市场的沉沦与角逐》一书的推荐序

◎阿瑟·莱维特[1]

杰克·博格经常提到一句座右铭（他在本书中也提到了这句话）：“每个人都很重要。”尽管他是在用这句话提升、表扬每一个无权无势的个人所作出的贡献，不过这句座右铭也特别适合于杰克·博格本人。

博格对美国金融业的贡献绝不仅仅是已被广泛利用的产品理念——指数基金——更重要的是他的投资哲学与人生信仰。他对投资与人生的态度具有简洁美的持久价值，经受住了实践的考验。

我与博格相识已经几十年了，但现在才来评价博格这一特有的才能：他与投资者对话时所用的文字易于理解，情感充沛，而且还令人振奋。他清楚地指出了美国金融市场上普遍存在的利益冲突问题，其中最重要的矛盾就是投资者的利益与众多金融专业人士自身利益之间的冲突。

勇敢、智慧和坦率

他对共同基金行业提出了尖锐的批评。很多投资者都误以为共同基金是一种安全务实的投资产品，可以用低成本换取分散化投资的好处。事实上，正如博格在众多场合多次详细分析的那样，共同基金公司具有通过实现业务规模化而赚取巨额利润的强大动机，它们并不关心投资者的长期财富积累。于是，我们看到，一些共同基金不仅收费高得离谱，而且执行的组合管理策略反而让投资者的收益低于市场指数的平均收益，对某些股票、行业或策略的风险敞口规模过大。几十年来，博格一直勇敢地站出来反对这些做法，在所有了解他的人看来，这并不奇怪。他就是一个勇敢、智慧和坦率的人。他从不缺乏反对传统老观念的热情与能力，而且每当只有他一个人站出来时，他的勇气与能力还会倍增。杰克·博格这个人很有才华，很有说

① 阿瑟·莱维特在1993年至2001年间担任美国证券交易所主席一职，是《战胜华尔街：华尔街与美国企业不想让你知道的事》（*Take On the Street：What Wall Street and Corporate American Don't Want You to Know*）一书的作者。

服力，直指金融行业和金融市场复杂问题的核心是他与生俱来的伟大天赋之一。

他热爱投资，并且喜欢看到投资取得业绩。他希望有一天能看到企业与股东、管理者同心协力追求股东的长期收益，绝不考虑其他目标。他是自由市场理论的支持者和忠实的同盟军。当他看到金融市场与投资行业到处充斥着投机与贪婪时，他再也无法保持沉默。他知道到了生死攸关的时刻。

《投资还是投机：资本市场的沉沦与角逐》一书是概念性的，无论哪个年龄段的投资者都可以将本书当作哲学与学术的基础读物。全书从头到尾，博格的写作语言都是那么坦率而直接，让人彻底消除了疑虑。基于对投资者的尊敬，他既没有花言巧语，也没有过度简化。他界定了勇于冒险与鲁莽草率之间的差别。他把成本与收益联系到一起。他解释了为什么指数化投资模式更有效，为什么积极管理模式通常是无效的。他认为今时今日的市场怪象根源于企业代理人与投资管理公司的兴起——这两类群体共同搭建了一个难以穿透、成本高昂的“双重代理”层，使实际投资者 / 所有者失去了对其资产的积极控制权。

尽管一些华尔街人士可能完全不赞同我所说的话——或者不赞同其中的一部分——但我希望他们能好好地读一读。团体迷思是建立强大的金融市场所面临的最主要威胁之一。当监管部门、市场专业人士、投资者以及政策制定者都认同相同的假设条件、采用相同的交易模式、对同一个董事会决议表示赞同、期待的结果也相同时，那么可以预料，最终的结果必定是灾难性的。杰克 • 博格破除传统观念的主张是打破团体迷思的有用武器。我们需要更多像他这样的人。

本书提到了很多“坏人”：审计师、监管机构、政客、信用评级机构、证券交易委员会、美联储、卖方分析师以及媒体。他们联合起来作恶，而主要的受害人只有一个——投资者。

他是对的。投资者必须持续关注可以实施哪些措施改进美国的金融市场。不管监管机构如何改革、市场操作如何变化或者市场推出某种新型的金融产品，如果投资者的利益没有被放在首位，那么我们就应当问问自己，我们到底想要达到什么目的。有人提出，应立法要求披露更多的信息。然而结果并不是投资者掌握的信息更多，而是相反。对大多数投资者来说，用法律文字表述、用5.5磅字印刷的信息似乎根本不存在。我们需要的是透明：通过某种方式让投资者看到信息、了解信息，然后再评估各种投资选择的潜在风险和面临的机遇。

透明性是有效市场监管的核心要素，这是因为它赋予了投资者强大的力量。然而令人悲伤的是，大多数提高透明度的努力都被资本实力雄厚的共同基金说客及其盟友挡了回去。近期，美国证券交易委员会的一项提案——要求货币市场基金对每天基金持有的资金进行逐日盯市的处理——就是一个现成的例子。最基本的观点是不仅要让投资者更加了解基金持有的资产组合信息，而且还要让市场对共同基金管理公司的资产流动性给予积极的升值评估。但是，可以预料的是，共同基金行业肯定会反驳或阻挠这一提案。

拉响警报

基金行业应当好好思考一下杰克•博格与其他人观察到的事实：如果投资者没有感觉到共同基金是在保护他们的利益，那么他们将不再进入这个市场——这个让他们的利益受损的市场。如果共同基金想坚守投资者保护与确保投资者相对稳定的黄金标准，那么就应当认真地进行改革，以达到提高投资者保护程度和稳定性的目的。我们从这场美国历史上规模最大的金融危机中挣扎出来才刚刚过去三年的时间，而这场危机的成因正是过度冒险、使用杠杆以及不透明的金融产品，还有松懈的金融监管。当然，共同基金管理公司也明白避免金融危机一再爆发的重要意义。如果它们不明白，那么未来将会自吞苦果。杰克•博格以及业内的其他有识之士早已做得足够多了，警报已经被拉响了。

博格的坚持一再表明，费用与成本正在把投资者应得的收益从他们的口袋中偷走。投资者应当知道，他们本来可以获得股票市场的毛收益，但是一旦把金融机构收取的费用考虑进去，情形就发生变化了。如果在不考虑成本的前提下，跑赢市场是一场零和游戏，那么在扣除成本以后，跑赢市场就变成了失败者的游戏。这就是我们坚持要让投资者清楚地了解基金的成本、希望将成本压缩到最小化的原因。直接指出这一点，当然不能让杰克·博格在华尔街赢得朋友，因为华尔街赖以生存的基础便是笼罩着神秘面纱的金融创新——我们委婉地将其称为“金融创新”。但是博格对“给他人制造麻烦”的指控毫不在意。长久以来，博格的朋友早就知道，实事求是正是他个性中最重要的部分。

杰克·博格花了一生的时间研究并积极参与金融市场。他亲眼目睹了各种假公济私、内部交易行为，这让他有足够的资格充当证人，不是只指控某几个人，而是要指控所有企业和整个行业。他们应当感到高兴，因为博格只是一位专家证人，他既不是法官，也不是陪审团。

/ 译者后记 /

人类社会的发展从来离不开英雄的引领。在投资基金领域，约翰·博格就是引领行业发展的英雄。谈到金融，我们就会想起美国；在美国谈到证券投资，人们就会提到共同基金，无论是资金规模、投资者的参与程度，还是投资领域，共同基金都是金融市场的主力；而谈到共同基金，人们首先想到的就是指数基金，而指数基金的创立者就是约翰·博格。

1929 年 5 月 8 日，股市大崩盘来临的前期，博格诞生于美国新泽西州，往上追溯，他们家族是来自苏格兰的移民。博格年轻时读于费城的普林斯顿大学经济系。1949 年，一个偶然的机会，博格读到一篇关于共同基金行业的文章，从而激起了他对基金产业的兴趣。甚至，他大学毕业论文就是以基金行业为研究主题，在论文完成后，博格将文章寄送给基金行业中的几位大佬阅读，并获得威灵顿管理公司掌舵人沃尔特·摩根的赏识，看过文章后，摩根让博格在大学毕业后立即到威灵顿管理公司就职。1966 年，已成为威灵顿管理公司接班人的博格与波士顿一家公司在并购的过程中发生了矛盾，加上 20 世纪 70 年代股票市场的差劲表现，使博格被威灵顿管理公司董事会罢免。

1974 年 9 月 26 日，博格以英国海将纳尔逊在尼罗河战役使用的船只“英国皇家海军先锋号”为名，成立了先锋集团。1975 年，博格以复制、追踪标准普尔 500 指数为基础，创建世界上第一只指数型基金，即第一指数投资信托（First Index Investment Trust），之后更名为今天的先锋 500 指数基金。如今，先锋集团管理的总资产已超过 2 万亿美元。

博格在 2000 年卸任先锋集团总裁，虽然从先锋集团退休了，但他仍然积极投身于各种公益事业，这其中就包括费城的国家宪法中心以及在母校普林斯顿大学成立了“博格兄弟奖学金”。

本书向我们讲述了博格在一些重要场合下的演讲、博格与行业中重要人物就基金行业发展状况的讨论与分析，以及来自粉丝、客户和员工写给他的信。在约翰•博格的整个投资管理生涯中，他的两大“最简单”原则广为人知：第一条原则是指数和低成本基金的运作原则，即“利润等于总收益减去成本”。先锋基金控制成本的方法很简单，即扩大基金规模，以实现规模经济、改进内部技术、完善雇员奖励机制和保持客户忠诚度。先锋集团长期的优秀业绩使媒体对先锋的新产品宣传全部免费，甚至渠道售卖新基金也不收费。第二条原则更简单，即约翰•博格所倡导的“以员工为本”。他喜欢聘用有长期眼光的人，认为员工的薪水不是成本，信奉“优秀的雇员 = 好的薪水 = 高效率”，以构建一个稳定的利益共同体。如今，约翰•博格和他创建的先锋集团依靠独特的被动投资理念和卓越业绩，坚定地捍卫着指数基金的市场地位。

本书由郭宁、汪涛和谢文武翻译，在本书的翻译过程中，沈嘉诚、朱振飞、陈明敏、安然和刘雪峰等帮忙收集了相关资料，韩瑾完成了部分校对工作，在此一并表示感谢。全书最后由郭宁通读并定稿。因时间紧张，文中不足之处欢迎读者批评指正。

最后，我们要特别感谢白桂珍编辑，她在我们的翻译过程中提供了大量的帮助，并为本书做出了大量细致、具体的工作。

The Man in the Arena: Vanguard Founder John C. Bogle and His Lifelong Battle to Serve Investors First by Knut A. Rostad.

ISBN: 978-1-118-65076-9

北京阅想时代文化发展有限责任公司为中国人民大学出版社有限公司下属的商业新知事业部，致力于经管类优秀出版物（外版书为主）的策划及出版，主要涉及经济管理、金融、投资理财、心理学、成功励志、生活等出版领域，下设“阅想·商业”“阅想·财富”“阅想·新知”“阅想·心理”“阅想·生活”以及“阅想·人文”等多条产品线。致力于为国内商业人士提供涵盖先进、前沿的管理理念和思想的专业类图书和趋势类图书，同时也为满足商业人士的内心诉求，打造一系列提倡心理和生活健康的心理学图书和生活管理类图书。

阅想·财富

《巴菲特投资与经营哲学》

- 一本投资者必读的、系统而全面分析巴菲特投资思想、解秘“伯克希尔哈撒韦帝国”经营神话的书。
- 本书作者首次揭示了巴菲特 60 年来能够保持 20% 回报率的秘密，以及巴菲特的核心财富驱动力其实就是伯克希尔哈撒韦公司的经营哲学，全面解读了这位商界奇才的投资理念和商业思想。

《索罗斯传》（白金珍藏版）

- 他到底是“市场驱动者”，是“金融界的超级明星”，还是“投机客”？他到底是投资界的“魔鬼”，还是悲天悯人的“慈善家”？为什么他又自诩为“金融哲学家”“无国界的政治家”？
- 罗伯特·斯莱特将引领我们进入这位大师的思想深处，让我们看到一个真实的索罗斯。

《摩尔神话：硅谷数字革命先驱的传奇人生》

- 他是世界头号 CPU 生产商英特尔公司的创始人之一和灵魂人物，他是 IT 行业神话“摩尔定律”的提出者，他是数字时代的巨人，他是硅电子产业最重要的思想家和实干家，他是硅谷顶级科学家与超级富豪，他的思想和言论曾激发个体创新，让创业之火熊熊燃烧，引领我们进入电子时代，让硅谷形成，并永久地改变了我们每个人的生活。
- 硅谷教父戈登·摩尔官方授权唯一传记。